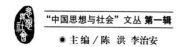
"中国思想与社会"文丛 第一辑

●主编／陈 洪 李治安

宗教思想史论集

孙昌武 陈洪／主编

南开大学出版社

图书在版编目(CIP)数据

宗教思想史论集 / 孙昌武,陈洪主编. —天津:南开大
学出版社,2008.8
(中国思想与社会文丛. 第1辑)
ISBN 978-7-310-02969-3

Ⅰ.宗…　Ⅱ.①孙…②陈…　Ⅲ.宗教史:思想史—世界—
文集　Ⅳ.B929.1-53

中国版本图书馆 CIP 数据核字(2008)第 109378 号

南开大学出版社出版发行
出版人:肖占鹏
地址:天津市南开区卫津路 94 号　　邮政编码:300071
营销部电话:(022)23508339　23500755
营销部传真:(022)23508542　　邮购部电话:(022)23502200

*

河北昌黎太阳红彩色印刷有限责任公司印刷
全国各地新华书店经销

*

2008 年 8 月第 1 版　　2008 年 8 月第 1 次印刷
787×960 毫米　16 开本　17.375 印张　4 插页　258 千字
定价:35.00 元

如遇图书印装质量问题,请与本社营销部联系调换,电话:(022)23507125

序　言

开展中国宗教思想史的研究，是一个紧迫的、具有重大理论价值和现实意义的课题。

中国宗教思想史不同于一般的中国宗教史，也不同于某一中国具体宗教如佛教、道教的思想史，而是指历代中国人的宗教信仰、宗教观念、宗教思想的发展、演变的历史；延伸开来，还包括历代不同社会群体、社会阶层认识、对待、处理宗教现象、宗教事务的历史，无神论与有神论相互斗争的历史，等等。宗教思想乃是整个思想意识形态的重要构成部分，对于历代政治、经济、文化和一般社会生活，对于人的精神世界发挥着巨大影响。例如历史上许多大规模的民众运动，往往是在一定的宗教信仰、宗教观念指引下发动起来的；某一朝代统治者的宗教思想决定了他们对待宗教的方针、策略，进而作用于社会的发展，等等。一定历史时期的宗教思想又与哲学思想、伦理思想、美学思想、史学思想、民族思想等相互关联和相互作用。至于关系到具体宗教，则不同历史时期、不同社会阶层的宗教思想指引着、规范着人们的具体宗教活动，制约着这一宗教的发展状态。这样，宗教思想史的研究就有着极其重大的思想意义和学术意义。在今天的中国，虽然宗教信徒在全民中只占少数，但宗教信仰、宗教观念、宗教情怀等对于社会和个人仍然是具有重大意义的精神内容，人们的世界观、人生观、价值判断、行为准则等往往具有某种宗教意识为底蕴。这样，研究历史上中国人的宗教思想发展、演变的历史，明确其规律，总结经验教训，又是具有迫切现实意义的。

在人类宗教史上，中国宗教的形成、发展走过自己的道路，有其独特形态，呈现出极其复杂的面貌。例如，中国自上古时期已逐渐形成"政治、道德、宗教三位一体"（侯外庐《中国思想通史》第 1 卷第 78 页）的，具有丰富、优秀的人文理念和理性精神的思想文化传统；就宗教形成说，按照宗教学一般定义，真正意义的所谓"历史宗教"、"教团宗教"或"传播性宗教"在中国形成较迟；又在佛教输入、道教形成的两汉时期，中国已经建立起完整、强大的专制政治体系，这就决定了此后宗教的生存与发展必定被严格规范在中国专制体制之下，宗教神权必须隶属、服务于世俗政权；而在强大的中央专制体制下，不可能确立起对于唯一神的绝对崇拜，多种宗教、多种信仰并存与竞争必然成为常态，从而造成信仰的普遍淡漠和游移，也有力地遏制了宗教狂热；又正由于宗教被严格约束在社会体制之内，又使它们有可能积极地参与社会生活，成为十分活跃的社会力量，等等。这种种状况，造成古代中国不同历史时期、不同社会阶层宗教观念、宗教思想的特殊性和复杂性，决定了中国宗教思想突出的优长和独特的价值。中国宗教思想从而在整个人类宗教思想史上占有极其重要的地位，成为全人类的精神财富。

中国宗教思想史是一个十分广阔的研究领域，又是一个亟待开拓的学科。中国宗教发展形态的特殊和复杂，给这一领域的研究提出了数不尽的难题。由于我国宗教学术研究基础比较薄弱，更突显出这一学术领域研究的难度。不过这一工作的迫切性是十分显然的。正基于这样的认识，南开大学"中国思想与社会研究"哲学社会科学创新基地把"中国宗教思想史"确立为一个研究重点，组织力量撰写《中国宗教思想史》。这是难度很大的任务。课题组从事的先期工作有两个方面。一是搜集资料，包括涉及课题内容的资料和已有的研究成果；再是对于编撰的指导思想与原则进行讨论，包括有关具体个案的探讨。在这一过程中，每位成员就个人研究心得写成文章，已经或将要陆续刊布（已完成结集发表的有《中国宗教思想文化》专辑，《东方丛刊》2007 年第 3 辑；《中国宗教思想史研究》专辑，《南开学报（哲学社会科学版）》2007 年第 3 期）。本书即是这类文章的一个结集。

本书辑录的文章，部分是我们邀请课题组之外的各单位专家和港台学者参与讨论、撰写的。我们多方面争取"外援"，希望对于完成任务有所帮助。在此谨对这些先生、女士表示由衷的感谢，并期待着继续得到他们的支持。

我们也希望有更多的人参与"中国宗教思想史"的讨论，包括这一学科的宏观的和微观的探讨。从什么是"宗教思想"、"宗教思想史"、"中国宗教思想史的内容、范围与特征"等，到历代具体人、具体社会现象、具体社会群体、具体社会阶层、具体经典与著作等所体现的宗教思想，都是值得深入探讨的课题。我们相信，正由于这一领域的研究难度很大，具有更大的挑战性，必然会引起人们更大的兴趣，吸引更多的人参与。而就我们的工作而言，经过一段探索，我们越来越清楚地意识到，哪怕是取得学术上的点滴进展，都非计日可以呈功。我们愿意尽到最大的努力，并希望有更多的同道和我们一起努力。

静候时贤、同道给予指正和教诲。

孙昌武　陈　洪
2008 年劳动节

目　录

中国佛教表诠遮诠论的思想意义初探

张培锋

一

表诠与遮诠是佛教的两个重要概念。中唐以来，中国佛教界对这两个概念的应用与发挥，显示着深厚的历史内涵和巨大的思想意义。从某种角度上说，表诠与遮诠的区分成为中国化佛教的极为重要的理论命题之一。

表诠、遮诠最初只是佛教因明学的两个概念，是随着初唐时期以玄奘、窥基为代表的法相宗的建立和流传而传入中国的。如玄奘所译《阿毗达磨顺正理论》卷第五十《辩随眠品第五之六》可能是最早使用"遮诠"概念来辨析梦境是否实有的汉译佛典：

> 何等名为能遮有境？谓于非有所起能诠，此觉既缘能诠为境，不应执此缘无境生，理必应尔。如世间说"非婆罗门"及"无常"等，虽遮余有，而体非无，此中智生缘，遮"梵志"及"常"等性。能诠所诠，即此能诠能遮"梵志"及"常"等性，于自所诠刹帝利身诸行等转。然诸所有遮诠名言，或有有所诠、有无所诠者。有所诠者，如"非梵志"、"无常"等言；无所诠者，如说"非有"、"无物"等言。[1]

这里指出，有些本来实有的东西，却可以用一个否定形式的概念来"遮"其"有境"，如"婆罗门"本来实有，但在概念上可以有"非婆罗门"这样的否定形式，这样的否定形式就是"虽遮余有，而体非无"。简言之，印度因明学将"表诠"、"遮诠"作为对言语思辨的两种基本分类形式。言语形式上有表示前后两端相合的，也有表示前后两端相离的。表示相合的，因明上叫做"表诠"，相当于逻辑学上的肯定命题；表示相离的，因明上叫做"遮诠"，相当于逻辑学上的否定命题。[1]玄奘之后，其弟子窥基等人在《成唯识论述记》、《瑜伽论记》、《因明入正理论疏》等法相宗著作中，对表遮二诠的含义多有阐发。如窥基疏解《因明入正理论》"如有非有说名非有"一句时，谓：

> 中道大乘，一切法性，皆离假智及言诠，表言与假智，俱不得真，一向遮诠，都无所表，唯于诸法共相而转。因明之法，即不同彼，然共相中可有诠表义，同喻成立有无二法，有成于有可许诠也，无成于无即可遮也。[2]

这节引文也说明，法相宗之所以极力辨析表、遮二诠，其根本目的在于纠正大乘中观学派"表言与假智，俱不得真，一向遮诠，都无所表"之偏差，这正是法相宗建立之重要背景。

其后，华严宗四祖清凉澄观在其重要著作《大方广佛华严经疏》中，广泛采用了表诠、遮诠概念，作为区分佛教宗派之间宗旨相异之依据。如：

> 真谓真实，显非虚妄；如谓如常，表无变易，此法相宗。若法性宗，云不变为真，顺缘曰如。由不变故，与有为法有非一义，由顺缘故，与有为法有非异义。而《起信》云：无遣曰真，无立曰如，

---

1 参看沈剑英《因明学研究》第44～47页，中国大百科全书出版社，1985年版。但沈剑英的结论"表诠的作用兼有遮的一面，即'亦遮亦表'；遮诠相当于否定，遮诠的作用比较单一，即'唯遮不表'"，笔者认为是有问题的，实际上，遮诠也兼有表的一面。

2《大正藏》第44卷，第112页上。

唯就遮诠，顿彰真理。[1]

这里围绕对"真如"一词的理解问题，借用表诠、遮诠之别，区分出三种迥然不同的主张：其一为法相宗，以真实为真，以如常为如，即承认有永恒不变的"真如"存在，其思维方式是唯表无遮；其二为法性宗，以不变为真，以顺缘为如，其思维方式是表遮并存；其三以《大乘起信论》为代表，以无遣为真，以无立为如，其思维方式是唯遮无表。当然，澄观在此尽管作出重要阐述，但还没有全面形成"三宗判教"的观念，至少后来宗密所谓"破相宗"的概念在澄观著作中没有出现过。

真正突破因明学纯以二诠作为言语形式之别，而将其应用在概括整个教理教义，使表遮二诠成为判教之重要标准的，是澄观弟子、被尊为华严五祖的圭峰宗密。宗密对表诠、遮诠的概括性阐述常为学者所引用，同时，他还提出"三宗判教"的思想，这是继承澄观思想而更加系统化了。他明确提出："大乘教总有三宗，谓法相、破相，二皆渐教之始。即戒贤、智光二论师，各依一经立三时教，互相破斥。而传习者，皆认法性之经，成立自宗之义。"[2]所谓"破相宗"实际上即相当于澄观所述《起信论》的观点，尽管人们多认为破相宗的代表宗派是三论宗，但在宗密心目中，"破相宗"所指代的应更多的是当时正处在兴盛时期的南宗禅一系。无论是澄观还是宗密，都认为法性宗才是真正的中道，即表遮二法应不偏不倚，其代表宗派为华严、天台两宗。[3]宗密之后，这一观点的主要代表人物为五代、宋初时禅僧永明延寿，他在《宗镜录》一书中，继承宗密的说法又加以新的阐发。

对宗密关于表诠、遮诠一段阐述的解读，必须联系这一大的历史背景来理解。宗密《禅源诸诠集都序》卷下之一谓：

1《大正藏》第 35 卷，第 723 页下。

2《大正藏》第 39 卷，第 525 页中。

3 后来熊十力也主张空宗乃以遮诠为法，而有宗则改为表诠。表诠与遮诠是有极大不同的，表诠承认诸法是有，而以缘起义来说明诸法所由成就。遮诠是欲令人悟诸法本来皆空，故以缘起说破除诸法，即显诸法都无自性。或者，我们可以简单的说，问题的症结在于"依他起性"上头，空宗遣除了依他起性，但有宗则承认依他起性，并且将"因缘说"改造成"构造论"。参看林安梧《熊十力对佛学有宗的批评与融摄》，《国际佛学研究》创刊号，1991 年。

遮谓遣其所非，表谓显其所是。又遮者拣却诸余，表者直示当体。如诸经所说真妙理性，每云"不生不灭，不垢不净，无因无果，无相无为，非凡非圣，非性非相"等，皆是遮诠（诸经论中，每以"非"字非却诸法，动即有三十五十个"非"字也；"不"字、"无"字亦尔，故云绝百非）。若云"知见觉照，灵鉴光明，朗朗昭昭，惺惺寂寂"等，皆是表诠。若无知见等体，显何法为性，说何法不生灭等，必须认得见今了然。而知即是心性，方说此知不生不灭等。如说盐，云"不淡"是遮，云"咸"是表。说水，云"不干"是遮，云"湿"是表。诸教每云"绝百非"者，皆是遮词，直显一真，方为表语。空宗之言但是遮诠，性宗之言有遮有表。但遮者未了，兼表者乃的。今时学人皆谓遮言为深，表言为浅，故唯重非心非佛，无为无相，乃至一切不可得之言，良由但以遮非之词为妙，不欲亲自证认法体，故如此也（悟息后即任遮表临时）。[1]

这段论述在中国宗教思想史上有着极为重要的意义。它将因明学表诠、遮诠概念由单纯的言语形式引申到判别不同佛教宗派思想方面。其所举例深入浅出，末后"空宗之言但是遮诠，性宗之言有遮有表。但遮者未了，兼表者乃的。今时学人皆谓遮言为深，表言为浅，故唯重非心非佛，无为无相，乃至一切不可得之言，良由但以遮非之词为妙，不欲亲自证认法体，故如此也"一段文字更是具有极强的现实针对性，其所批评对象为当时极为兴盛的以马祖道一为代表的南宗禅法，是无可置疑的。在宗密看来，禅宗最大的问题是"但是遮诠"，故应以"性宗"观点补救之。联系其后中国佛教禅宗发展的历程看，可以认为，宗密的这个判断是极为准确的。

宗密对当时各家禅派皆有所批评，其中谈到洪州禅时指出：该宗主张"或有佛刹，扬眉动睛，笑欠磬咳，或动摇等，皆是佛事，故云触类是道也。言任心者，彼息业养神（或云息神养道）之行门也，谓不起心造恶修善，亦不修道，道即是心，不可将心还修于心。恶亦是心，不可

1《大正藏》第48卷，第406页中。

以心断心。不断不造，任运自在，名为解脱人，亦名过量人。无法可拘，无佛可作"。[1]显然，洪州禅的"无法可拘，无佛可作"的这些主张很容易导致排斥佛教正统教义对于修道的严格规定性，使修道变成一种很随意的事情，由此导致戒律的丧失和狂禅风气的盛行，而其根源即在于对遮诠的极端肯定和对表诠的极端排斥。

然而，宗密的这些批评并没有阻止南宗禅的流传。实际上，正是在宗密之后的五代时期，禅宗达到极盛，宗密所担心的狂禅果然成为一种普遍风气，当今一些禅宗史津津乐道的禅宗排斥经教、呵佛骂祖等所谓的"自由精神"，其实质是导致佛教走向衰微。[2]五代末期永明延寿正是继承宗密思想而对禅宗这些风气提出激烈批评的一代高僧。对于禅宗内部流传的所谓"即心即佛"与"非心非佛"二者的争论，延寿以表遮二诠思想加以评判，其《宗镜录》一书有一段重要阐发：

> 问：如上所说，即心即佛之旨，西天此土，祖佛同诠，理事分明，如同眼见。云何又说非心非佛？
>
> 答：即心即佛，是其表诠，直表示其事，令亲证自心，了了见性。若非心非佛，是其遮诠，即护过遮非，去疑破执，夺下情见，依通意解妄认之者。以心佛俱不可得故，是以云非心非佛。此乃拂下能心，权立顿教，泯绝无寄之门。言语道断，心行处灭，故亦是一机入路。若圆教，即此情尽体露之法，有遮有表，非即非离，体用相收，理事无碍。

关于"即心即佛"与"非心非佛"的辨析，在禅宗史上最著名的例子是马祖道一与其弟子法常之间的一段禅机公案：

---

1 《圆觉经大疏释义钞》卷三，《卍续藏》第 9 卷，第 534 页中，参看冉云华《宗密》第 130～133 页，台北东大图书公司，1988 年版。

2 参看晚明钱谦益的感叹："余惟今世狂禅盛行，宗教交丧，一庵院便有一尊祖师，一祖师便刻一部语录。吟诗作偈，拈斥播两，盲聋喑哑，互相赞叹。架大屋，养闲汉。展转牵劝，慧命断绝，同陷于泥犁狱中，披毛载角，宿业未艾，良可悯也！良可哀也！"（《钱牧斋全集》第 3 册，《初学集》卷 81《书西溪济舟长老册子》，第 1732 页。）

（僧）问云："和尚见马师得个什么便住此山？"（法常）师云："马师向我道即心是佛，我便向遮里住。"僧云："马师近日佛法又别。"师云："作么生别？"僧云："近日又道，非心非佛。"师云："遮老汉惑乱人未有了日，任汝非心非佛，我只管即心即佛。"其僧回举似马祖，祖云："大众，梅子熟也！"[1]

按照《景德传灯录》的记载，似乎马祖道一是同时肯定"即心即佛"与"非心非佛"的，对于法常的坚持"即心即佛"、不改初衷，他给予了充分肯定，认为这正是其顿悟（梅子熟也）的表现。然而，联系晚唐五代禅宗史的总体发展，不难发现，禅宗对"非心非佛"的宣扬，是远远超过"即心即佛"的，"非心非佛"这种典型的遮诠方式更能显示禅宗的性格。"非心非佛"在实质上意味着对某种正统佛教观念的否定。在南宗禅中，"无心是道"，"无念为宗"等说法也几乎成为人们耳熟能详的话头，这与传统的佛教修行方法显然是有很大距离的，而更多地采取了道家的人生态度。[2]因而，在辨明表遮二诠须并重之"理"后，延寿对当时禅风批评道：

今时学者，既无智眼，又阙多闻，偏重遮非之词，不见圆常之理，奴郎莫辩，真伪何分。如弃海存沤，遗金拾砾，掬泡作宝，执石为珠。所以经云：譬如痴贼，弃舍金宝，担负瓦砾，此之谓也。……近代或有滥参禅门，不得旨者，相承不信即心即佛之言，判为是教乘所说，未得幽玄。我自有宗门向上事在，唯重非心非佛之说，并是指鹿作马，期悟遭迷，执影是真，以病为法。只要门风紧峻，问答尖新，发狂慧而守痴禅，迷方便而违宗旨，立格量而据道理，犹入假之金。存规矩而定边隅，如添水之乳。一向于言语上取办，意根下依通，都为能所未亡，名相不破。若实见性，心境自虚，匿迹

1《景德传灯录》卷七，《大正藏》第51卷，第254页下。
2 参看孙昌武《禅思与诗情》，第113~118页，中华书局，2006年修订本。

韬光，潜行密用。[1]

　　显然，延寿的批评与宗密的批评，所指对象是一致的，唯宗密的说法带有某种预测性，而延寿则是直面现实，故所言更为痛切而已。而救弊之道，在宗密和延寿看来，即应该通过对表诠的肯定以确立佛教教理的权威性，从而达到所谓"禅教一致"的目的。这里，"禅"主要来自空宗思想，"教"主要来自有宗思想，而二者的协调一致，即以"性宗"为归结。

　　问题在于：圭峰宗密、永明延寿等人的努力是否改变了中国佛教重遮诠胜于重表诠的发展趋势了呢？答案显然是否定的。以宋代佛教为例，佛教几乎是禅宗的天下，而禅宗又几乎是南宗的天下，特别是自马祖道一传承下来的临济一宗，在整个宋代禅宗史上更是占据着无可争辩的重要地位。这就需要作出思考和解释：为什么中国佛教更注重遮诠的方式？这其中是否体现了某种民族性的宗教性格和宗教精神呢？

二

　　按照俄国学者舍尔巴茨基《佛教逻辑》一书的论证，遮诠这一否定判断方式属于典型的"比量"。在佛教看来，否定并非认识实在的直接方法，而是迂回的认识方式，故应归入比量当中。舍尔巴茨基写道："否定的是那缺无（absent）的对象，也是对此对象的认识，每一认识，就其称为认识言，都是对实在的一种认知。法上接着说：'从而，作为认识活动的否定并不简单地是没有知识，而是某种肯定的实在（reality）及对此实在的断定性认识。简单的无属性特征的缺无认识，因为其中不含任

1《宗镜录》卷 25，《大正藏》第 48 卷，第 560 页上。参看延寿在其《万善同归集》中的另一段议论：诸佛如来一代时教，自古及今，分宗甚众。撮其大约，不出三宗。一相宗，二空宗，三性宗。若相宗多说是，空宗多说非，性宗惟论直指，即同曹溪见性成佛也。如今不论见性，罔识正宗，多执是非，纷然诤竞，皆不了祖佛真意，但徇言诠。如教中或说是者，即依性说相，或言非者，是破相显性。惟性宗一门，显了直指，不说是非。如今多重非心非佛、非理非事泯绝之言，以为玄妙，不知但是遮诠治病之文，执此方便，认为标的，却不信表诠直指之教，顿遗实地，昧却真心。如楚国愚人认鸡作凤，犹春池小儿执石为珠。但任浅近之情，不探深密之旨，迷空方便，岂识真归？（《大正藏》第 48 卷，第 959 页上。）

何断定，它不可能传达什么知识。而当我们说到其实质是对假设的可感知性的否定时，可以认为这些话必然地暗示了不包含任何事物的纯无的空间位置的当下存在（presence）以及对此位置的认知；它在这样的意义上说是位置（处所），即：如像空无处所被见到的一样，如果有一个对象现在（present）于此，它本来也会给见到的。'"[1]在否定之中实际上也包含着某种肯定性的认知，只是这种认知不是以直接的方式描述出来的，而总是表现为遮诠式的"间接描述"，即只说"它"不是什么，而不能说"它"是什么，如宗密所谓：说盐，言"咸"为表诠，言"不淡"即为遮诠，或如禅宗公案所谓的不言赤，而只谓"非青非黄非白"等，皆属禅宗所谓"说似一物即不中"。按，《六祖坛经·机缘品》载："怀让禅师，金州杜氏子也，初谒嵩山安国师。安发之曹溪参扣。让至礼拜，师曰：'甚处来？'曰：'嵩山。'师曰：'什么物？怎么来？'曰：'说似一物即不中。'师曰：'还可修证否？'曰：'修证即不无，污染即不得。'师曰：'只此不污染，诸佛之所护念，汝既如是，吾亦如是。'"[2]

怀让为慧能弟子，马祖道一师父，被临济宗奉为"七祖"。在这段对话中，正是师徒二人完全使用"遮诠"方式讨论禅修的例子。由此可见，马祖道一最终提出"非心非佛"作为"近日佛法又别"的标志，是完全符合南宗禅的思想理路的。

那么，为什么禅宗喜欢用遮诠呢？答案就在于它主要属于"比量"，也包含一些"现量"，却排斥"佛言量"。这里还需要引用宗密关于"三量"关系的一段论述：

> 西域诸贤圣所解法义，皆以三量为定。一比量，二现量，三佛言量。量者，如度量升斗，量物知定也。比量者，以因由譬喻比度也，如远见烟，必知有火，虽不见火，亦非虚妄。现量者，亲自现见，不假推度，自然定也。佛言量者，以诸经为定也。勘契须同者，若但凭佛语，不自比度证悟自心者，只是泛信，于己未益。若但取现量自见为定，不勘佛语，焉知邪正？外道六师亲见所执之理，修

1 舍尔巴茨基：《佛教逻辑》，宋立道等译，第419～423页，商务印书馆，1997年版。
2《大正藏》第48卷，第357页中。

之亦得功用，自谓为正，岂知是邪？若但用比量者，既无圣教及自
所见，约何比度？比度何法？故须三量勘同，方为决定。禅宗已多
有现比二量，今更以经论印之，则三量备矣。[1]

宗密特别指出："禅宗已多有现比二量"，可见其唯独缺乏"佛言量"即
经典的权威性这一重要标准。宗密相当通达地指出："三量"是一种相辅
相成的辩证关系，不可偏废。但对于禅宗而言，遮诠这种比量方式，更
符合其内在思想，"第一义"只能意会，不可言传，故"但遮其非，不言
其是"[2]。譬如说"咸"这个概念，对于一个没有品尝过盐的人而言，无
论如何是理解不了"咸"的含义的，即"咸"自身是必须通过"现量"
才能真正体会到的，禅宗所谓"今蒙指授入处，如人饮水，冷暖自知"。[3]这
种"指授"绝非一般的语言传授，因为任何语言文字，本来都是"文字
般若"而非"实相般若"，语言文字本身无法变成盐让人品尝，因此，文
字的描述只能以"比量"方式传达其意义，于是，直接描述"咸"的概
念的努力被放弃，只能间接地以"不淡"来表示或形容。更重要的是，
"咸"这一肯定性的话语形式，会产生专断的后果，不会给人留下任何
思考的余地。而"不淡"则留下了丰富的想象空间，"不淡"，可能是"咸"，
也可能是"甜"，可能是"酸"，等等。正如人们所批评的，"遮诠"方式
实际上最后什么也没有说，但同时又确实蕴含了极为丰富的内容。禅宗
所谓"世尊说法四十九年，未道一字"，这种说法完全是站在遮诠角度而
言的，若从表诠角度看，则纯属睁着眼睛说瞎话。一部大藏经，怎么能
说什么都没说呢？可见，表诠与遮诠体现了两种基本思维视角，以表诠
视角看，遮诠亦为表诠；以遮诠视角看，表诠亦成遮诠。大乘空宗的这
种思维方式受到相当一批中国人特别是士大夫阶层的认同和欣赏，被视
为超越言语缺陷，显示假名妙用的唯一方式。也由于此，"不立文字"的
禅宗后来变成"不离文字"，这是因为"遮诠"的言说实际上比"表诠"
有着更为丰富的拓展空间。正像人们说出一个"咸"字来也就完结了，

---

1 宗密：《禅源诸诠集都序叙》，《大正藏》第 48 卷，第 399 页中。
2 惠洪：《石门文字禅》卷十八《六世祖师画像赞·初祖》。
3 《大正藏》第 51 卷，第 232 页上。

难以再做发挥；但"不淡"背后的"可能甜"、"可能酸"、"可能苦"等，就几乎是不可言尽的了。

禅宗六祖慧能就是一位善于使用"遮诠"思维的大师。从表诠、遮诠角度考察一下《六祖坛经》所载慧能与神秀偈的区别是很有意义的：

> 神秀：身是菩提树，心如明镜台。时时勤拂拭，勿使惹尘埃。
> 慧能：菩提本无树，明镜亦非台。本来无一物，何处惹尘埃。

可以看到，神秀偈的思维方式是表诠式的，慧能与他的根本区别在于转表诠方式为遮诠方式，四句话全部是否定句式，恰恰契合大乘空宗的根本思想：现实世界本为幻象，一切事物从本质上说皆是不存在的，因而否定判断比肯定判断更具有深刻性。同理，《坛经》所载卧轮偈和慧能偈之区别也在于此：

> 有僧举卧轮禅师偈曰："卧轮有伎俩，能断百思想。对境心不起，菩提日日长。"祖闻之曰："此偈未明心地，若依而行之，是加系缚。因示一偈曰：'慧能没伎俩，不断百思想。对境心数起，菩提作么长！'"[1]

不妨说，南宗禅认为的慧能比神秀、卧轮"高明"之处，即在于后者是以表诠这种"有宗"的方式看待禅修，属于印度一系正统的佛教思想，仍然执著于有一个"菩提树"和"明镜台"。而到了慧能那里，彻底转变为以"遮诠"的方式看待禅修，当"菩提树"和"明镜台"都被否定掉的时候，才真正"清净"，才真正卸去"系缚"，变得更为"超脱"。表遮二诠的思维分歧可以视为南北两宗的根本界限所在。

概括地思考一下"遮诠"这种方式，可以发现，它很容易推导出以下几个结果：其一，漠视权威的怀疑态度。与经典的训诫相比，它更注重自身的体验和感悟。慧能这个不识字的猎人，成为禅门至高无上的祖师，可以为他人（包括那些修行多年的僧人）讲经说法，这一事实本身

1《大正藏》第48卷，第358页上。

就很能说明问题。禅门中所谓"这里无祖无佛，达摩是老臊胡，释迦、老子是干屎橛，文殊、普贤是担屎汉，等觉、妙觉是破执凡夫，菩提涅槃是系驴橛，十二分教是鬼神簿、拭疮疣纸，四果三贤、初心十地是守古冢鬼，自救不了"[1]等极端的说法，皆来自于此。但这种思想演变下去，就很可能变为所谓"酒色财气，不碍菩提路"等狂禅主张。

其二，追求和谐的宽容精神。既然"遮诠"可以留下那么多可以让人想象、填补的空间，那么，对待"异端"采取更为宽容的态度，不那么执著于自己的教义，甚至从根本上否认有所谓"异端"的存在便成为中国人宗教精神中一个特别明显的特征，最终形成儒道佛三教合一、混同的局面。这是因为，表诠具有唯一性、排他性，遮诠则没有这种性质，相反，它往往显得模棱两可，无可无不可。正如美国学者休斯敦·史密斯在《人的宗教》一书中指出的："在世界文明当中很独特的，是中国调和其宗教的方式。印度以及西方宗教是排他性的，如果说不是竞争性的话——把某人同时想成是一个基督徒、穆斯林和犹太教徒，或者甚至同时是一位佛教徒和印度教徒，是没有意义的。中国对这种事情的态度却不同。"[2]应该看到，这一局面的形成与中国人对大乘佛教的理解和接受是分不开的。与欧洲、西亚等地区宗教传播状况不同的是，中国从来没有发生过大规模的以传教为目的的宗教战争，也不可能有所谓"宗教裁判所"那样的权威宗教机关来垄断真理，相反，宗教在促进民族融合、文化融合方面，一直发挥着积极作用，各派学说是在一个"百家争鸣"的环境下共存发展的，这也正是汉传佛教得以长久流传的重要基础。

其三，超越语言的含蓄意味。遮诠的基本表达方式是否定，但具体的表达途径却是多方面的。比如，禅宗流传的种种肢体语言、棒喝、所答非所问等，实际上，都是遮诠的一种曲折表达形式，是比否定性言语更为极端而有效的形式。再如，宋代以后产生的以韵文形式阐释古德公案的"颂古"，其实质也是遮诠。颂古由于与诗歌形式相近，受到士大夫的特别喜爱。而颂古所采用的阐释方式，"只是绕路说禅"[3]，避免正面

1 《五灯会元》卷七载德山宣鉴语，《卍续藏》第80卷，第142页中。
2 休斯敦·史密斯：《人的宗教》，刘安云译，第202页，海南出版社，2006年版。
3 克勤评唱《碧岩录》卷一第一则《圣谛第一义》，《大正藏》第48卷，第141页上。

解说禅旨，这正是从"遮诠"方式引申而来的，即强调不可"死在言下"，力图用"不说出来"的方式表达"说不出来"的境界。遮诠的最高境界则是静默，其理更接近艺术之境，古代文人对维摩诘居士的"不二法门"几乎是不厌其烦地津津乐道，其根本原因在此。中国佛教重视遮诠的这种偏好，使得它渐渐疏远了宗教情怀，反而更接近于艺术，从而创造出不同于印度佛教文学的许多新的文学样式，如禅诗、禅画，等等。这些艺术样式在其他受佛教影响的民族中并不突出，却成为中国古典艺术的重要组成部分。

三

显然，重视遮诠远远超过重视表诠，这是唐代以来中国宗教发展的一个不争的事实，这是唐代之后，中国佛教几乎是禅宗一统天下的根本原因所在。尽管有宗密、延寿等僧人力图矫枉过正，补救其失，但历史的发展并非以某些个人的意志为转移。这一点，从《西游记》这部小说的主旨中也可以看得出来。把《西游记》一书放在中国宗教发展的大背景下考察，可以判断，其作者一定是一位大乘空宗的信奉者，这部著作的重要意图是欲以大乘空宗的观点对于玄奘取经的历史事实作出一种新的解读和评判。在小说中，"三藏法师"比不上"悟空"，前者谨小慎微，显得非常迂腐，后者则敢作敢为，藐视一切。其根源在于："三藏"属于表诠，"悟空"属于遮诠，这种区别正如宗密、延寿等对法相宗、破相宗的区别一样，但《西游记》的作者显然是更欣赏孙悟空这个人物的，因而称这部小说为晚明狂禅思潮下的产物，应该是有道理的。又如《西游记》第十四回"心猿归正　六贼无踪"所载几首偈颂，皆为典型的遮诠观念："法身佛，没模样，一颗圆光涵万象。无体之体即真体，无相之相即实相。非色非空非不空，不来不向不回向。无异无同无有无，难舍难取难听望。"这都不是偶然的，不正是所谓"以无遣为真，以无立为如"吗？中国人似乎一向对志公、济公乃至小说虚构的人物如鲁智深这些多少有点玩世不恭的"神僧"有好感，却不那么重视和欣赏具有真正宗教情怀的玄奘、鉴真等僧人，可能也与此有关。注重遮诠，是中国佛教日益走向世俗化的重要思想根源之一，它以对世俗生活的肯定来表达对出世间法的否定。而大凡力图扭转狂禅风气的僧人多出自天台、华严、净土等宗，如宗密、延寿以及晚明四大僧等。

当然，宋代之后，中国佛教的发展并非只是遮诠一方的天下。本文想要论证的一个主题是：佛教内部对表诠、遮诠看法的变迁及其起伏升降，可以折射出中国人宗教心理的某些方面。比如，在禅宗发展初期，似乎在教义上与其完全对立的净土宗，在一些人看来，二者几乎是无法融合的。但到了明代，被蕅益智旭收入《净土十要》的释妙叶所著《宝王三昧念佛直指》一书，便从表遮二诠的角度，论证禅净合一的主张：

> 圣人说法遮表不同，遮诠一切非，表诠一切是，同出佛口，义无有殊。若果不必舍秽取净，但净其心，亦当净心而已，不必断恶修善，既于人断恶行善，必于土舍秽取净，其义益明。故佛说遮诠，正显表诠，令求生。说表诠，正依遮诠，知无生。曹溪令人因心先净，则报境自净，不令求生，遮诠也。庐山令入佛报境净，则因心自净，教必求生，表诠也。说法非前非后，二义未尝相离。奈何才闻遮诠谓是，便谓表诠为非，自生退障，良可悯伤！[1]

这样，禅宗祖师慧能与净土祖师慧远便只是表遮的不同、看问题的角度不同，其内在思想并无差异。显然，这种融合的态度同样是宋明以来中国佛教发展的重要趋势。现代学者吕澂等极力论证《大乘起信论》非印度佛典，而为中国伪经，其主要目的也是为纠正中国佛教中遮诠思想过于强大之偏差，但其思路仍无法摆脱以印度经典作为判断依据的这一表诠方式。或许还可以找到更好的融通途径，因为遮诠本身即包含着某种肯定性因素，它的阐释宽容度是完全可以将表诠形式包括进去的。值得注意的是，不但禅净可以融合，佛道之间也可以融合。比如元代道士牧常晁所撰《玄宗直指万法同归》卷四就毫无掩饰地讨论了一个佛教的主题：即心即佛与非心非佛的关系："或曰：'佛教有曰即心即佛，又曰非

1《卍续藏》第 61 卷，第 706 页下。

心非佛，其言得无反耶？'答云：'即心即佛是得鱼得兔也，非心非佛是忘筌忘蹄也。"[1]且不说道士讨论佛法正显示着本文前面所说中国宗教的宽容性特征，其中所讨论的问题，恰恰即是表诠和遮诠的关系。可见，表遮问题是一个道教徒同样关心的问题，牧常晃从道家经典中找到了一种解释，尽管没有使用表诠、遮诠这样的佛教概念，但其思路是一致的。这个例子可以说明：澄观、宗密以来追求表遮融合，试图建立起一个表遮共存、真俗并举的"法性宗"，一直是中国佛教发展的一个重要趋势，而这一设想在中国思想史上的重要意义和价值，也许直到今天才开始逐渐显现出来。

1《正统道藏》第 40 册，第 31913 页，台北艺文印书馆，1977 年版。

外来僧徒与华夏语言文化

——以梁《高僧传》为例[1]

王晋光

一、绪论

梁朝释慧皎（497—554）所编《高僧传》[2]，是中国历代《高僧传》的范本。它所概括的时间长达四个半世纪，所保存的宗教史资料非常丰富。自汉明帝永平十年（67 年）至梁武帝天监十八年（519 年），中华大地的佛教人物和盛事，几乎都囊括其中。

古代中外佛教徒在交流过程中如何克服语言沟通的困难，文献记载一般都语焉不详。曹仕邦《竺法护引导佛法"广流中华"的民族背景》[3]，根据《高僧传》卷一《晋长安竺昙摩罗刹（竺法护）传》及《出三藏记集》卷十三《法护传》[4]所载材料，推论竺法护是早期利用口语翻译促进佛教流传中国最重要的人才，可以视为一个重要案例。曹氏指出，西晋武帝（261 年至 290 年在位）时，印度僧人竺高座到达敦煌郡，其时印度本土为大月氏之属国，而敦煌一带为月氏故土，尚居住不少称为"小月氏"族的遗民，竺高座遂通过宗主国语言（月氏语）与敦煌居民沟通。

1 本文原于千禧年香港中文大学文学院所举办的文化研讨会上宣读，会后未见论文集出版。因评审者详加纠谬和指正，本文得以进行修订并增补若干材料，谨此敬致谢忱。
2 本文采用的版本是汤用彤校注、汤一玄整理《高僧传》（北京：中华书局 1992 年）。
3 《大陆杂志》第 72 卷 1 期，页 26～28。
4 《高僧传》卷一，页 23～24；《出三藏记集》（北京：中华书局 1995 年）卷十三，页 518～519。

小月氏处于中国西北，兼通汉语与月氏语，具备翻译能力。竺高座乃收了一位八岁的月氏儿童作徒弟，取法号"竺法护"。法护遂成为竺高座之随身传译兼奔走办事。后来"慨然发愤，志弘大道，遂随师至西域，游历诸国。外国异言三十六种，书亦如之，护皆遍学，贯综诂训，音义字体，无不备识[晓]。遂大赍梵经，还归中夏。自敦煌至长安，沿路传译，写为晋文。所获《贤劫》、《正法华》、《光赞》等一百六十五部，孜孜所务，唯以弘通为业。终身写译，劳不告倦。经法所以广流中华者，护之力也"。[1]竺法护翻译佛经、传播文化之成就显然在乃师之上，其功绩与其语言能力是分不开的。曹仕邦《浅论中国求法僧俗出国前、后学习域外语文的机缘》[2]重点是论述华籍高僧出国前的语言准备工作的，但亦指出："来华西僧们多数是努力学习华夏语文的"，并认为月氏语是西僧学习汉语的重要媒介语之一，西僧学习汉语有多种途径[3]，他们在来华途中大概已掌握一点汉语知识。

本文采录释慧皎《高僧传》的记载，并参考释僧佑《出三藏记集》及其他文献，窥探来华胡僧对汉语和华夏文化的态度，并藉此推测他们如何融入华人社会。汤用彤《汉魏两晋南北朝佛教史》[4]第七章至第十二章讨论中外僧人译经与传教问题，有些地方也提及胡僧在华的生活，其发现可以借用。

胡僧的种族和国籍不同，有的来自中亚的天竺、大月支、康居、罽宾等地，有的来自西北地区的高昌、于阗等地。历史上有所谓五胡、九胡等概念，要辨清"胡人"种族源流，需大费周章，而且实不容易。此文的目的不在辨清种姓，只是根据传统模糊的概念，把原来在西北地区或西北境外的非汉族居民，一概称为胡人。在具体举例时，则尽可能不包括匈奴、羯、鲜卑、氐、羌等在华北建国、长期与汉人杂处并已逐步

1 据《高僧传》卷一，页23。《出三藏记集》卷十三所载文字略有出入。
2 《中华佛学学报》第10期（华冈：中华佛学研究所，1997年7月），页249～265。
3 曹仕邦推测西僧学习汉语有多种途径：一是像竺高座那样利用兼通月氏语和汉语的人作传译，二是间接利用商人在商业接触过程中互通所得汉语，三是汉族商人往印度贸易可能已学习Prakrit（似是当地白话），西僧从而能沟通学习。反之，华僧出国前，则可以：一，向旅居中夏的印度居士如竺叔兰学习，二，向求法归来的华人僧俗学习，三，向译场中人学习。页251～256。
4 汤用彤《汉魏两晋南北朝佛教史》（北京：中华书局1983年），页108～296。

汉化的民族。[1]

胡僧在华情况也不尽相同。一种是在华出生或幼年随父来华，自幼具备胡、汉双语能力；例如晋朝康僧渊，是生于中土并在此出家的胡人，《高僧传》卷四《晋豫章山康僧渊传》云：

> 康僧渊，本西域人，生于长安，貌虽梵人，语实中国。晋成（帝）之世，与康法畅、支敏[愍]度等俱过江。[2]

另一种是成年来华，尔后长期居留以至去世，到了后期多数懂得汉语。再一种是来华后不久即回国或往别处游方，停留时间不长，估计对汉语和汉文化了解不深。

不同种族的宗教人士，如果愿意沟通交流，具备融合、协作的意识，一般会在接触的过程中，借着来往和人际交谈，在语言文化方面互相影响。为了沟通思想，来华传法人士于是有佛儒兼学之举；为了传译，某些胡僧会精研音理；为了弘扬大法，他们把反复辩难之风引入中原。这些举措，都有助于促进中华文化事业的兴盛。本文主要根据释慧皎《高僧传》的材料，举例说明这些情况。

二、语文接触与译经

1. 语言不通的困境与解决

来华胡僧首先要面对的困难是语言不通的问题。前秦昙摩难提应晋道安法师之请译《阿毗昙心论》[3]，因"未善晋语，颇多疑滞"，[4] 而晋鸠

---

1 参考陈寅恪讲、万绳楠整理《魏晋南北朝史讲演录》（合肥：黄山书社 1987 年）第六篇"五胡种族问题"及第七篇"胡族的汉化及胡汉分治"，页 83～113。

2《高僧传》卷四，页 150～151。

3 释僧佑《出三藏记集》卷十《阿毗昙心序第十一》不提道安法师，而云："罽宾沙门僧伽提婆……乃手执胡本，口宣晋言。临文诫惧，一章三复。远亦宝而重之，敬慎无讳。然方言殊韵，难以曲尽……"页 378～379。

4《高僧传》卷六《义解三》"晋庐山释慧远"，页 216。

摩罗什答慧远书云："因译传意，岂能其尽"[1]，这大概是实情，也是西来僧人面对的普遍现象。语言不通首先造成了生活的不便。从常理来说，最好的解决办法是学习移居地的语言，可以畅所欲言，生活也方便得多。

竺法兰原是中天竺人。汉明帝永平（58 年至 75 年）中，郎中蔡愔及博士弟子秦景获派往天竺寻访佛法，遇到摄摩腾和竺法兰共游，二人受邀相随而来。竺因事稽留而后至。既达东汉首都雒阳，二人同住，竺法兰"少时便善汉言"。[2]"少时"意谓不久，其掌握汉语的速度较快，除主动学习而外，可能还颇有语言天分。

安世高本是安息国王嫡后太子。早年在家奉戒，继位不久即让国与叔，出家修道，游方传法。汉桓帝（147 年至 167 年在位）初年，到达中夏。"才悟机敏，一闻能达，至止未久，即通习华言。"[3]因此，他能纠谬正误，其他人"先后传译，多致谬滥，唯高所出，为群译之首"。

佛图罗刹不知何国人，"久游中土，善闲汉言"。[4]尝助僧伽跋澄于符秦建元十九年译出《阿毘昙毘婆沙》。

僧伽提婆，本姓瞿昙氏，罽宾人，前秦苻坚建元（365 年至 384 年）中来长安。"居华岁积，转明汉语，方知先前所出经多有乖失。"[5]后来因慧远之请，辗转到庐山。太元（376 年至 396 年）中，慧远请他译《阿毘昙心》及《三法度》等。"提婆乃于般若台手执梵文，口宣晋语，务尽义本。"[6]能够做到手持梵本，口讲晋语，其双语能力已经达到出神入化之地。隆安元年（397 年）琅琊王珣集京都沙门释慧持等四十余人，于扬州丹阳郡建康县精舍中，请提婆重译《中阿含》等，由罽宾沙门僧伽罗又执讲梵本，提婆译为晋言，豫州沙门道慈笔受，吴国李宝、唐化共书，次年六月草本始讫。[7]一个外国人能以非母语翻译艰深难明的哲理书，如无较高程度的外语能力，根本无法胜任。

有的胡僧在成长过程中（在华诞生或幼年来华）已具备双语能力。

1《高僧传》卷六《义解三》"晋庐山释慧远"，页 217。
2《高僧传》卷一《译经上》"汉雒阳白马寺竺法兰"，页 3。
3《高僧传》卷一《译经上》"汉雒阳安清"，页 4。
4《高僧传》卷一《译经上》"晋长安僧伽跋澄、佛图罗刹"，页 33。
5 释僧佑《出三藏记集》卷十三《僧伽提婆传》，页 524。
6《高僧传》卷一《译经上》"晋庐山僧伽提婆"，页 38。
7 释道慈《中阿含经序第八》，释僧佑《出三藏记集》卷九，页 337～338。

在华胡人所生子嗣，或幼年随父来华，皆能精通双语，最胜任传译。

支谦，字恭明，一名越，大月支人。祖父法度，汉灵帝时率国人数百归化，拜率善中郎将。[1]"越在汉生"[2]，十岁学书，同时学者皆伏其聪敏。十三岁学胡书，并遍通六国语。汉献（190 年至 220 年）末至吴，吴大帝"孙权闻其才慧，召见悦之，拜为博士，使辅导东宫，与韦曜诸人共尽匡益。但生自外域，故《吴志》[《三国志·吴书》]不载"。[3]支越"以大教虽行，而经多胡文，莫有解者，既善华戎之语，乃收集众本，译为汉言"。[4]其中《合首楞严经》原汉桓帝时月支人支谶所译，"越嫌谶所译者辞质多胡音，所异者删而定之，其所同者，述而不改"，"此一本于诸本中辞最便，又少胡音，遍行于世"。[5]从拜为博士、辅导东宫、妙善方言诸事观之，支越已经汉化，不过仍能很好掌握胡语。这种双母语能力[6]，对译经大有帮助。

> 康僧渊，本西域人，生于长安。[7]貌虽胡梵人，**语实中国**，容止详正，志业弘深。诵《放光》、《道行》二《波若》，即《大小品》也。[8]
>
> 耶舍有弟子**法度**，**善梵汉之言**，常为译语。度本竺婆勒子，勒久停广州，往来求利，中途于南康生男，仍名南康，长名金迦，入道名法度。[9]

《出三藏记》卷六载竺法度事云：

---

1 释僧佑《出三藏记集》卷十三《支谦传》，页 516。

2 支敏度《合首楞严经记第十》，《出三藏记集》卷七，页 170。

3 《高僧传》卷一《译经上》"吴建业建初寺康僧会、支谦"，页 15。案汤用彤《汉魏两晋南北朝佛教史》（北京：中华书局 1983 年）对此说有保留，谓："《高僧传》云：'孙权使支谦与韦昭共辅东宫'，言或非实。"第七章"两晋际之名僧与名士"，页 108。

4 《出三藏记集》卷十三《支谦传第六》，页 517。

5 支敏度《合首楞严经记第十》，《出三藏记集》卷七，页 170。

6 关于双母语或双语能力的问题，可参考 Li Wei (2000), ed. *The Billingualism Reader*. London: Routledge.

7 《世说新语·文学篇》注谓："僧渊氏族所出未详，疑是胡人。"

8 《高僧传》卷四《义解一》"晋豫章山康僧渊"，页 151。

9 《高僧传》卷一《译经上》"晋江陵辛寺县摩耶舍、竺法度"，页 42。

元嘉中，外国商人竺婆勒八停广州，每往来求利。于广州生儿，仍名南康，长易字金伽。后得入道，为昙摩耶舍弟子，改名法度。其人貌虽外国，实生汉土，天竺科轨，非其所谙。……法度善闲汉言，至授戒先作胡语，不令汉知。……竺度昧罔，面行诡术，明识之众，咸共骇异。[1]

耶舍之弟子法度在华出生，精通梵汉之言，能翻译。因法度之父竺婆勒来华营商，长居广州，于南康（在今江西）生法度，长大后才出家为僧。这说明当日胡商是携眷来华的，族群相邻，因为生活所需，语言上必须互通。

宋文帝时，罽宾国三藏法师求那跋摩经广州、始兴至京师建邺。影福寺尼慧果、净音告诉跋摩："去六年，有师子国八尼至京，云宋地先未经有尼，那得二众受戒，恐戒品不全。"不过，因"西国尼年腊未登，又十人不满，且令学宋语，别因西域居士，更请外国尼来足满十数。其年夏，在定林下寺安居"。[2]这条材料颇为有趣，师子国（今斯里兰卡）讹传汉地未有女尼，因此输入外援八人，却因年龄太小及人数不足十人，遂令她们先习宋语（汉语）。后来由西域居士转介，更请外国尼来足满十数，才安置定林下寺（今南京钟山）受戒。这批年幼尼姑，千里迢迢来华受戒，虽不知是否出于自愿，但来了以后却首先学习汉语，这就保证她们以后数十年能够在华顺利生活。以香港和澳门的西方传教士为例，在此地长久居留以后，宗教思想上保持相对独立，但生活习尚和语言风格却与当地人渐渐融合，分别不大。从乐观角度猜想，这批比丘尼最终应是融入华夏社会。

《高僧传》卷三在总结《译经》时，论曰："夷夏不同，音韵殊隔，自非精括诂训，领会良难。属有支谦、聂承远、竺佛念、释宝云、竺叔兰、无罗叉等。并妙善梵、汉之音，故能尽翻译之致。一言三复，词旨

---

1 《出三藏记集》卷六"小乘迷学竺法度造异仪记第五"，页232。
2 《高僧传》卷三《译经下》"宋京师祇洹寺求那跋摩"，页109。

分明，然后更用此土宫商，饰以成制。"[1]这段文字充分肯定土生汉僧及来华胡僧兼通梵汉双语，对译经事业起了巨大贡献。值得注意的有两个具体要求，一是一言三覆，使之词旨分明，二是用汉语音律，修饰成篇。这样汉译佛经就成了可理解易诵读的典籍。

2. 合作译经

关于译经和译场，曹仕邦《论中国佛教译场之方式与程序》及《关于中国佛教的译场》[2]有较详细介绍，这里不再赘录。

饶宗颐教授尝谓"僧佑本人，极重视胡本"。[3]早期译经以梵、佉娄字为主，有些经典已有其他文字译本，则属间接转译。饶先生云：

> 《佑录》记梁功德，又有《皇帝、诸僧抄经撰义翻胡书、造录、立藏等记》一文，足见梁时对翻译胡音之重视。时东来者有扶南僧曼陀罗师，梁武亦习梵文，能辨四语音之出于外道。[4]

曼陀罗师恐不仅能扶南语，疑亦习梵文与汉语，可见其时各种语言交错之情况。

优婆塞（在家奉事三宝的男居士）安玄，安息国人，于汉灵帝末年（189年）到达雒阳，因功号曰"骑都尉"，"常以法事为己任。渐解汉言，志宣经典，常与沙门讲论道义，世所谓都尉者也"。[5]与沙门严佛调合作，译出《法镜经》，安玄口译梵文，佛调笔受，能够做到"理得音正、尽经微旨、郢匠之美、见述后代"。这是许许多多的例子之一，其意义在于主动互相了解，互相学习。

上文提到佛图罗刹"善闲汉言"，尝助僧伽跋澄译《阿毘昙毘婆沙论》。其具体做法是：

---

1 《高僧传》卷三《译经下》，页141。
2 曹仕邦《中国佛教译经史论集》（台北：东初出版社1990年），页1～94，95～120。
3 饶宗颐先生《论僧佑》，《中国文化研究所学报》新第六期（1997年），页409。
4 此说原出饶宗颐先生《唐以前十四音遗说考》，《梵学集》（上海：上海古籍出版社，1993年）；此处引自《论僧佑》，《中国文化研究所学报》新第六期（1997年），页409。
5 《高僧传》卷一《译经上》"汉雒阳支楼迦谶"，页10。

跋澄口诵经本，外国沙门昙摩难提笔受为梵文，佛图罗刹宣译，秦沙门敏智笔受为晋本。[1]

跋澄是把强记于心的经文讽诵出来，昙摩难提一边听一边以梵文写下文字，而佛图罗刹口译成汉语，由敏智用汉字写成晋朝通用的文本。同时，跋澄还应赵正之请，把随身带来的梵文《婆须蜜论》(《尊婆金蜜论》)译为汉文，其分工合作的情况是：

跋澄乃与昙摩难提及僧伽提婆三人共执梵本，秦沙门佛念宣译，慧嵩笔受，安公、法和对共校定。

三个胡僧执梵本，而汉僧佛念口译，慧嵩笔写，释道安和法和校订，共七个人合作。有些汉僧能通梵文，如河内人帛远(法祖)本姓万，"善通梵、汉之语"[2]，便是一例。

释僧佑《出三藏记集》卷七《首楞严经后记第十一》，记咸安三年(373年)，凉州刺史张天锡在州内正厅堂湛露轩下主持译《首楞严经》。当时月支优婆塞支施仑手执胡本，译者龟兹王世子帛延善晋胡音，受者常侍西海赵潇、会水令马亦、内侍来恭政，在坐尚有沙门释慧常、释进行，凉州刺史张天锡自属辞，"辞旨如本，不加文饰"。[3]这么多人参与其事，真是中外合作，工程浩大，其中支施仑和帛延皆是西来胡人。

宋文帝时，西域沙门浮陀跋摩至西凉，凉主沮渠茂虔因其偏善《毗婆沙论》，命他译此经，由沙门道泰笔受，沙门慧嵩、道朗与义学(一作名德)僧三百余人，考正文义，凡一百卷。[4]可见合作译经所动用的人力是非常巨大的，而合作译经的过程必是一个文化交流的过程。

---

1 《高僧传》卷一《译经上》"晋长安僧伽跋澄、佛图罗刹"，页33。
2 《高僧传》卷一《译经上》"晋长安帛远"，页26。释僧佑《出三藏记集》卷十五作"善通汉之语"，页560。
3 《出三藏记集》卷七，页271。帛延译六部经，见《高僧传》卷一《魏雒阳昙柯迦罗》，页13。
4 《高僧传》卷三《译经下》"宋河西浮陀跋摩"，页97。

三、讲经证道与诵经

1. 讲经、证道、梵呗

罽宾人卑摩罗叉（无垢眼）于姚秦弘始八年（406 年）到达关中，得鸠摩罗什敬待。后来南适江陵，开讲《十诵》，"既通汉言，善相领纳无作妙本，大阐当时，析文求理者，其聚如林，明条知禁者，数亦殷矣"。[1]卑摩罗叉号"青眼律师"，其开讲戒律时，应是善于领会作为"无作"的奥妙难以言诠之"本"。案唐代道宣有所谓"无作戒"，"无作妙本"即"无作戒"，与"作戒"相对，是"作戒"之本体、依据。[2]"善相领纳"一语显示其演说技巧高明，颇能引导听众，听者因而如林。

佛图澄在洛阳、邺城一带传法，受石虎礼遇。黄河中旧不生鼋，一日忽然有人获得一鼋以献虎，澄见而叹曰："桓温其入河不久。"温字符子，后果如其言也。"元子"谐音"鼋子"，要懂得汉语，并使用汉人的谶纬推论办法，才会这样说。另一次，石虎昼寝，梦见群羊负鱼从东北来。石虎寤而访澄，澄曰："不祥也，鲜卑其有中原乎。"鲜卑族的慕容氏后来果建都于此。[3]这是使用汉字会意结构的拆字法，拆解"鲜"字，但其实"鲜卑"只不过是译音，望文生义绝不合理。类以的事例很多。这类预言如果所载属实，则佛图澄是采纳、仿效秦汉以来方士伎俩，生活上融合了华夏传统文化，其所采用手段似已离开佛法。

2. 古文创作之音声原理可能受梵呗启发产生

陈寅恪《四声三问》认为汉语辨四声源自《围陀·声明论》之传入并模仿于梵呗："南齐武帝永明七年二月二十日，竟陵王（萧）子良大集善声沙门于京邸，造经呗新声。实为当时考文审音之一大事。"[4]即所谓

---

1 《高僧传》卷二《译经中》"晋寿春石涧寺卑摩罗叉"，页 64。
2 案"戒体"有"作戒""无作"二种。此节之诠释得自论文审评人之指正，谨此致谢。
3 《高僧传》卷九《神异上》"晋邺中竺佛图澄"，页 352，354。
4 陈寅恪《四声三问》，《金明馆丛稿初编》（上海：上海古籍出版社，1980 年），页 328～341。

"发明四声"。[1]此论一出，赞同的人很多，如陈先生的朋友逯钦立即作长文推演之。[2]但怀疑的人至今仍有。饶宗颐教授《印度波尔尼仙之围陀三声论略——四声外来说平议》[3]一文即对此说作深入分析，指出"《围陀》之诵法，如上举分抑扬混合三声，早已失传"，"四声兴起，当不自永明"，"佛氏诵经，禁止用婆罗门诵法，且立为戒条"，而"来华僧众治吠陀者殊少"。

不过，从另一角度看，传统古文创作有一套摇头摆脑以伸文气的古文创作方法和理论，可能是受"梵呗"刺激、启发而产生。这套方法延续了千年，直到"五四运动"，古文被白话文取代，这种音声神气相结合的创作原理，其源头遂泯没不彰。就《高僧传》所记，当时"转读"、"梵呗"活动频繁，可能影响作家思考，如何使文学作品展现诵读之美，因而倾重汉语音律创作之研究，包括句子长短、字词平仄调换、语气抑扬顿挫、虚字增删等各种可用之修辞、用字、造句手段。关于这方面的问题，说来话长，将来当另行撰文论述。此处谨说几句以作开端。

朱光潜尝论古文的音声、腔调元素，曰：

> 学古文别无奥诀，只要熟读范作多篇，头脑里甚至筋肉里都浸润下那一套架子，那一套腔调和那一套用字造句的姿态，等你下笔一摇，那些"骨力"、"神韵"就自然而然地来了……[4]

在《散文的声音节奏》里，朱光潜又说：

> 从前人做古文，对声音节奏却也很讲究。朱子说："韩退之，苏明允作文，敝一生之精力，皆从古人声响处学。"韩退之自己也说："气盛则言之短长，声之高下，皆宜。"清朝"桐城派"文家学古文，特重朗诵，用意就在揣摩声音节奏。刘海峰谈文，说："学者求神气

---

1 陈寅恪讲、万绳楠整理《魏晋南北朝史讲演录》第二十一篇《佛教三题》"佛教之于四声"，页361～368。
2 逯钦立《四声考》，见《汉魏六朝文学论集》（西安：陕西人民出版社1984年），页513～554。
3 《梵学集》（上海：上海古籍出版社1993年），页61～78。
4 《从我怎样学国文谈起》，朱光潜《艺文杂谈》（合肥：安徽人民出版社1981年），页268。

而得之音节，求音节而得之字句，思过半矣。"姚姬传甚至谓："文章之精妙不出字句声色之间，舍此便无可窥寻。"此外古人推重声音的话还很多，引不胜引。[1]

必须指出，音声节奏并不等于平上去入。朱光潜举欧阳修作《画锦堂记》为例，稿子取去后，因省思文中两句"仕宦至将相，锦衣归故乡"音声不畅，立刻派快马追赶，中间各加一"而"字："仕宦而至将相，锦衣而归故乡"。这样便有抑扬顿挫之美。"仕宦而至将相"比原句意思多了一个转挫，更深一层。这例子显示，古文与朗诵关系非常密切，且不纯是平仄问题。

启功《散文中的声调问题》[2]也有类似看法：

> 从前文人诵读文章，讲究念字句有轻重疾徐。有人不但读诗词拿腔作调，读骈散文章也常是这样。还有人主张学文章要常听善读的人诵读，最易得到启发。现在可以明白，所谓善读文章，除了能传出文中思想感情之外，还能把声调的重要关键表现出来。例如把领、衬、尾和次要的字、句轻读、快读，把音节抑扬的重要地方和重要的字、句重读、慢读。哪一句、哪一组是呼，哪一句、哪一组是应，藉此表现出来。听者不但可以从声调的抑扬中领会所读文章的开合呼应，获得更多的理解；又可在作文时把内容安排得与声调相适应，而增强文章的艺术效果。只是从前提倡这种办法的人和当时的读者与听者，都没有具体地说出其中的所以然罢了。

"从前提倡这种办法的人"是谁，启功没有点破。这里大胆猜想（将来时机成熟当再小心求证），可能是六朝至唐的文士，而其滥觞则是由"梵呗"转换或结合"汉呗"所产生的思考和尝试。这当中也许有胡僧的引导，也有汉僧的思考，是胡汉僧人用血汗研究的共同结果——汉式梵呗——结果导致文人模仿梵文体制而创造、结合汉语特点的文章表达法。

---

1 朱光潜《散文的声音节奏》，《艺文杂谈》，页80。
2 启功《诗文声律论稿》（香港：中华书局，1978年），页122～128。

"韩愈散文的特点之一，在于打破汉魏以后的骈俪习气，所以号称为'文起八代之衰'。"[1]古文似乎倡于韩愈，但韩愈应是承受前人累积的经验，"八代之衰"，事实可能是积累"八代之音"。必须再强调，这一部分目前仅是猜测，俟材料成熟时当详细论证。

四、庄老、文史兼学与礼仪融通

陈垣《元西域人华化考》[2]指出，西域胡人若仅读中国经史、老庄以至学写华文、汉字书法、中国绘画、琴艺等，而生活上仍保持西域习俗，则只能算是具备"华学"修养，而非真正"华化"。据此定义，则早期来华胡僧，甚少能够完全融入中华文化之中。不过，如果我们观察澳门的葡人后裔和久居香港的英籍人士，在语言以至生活习俗上相当投入而融通当地社群的，并不罕见。

《高僧传》卷四记汉僧支遁《尝在白马寺与刘系之等谈庄子逍遥篇》并注《逍遥游》[3]，及卷七记释慧观"既妙善佛理，探究老庄"。[4]对于胡僧，这类记载较为罕见，不过也非完全没有。卷十三《经师》记齐乌衣寺释昙迁云：

> 释昙迁，姓支，本月支人。寓居建康。笃好玄儒，游心佛义，善谈庄老，并注《十地》。又工正书，常布施题经。巧于转读，有无穷声韵，梵制新奇，特拔终古。[5]

月支人而善谈庄老，则其语言和文化造诣都不简单，而且工于书法，常为寺庙题书，可说已在相当程度上沉浸入中华文化之中。

还有天竺居士竺叔兰，其事迹如下：

---

1 启功《诗文声律论稿》，页 126。
2 陈垣《元西域人华化考》（台北：世界书局，1989 年）。
3 《高僧传》卷四《义解一》"晋剡沃洲山支遁"，页 160。
4 《高僧传》卷七《义解四》"宋京师道场寺释慧观"，页 146。
5 《高僧传》卷十三《经师》"齐乌衣寺释昙迁"，页 501。

河南居士竺叔兰，本天竺人，父世避难，居于河南。兰少好游猎，后经暂死，备见业果。因改励专精，深崇正法，博究众音，善于梵汉之语。又有无罗叉比丘，西域道士，稽古多学，乃手执梵本，叔兰译为晋文，称为《放光波若》，皮牒故本，今在豫章。[1]

据《出三藏记集》卷十三《竺叔兰传》所载，竺叔兰的祖父娄陀因天竺政变遇害，娄陀子达摩尸罗先在他国，闻父被害，即奔晋避难，"居于河南，生叔兰。叔兰幼而聪辩，从二舅谘受经法，一闻而悟，善胡汉语及书，亦兼诸文史"。[2] 在华出生，自幼双语，兼习文史，故能应对机辩，伶俐无比：

性嗜酒，饮至五六斗，方畅。尝大醉卧于路傍，仍入河南郡门唤呼，吏录送河南狱。时河南尹乐广，与宾客共酬，已醉，谓兰曰："君侨客，何以学人饮酒？"叔兰曰："杜康酿酒，天下共饮，何问侨旧？"广又曰："饮酒可尔，何以狂乱乎？"客答曰："民虽狂而不乱，犹府君虽醉而不狂。"广大笑。时坐客曰："外国人那得面白。"叔兰曰："河南人面黑尚不疑，仆面白复何怪耶！"于是宾主叹其机辩，遂释之。

乐广与宾客一见即知其"侨客"、"外国人"，可见形躯仍显现其胡族体貌。胡人葬礼本多火葬，而叔兰学兼文史，饱受儒家熏陶，葬母则采用汉人土葬方式，可见其已充分汉化：

后遭母艰，三月便欲葬。有邻人告曰："今岁月不便，可待来年。"叔兰曰："夫生者必有一死，死者不复再生，人神异涂，理之然也。若使亡母栖灵有地，则乌鸟之心毕矣，若待来年，恐逃走无地，何暇奉营乎？"遂即葬毕。明年，石勒果作乱，寇贼纵横，因避地奔荆州。

---

1 《高僧传》卷四《义解一》"晋洛阳朱士行、竺叔兰、无罗叉"，页146。
2 《出三藏记集》卷十三，页520。

"奉营"二字，宋本、碛砂本、元本、明本皆作"奉茔"[1]，大概诸家皆理解为土葬之故。竺叔兰于晋元康元年（291 年）译出《放光经》及《异维摩诘》，僧佑说他"既学兼胡汉，故译义精允"。

仍然保留其西域礼仪的胡僧也是有的。帛尸梨密受周顗器重。周顗遇害，"密往省其孤，对坐作胡呗三契，梵响凌云；次诵呪数千言，声音高畅，颜容不变；既而挥涕收泪，神色自若"。[2]其所谓"对坐作胡呗三契"估计是对家属的慰问仪式。而"诵咒数千言"，有点像是现代俗称"打斋"的超度仪式，疑是祝颂往游极乐世界（即以念经超度亡魂）。这做法或带有西域丧仪的色彩。

鸠摩罗什尝对僧叡慨叹，经文由梵译汉，往往失却原初当中所包含的韵味，尤其是音乐之美，云：

> 天竺国俗，甚重文制，其宫商体韵，以入弦为善。凡觐国王，必有赞德；见佛之仪，以歌叹为贵；经中偈颂，皆其式也。但改梵为秦，失其藻蔚，虽得大意，殊隔文体。有似嚼饭与人，非徒失味，乃令呕哕也。[3]

鸠摩罗什的主要意见是说梵文佛经用韵文写成，读来有音乐感，可以配上奏乐来演唱，是以诵经时声调充满抑扬顿挫的韵味；但当翻译时，华人改用散文来转梵为汉，于是译文虽能表达佛经原文所载的义理，却已失去韵文味道，是以令人"呕哕"（"呕哕"乃形容韵味已失的感觉）。不过，"凡觐国王，必有赞德"、"见佛之仪，以歌叹为贵"，"赞德"与"歌叹"是仅仅在音乐曲调旋律上有所差别，还是在礼仪、习俗上亦有所区别？可能其文意还兼指仪式与俗例。鸠罗摩什作十偈赠沙门法和，其中一颂云："心山育明德，流熏万由延。哀鸾孤桐上，清音彻九天。"是以

1《出三藏记集》卷十三校勘记注[三十一]，页 527。
2《高僧传》卷一《译经上》"晋建康建初寺帛尸梨密"，页 29。
3《高僧传》卷一《译经上》"晋长安鸠摩罗什"，页 53。

诗歌形式表达宗教情思，结合文学和宗教，成为文化融通的另一途径。

五、参与汉士论辩、清谈

魏、晋时期，名士好以《老子》《庄子》为核心，相与论辩，成为清谈之风。后来论辩题材逐渐涉及佛教文献，以"般若空宗"思想接近老、庄玄学，大家有了共同议题和兴趣之故。汤用彤《汉魏两晋南北朝佛教史》及许里和（E. Zurcher）《佛教征服中国》(*The Buddhist Conquest of China: The spread and adaptation of Buddhism in early medieval Chin.*)[1]皆尝举例论佛教徒与魏晋"清谈"合流之事。此处不详引录。

从另一角度看问题，"不依国主，则法事难立"[2]，无论汉胡僧人，当时皆乐意结识权贵。六朝时期，汉僧颇能清谈。胡僧无论能否操汉语，似乎亦能入乡随俗，与权贵清谈：

> 畅亦有才思，善为往复，着《人物始义论》等。畅常执麈尾行，每值名宾，辄清谈尽日。庾元规谓畅曰："此麈尾何以常在。"畅曰："廉者不取，贪者不与，故得常在也。"……（康僧渊）后因分卫之次，遇陈郡殷浩，浩始问佛经深远之理，却辩俗书性情之义，自昼至曛，浩不能屈，由是改观。琅琊王茂弘以鼻高眼深戏之，（康僧）渊曰："鼻者面之山，眼者面之渊，山不高则不灵，渊不深则不清。"时人以为名答。[3]

"畅"即康法畅。[4]这段文字记载了几件事。一是"善为往复"，即答复

---

1 许里和（E. Zurcher）撰，李四龙、裴勇译，《佛教征服中国》（南京：江苏人民出版社，1998年）。 原书 E. Zurcher (1972). *The Buddhist Conquest of China: The spread and adaptation of Buddhism in early medieval Chin.* Leiden: Brill.

2《高僧传》卷五《义解二》"晋长安五级寺释道安"，页 178。

3《高僧传》卷四《义解一》"晋豫章山康僧渊"，页 151。又见《世说新语·排调篇》。

4 康法畅亦有可能是汉僧或汉胡混血种，"貌虽梵人"一句，似能说明其胡族血统的性质。《高僧传》卷四《晋豫章山康僧渊传》记康僧渊、康法畅、支愍度一起过江，陈寅恪《支愍度学说考》考订支愍度是汉人，见陈寅恪《金明馆丛稿初编》（上海：上海古籍出版社，1980年），页 141～167，与其结伴过江的两人亦有可能是汉人，惟《世说新语·排调篇》强调"康僧渊**目深而鼻高**"，据外貌不能不令人怀疑他是胡人。虽然，《高僧传》若清楚知传主为域外僧人，往往明确标示，若不标示，或不太清楚，或者其为汉人。支、康、悉等姓氏，目的在显示其祖师宗派。

论辩。这需要论辩技巧，同时也涉及谈话内容，是从"佛经深远之理"谈到"俗书性情之义"，且反复辩难，自晨至夕，争辩不休。二是在行动上"执麈尾行"，十足清谈名士。三是应对快捷，幽默雅趣，不仅才思敏锐，且充分反映其语言能力高强。"渊不深则不清"，应该是语带双关。四是所著《人物始义论》，相信与刘邵《人物志》属同一范畴，受魏晋品评人物风气影响，是阐述品评人物之道的文章。

个别胡僧不学汉语，要依赖传译，却依然可以与士大夫来往无间。帛尸梨密多罗，西域人，"性高简，不学晋语，诸公与之语言，密虽因传译，而神领意会，顿尽言前，莫不叹其自然天拔，悟得非常"。[1]案帛尸梨密多罗在晋咸康（335 年至 342 年）中卒于建康，春秋八十余，计算他在永嘉（301 年至 313 年）中初到中国，年纪当已近五十。以一个中年外籍男人来说，要从头学习汉语而要说得好，相信是极不容易的事。但他在华三十多年，极有可能是听得懂，而说不好，干脆不说，以掩饰可能出现的窘态。《世说新语》《言语》对此有所解释：

> 高坐道人不作汉语，或问此意，简文曰："以简应对之烦。"[2]

梁简文帝估计他不说汉语是有动机的，要减少、避免烦琐的应对。表面上看，可以这样解释，但其实可以涵盖因第二语言不利索而有意回避，即不讲为妙。他与丞相王导结交，"于丞相坐，恒偃卧其侧。见卞令，肃然改容云：'彼是礼法人。'"[3]王导尝对他说：

> "外国有君，一人而已。"密笑曰："若使我如诸君，今日岂得在此。"

这种机警而带有些微幽默玩笑的回答，与《世说新语》《言语》、《排调》门所展示风格相近。这说明如帛尸梨密之类胡僧，颇能掌握交际门径，

---

1 《高僧传》卷一《译经上》"晋建康建初帛尸梨密"，页 30。
2 余嘉锡《世说新语笺疏》《言语》（上海：上海古籍出版社，1992 年），页 100。
3 卞令指尚书令卞望之。《世说新语笺疏》《简傲》，页 771。

因而赢得当时士大夫给予"卓朗"、"精神渊箸"的赞誉。[1]应该这样说，西胡僧即使在汉语修养方面并不利索，可能不足以畅言无阻，但在文化意识上，多数是已力求融通，和洽相处。

六、其他

佛陀耶舍本是罽宾国婆罗门种，姚兴时入长安。赤髭，人称赤髭毘婆沙。《高僧传》云：

> 耶舍先诵《昙无德律》，伪司隶校尉姚爽请令出之，兴疑其遗谬，乃请耶舍，令诵羌籍药方可五万言。经二日，乃执文覆之，不误一字，众服其强记。[2]

案："羌籍药方"，《出三藏记集》卷十四《佛陀耶舍传》作"民籍、药方"。[3]这说明佛陀耶舍可能懂羌语口语（若作"羌籍药方"）或汉语文字（若作"民籍、药方"）。若作"羌籍药方"，该药典以何种语言存录则不得而知。[4]这段记载，最令人产生兴趣的不是佛陀耶舍的记忆能力，而是后秦国主姚兴（羌人）怀疑耶舍所记诵的《昙无德律》或有遗漏错谬，故意命他背默"羌籍药方"，事后复核不误一字。凭常理可以判断，如果不熟悉一种语文，绝不可能背默五万多字，何况那不是有韵诗赋或一般文字，而是药方（即使是汉语药方）！不过，他主持译《四分律》并《长阿含》经时，"凉州沙门竺佛念译为秦言，道含笔受"，看来耶舍或者兼懂羌语口语，而汉语修养则不甚了了。如果能背五万字之汉字药方，而译经须由竺佛念和道含分别负责口译和笔译，如此只重背诵之功，事情是有些令人奇怪。

---

1 《世说新语笺疏》《赏誉第八》，页448。
2 《高僧传》卷二《译经中》"晋长安佛陀耶舍"，页67。
3 "姚兴疑其遗谬，乃试耶舍，令诵民籍、药方各四十余纸。三日乃执文覆之，不误一字。众服其强记。"《出三藏记集》，页538。
4 古时羌族没有自己的文字，但并不等于说没有自己的口语。"羌籍药方"是用何种文字写成，不太清楚，难以遽下判断，可能已译成汉语，也可能使用其它文字音读，如日本《万叶集》，乃借用汉字音记事。若作"民籍药方"，则是能记汉字，不懂汉语而能记诵数十页汉字，似不可能。

宋文帝向求那跋摩请教修佛之事，跋摩对他说：

> 夫道在心，不在事，法由己，非由人。且帝王与匹夫所修各异，匹夫身贱名劣，言令不威，若不克己苦躬，将何为用。帝王以四海为家，万民为子，出一嘉言，则士女咸悦；布一善政，则人神以和。刑不夭命，役无劳力，则使风雨适时，寒暖应节，百谷滋繁，桑麻郁茂。如此持斋，斋亦大矣；如此不杀，德亦众矣。宁在阙半日之餐，全一禽之命，然后方为弘济耶。[1]

这种说法，其实不合原始佛教精神。原始佛教是个人领悟人生悲苦，必须通过个人修行以达致正果，才可脱离苦海进入涅槃。否则世尊释迦牟尼不必出家。宋文帝作为帝王，俗世身份与释迦相似，为什么可以不必苦行修法？求那跋摩的话实际上是否定了藉个人修行以悟道的小乘理论，把佛教义理推向世俗化。但他鼓励帝王洁身图治，善待民众，未尝不是一件好事。其说法颇有孟子鼓励齐宣王行仁政、推恩于四海的味道。[2]这种做法，比较接近中国传统文化，不免使人怀疑是受了儒家思想影响，而有意倾斜于世务。

不独求那跋摩如此，佛图澄"虽未读此土儒史，而与诸学士论辩疑滞，皆闇若符契，无能屈者"。其劝谏石勒云：

> 夫王者德化洽于宇内，则四灵表瑞。政弊道消，则彗孛见于上。恒象着见，休咎随行，斯乃古今之常征，天人之明诫。[3]

劝导人主而论天人之道，有似谶纬之士、汉儒之见，他对汉儒思想可能有些研究。

这里附带一提：释智林是高昌国人，但未知是否胡人。高昌国在今新疆吐鲁番，其时统治高昌的是汉人[4]，当地胡汉杂居，因此释智林可能

---

1 《高僧传》卷三《译经下》"宋京师祇洹寺求那跋摩"，页108。
2 《孟子·梁惠王上》《齐桓、晋文之事章》。
3 《高僧传》卷九《神异上》"晋邺中竺佛图澄"，页346。
4 据《周书·高昌传》和《北史·高昌传》。

是汉人，也可能是胡人。他振锡江、豫，"形长八尺，天姿瑰雅，登座震吼，谈吐若流"，从身长八尺与天姿瑰雅之外貌推测，有可能是胡汉混血。宋明之初，闻汝南周颙作《三宗论》[1]，智林深所欣慰，致书赞之，并提出要求："想便写一本，为惠贫道，赍以还西，使处处弘通也。"颙因出论，智林"后辞还高昌"[2]，估计他或把《三宗论》携带回去传播。这就等于现代人所说的"回馈"，把汉著佛教理论传往胡汉混杂聚居的边疆。如果条件成熟如今日之"孔子学院"，甚至可以通过翻译传往西域。

七、结语

移居他乡是一种艰难的抉择。胡僧来华，主要是为了传法，并非如现代人那样，是为了改善生活或逃避政治迫害。积极接受居留地的语言文化，可以直接融入社会，必能更好地完成宗教任务。从《高僧传》等文献一鳞半爪的记载，我们稍微了解胡僧来华后的生活点滴。一般来说，他们通过各种办法，大都主动融入社会，与上层官员或知识分子交往，在生活细节上让西域文化与中国传统生活习俗文化自然地融合起来。这样做，既促进佛法传播，也使中华文化添加新元素。

1《南齐书》卷四十一《周颙传》谓颙"泛涉百家，长于佛理。着《三宗论》。立假空名，立不空假名。设不空假名难空假名，设空假名难不空假名。假名空难二宗，又立假名空"。（北京：中华书局 1972 年），页 731。

2《高僧传》卷八《义解五》《齐高昌郡释智林》，页 310。

中国佛教疑伪经撰著及其意义与价值

孙昌武

一

中国佛教以外来翻译佛典为基本典据。而数量庞大的翻译经典本是历代印度和西域佛教信徒逐步结集起来的。但是在翻译成汉语的过程中，往往有意（主要是为了适应中土人的意识和伦理等以利流传）、无意（翻译过程中出于理解和表述上的种种问题等）间作出或多或少的改动和曲解。如果这些经典与原典相对照，不管有多大差异，都是所谓"真经"（这里所谓"经"，包括经、律、论三藏），认为它们是神圣不可怀疑的。而相对应地，中国人还出于不同目的、假托外来翻译经典而自行撰述，则称之为"伪经"；还有些经典被怀疑是伪经的，则称为"疑经"。历代僧侣、信众以至朝廷大都十分重视辨析经典真伪，把这当作是把握佛法真义，保持教义纯正的关键。值得注意的是，本来中国文化在传统上是严于"华夷之辨"的，重华夏而贬外夷。可是基于佛教立场却排斥本土制作为"疑"为"伪"。这也是佛教在中国具体环境下极力保持其独立性的一种体现。

从事中国早期佛教史研究，立即会踫到《四十二章经》的真伪问题。相关争论至今也没有最后得出公认的结论。学术界比较一致的看法是该经古本应是出自汉末译师之手的"经抄"，而今传本已经改变原貌，被充实以后出的内容。作为经抄，严格意义上不能算作译本，大概正因此而没有被列入《安录》[1]。那种按照私意抄录佛典以为"经抄"的办法，后来相当盛行，所作一般都不被当作"真经"对待。道安等人也是把《灌顶经》等判定为"依经抄撰"[2]的。现存中国人制作的最早的伪经记录见于僧祐《出三藏记集》，他在记载齐末太学博士江泌处女尼子伪作《序七世经》之后说：

> 昔汉建安末，济阴丁氏之妻忽如中疾，便能胡语，又求纸笔，自为胡书。复有西域胡人见其此书，云是经莂，推寻往古，不无此事。[3]

这个传说出处不明，但它反映伪经在中国出现相当地早（佛教初传的东汉末年），则应当是符合实际情况的。后来伴随着兴盛的佛典翻译和佛教在中国的急速发展，伪经制作也更加盛行起来。到东晋末年道安编撰《经录》，已明确列出"意谓非佛经者"的"疑经"二十六部三十卷；僧祐在《出三藏记集》里又"新集"疑伪经二十部二十六卷，两者合起来计达四十六部五十六卷之多。实际上安录和祐录的其他部分如"杂经"、"失译经"里也有不少明显是伪经。僧祐指出：

> 《长阿含经》云："佛将涅槃，为比丘说四大教法。若闻法律，当于诸经推其虚实，与法相违则非佛说。"又《大涅槃经》云："我灭度后，诸比丘辈抄造经典，令法淡薄。"种智所照，验于今矣。自像运浇季，浮竞者多，或凭真以构伪，或饰虚以乱实。昔安法师摘出伪经二十六部，又指慧达道人以为深戒。古既有之，今亦宜然矣。祐校阅群经，广集同异，约以经律，颇见所疑。夫真经体趣融然深远，假托之文辞意浅杂，玉石朱紫，无所逃形也。今区别所疑，注之于录，并近世妄撰，亦标于末。并依倚杂经而自制名题，进不闻远适外域，退不见承译西宾，"我闻"兴于户牖，印可出于胸怀，诳误后学，良足

1 《出三藏记集》卷二《新集撰出经律论录第一》："《四十二章经》一卷　旧录云，《孝明皇帝四十二章》。安法师所撰录阙此经。"第23页，苏晋仁、萧鍊子点校，中华书局，1995年。
2 同上卷五《新集安公伪撰杂录第三》，第225页。
3 同上《新集安公注经及杂经志录第四》，第231页。

寒心。既躬所见闻，宁敢默已，呜呼来叶，慎而察焉！[1]

从这段记述，可见当时伪经流行状况之严重。以至到了道安、僧祐时代，辨析佛典真伪已成为认真的佛教信徒面临的重要工作。再以后，隋法经《众经目录》列入"疑惑部"的经典则达到一百四十一部三百三十卷；而彦琮等人的《众经目录》列入"疑伪经"的更多达二百零九部四百九十卷。到智升编撰《开元释教录》，在《疑惑再详录》里著录疑经十四部十九卷，在《伪妄乱真录》里著录伪经三百九十二部一千零五十五卷[2]，两者合计四百零六部一千零七十四卷之多。这个数字和该录著录佛典一千零七十六部五千零四十八卷相比较，可见当时流传伪经之众多和广泛，以及伪撰经典快速增长的趋势。

随着作伪的情况愈演愈烈，真、伪相混淆也日趋严重。道安所指称的二十部"疑经"（实际就是"伪经"），有些后来不但继续流传，甚至一些权威义学大师也往往不加辨别地信用不疑。如在僧旻、宝唱等编撰的类书《经律异相》里就存有这些经典的某些佚文（如《善王皇帝经》和《惟务三昧经》），在道绰《安乐集》这样的权威著作里亦曾引用作为经证（如《善信女经》引作《善信经》、《胸有万字经》引作《现佛胸万字经》、《贫女人经》引作《贫女难陀经》等）。在净土大师道绰引为经证的佛典里，还有另一些疑伪经如《十方随愿往生经》、《净度三昧经》、《生阿弥陀佛国为诸大众说观身正念解脱十往生经》、《善王皇帝尊经》、《惟务三昧经》、《须弥四域经》等。而如下面将要讨论到的著名的《提谓波利经》，天台智顗（《法华玄义》卷十之上）、贤首法藏（《华严五教章》卷一）这样的宗派佛教宗师都在著作里当作真经引用过。

南北朝是佛教大发展、佛典传译极其兴盛的时期，也是伪经大量制作并广泛流传的时期。这两个现象并行出现是意味深远的。一部具有代表性的伪经《像法绝疑经》曾用预言方式批评当时佛教的状况说：

善男子，未来世中诸恶比丘，在在处处讲说经律，随文取义，

---

1 《出三藏记集》卷五《新集安公伪撰杂录第三》，第224页。
2 《开元释教录》卷一八《别录之八》，《大正藏》第55卷，第671页中～672页上。

不知如来隐覆秘密。[1]

这部经的制作者显然认为当时佛教讲学中"随文取义",已经背离了佛陀本义。制作伪经则是对于这一事态的有意识的反动。这也表明制作伪经与佛教在中土发展具有必然联系,即是说制作伪经有其必然性。如戴密微所指出:

> 伪经经文在中国佛教史上起过重要的作用。它们形成了一个真正的体系(的确像在道教中,甚至在儒家中那样),并且在六朝时期更加丰富起来。[2]

这样,伪经制作和流传乃是伴随中国佛教发展的重要现象,体现了中国佛教性质和内容的重要一面。直到隋唐时期,佛教发展极盛,如吕澂所说:

> 唐代佛典之翻译最盛,伪经之流布亦最盛,《仁王》(《仁王般若波罗蜜经》)伪也,《梵网》(《梵网经》)伪也,《起信》(《大乘起信论》)伪也,《圆觉》(《圆觉经》)伪也,《占察》(《占察善恶业报经》)伪也。实叉(难陀)重翻《起信》,不空再译《仁王》,又伪中之伪也。而皆盛行于唐。[3]

这里吕澂判断为"伪"的中外学术界多有争议,不过他指出伪经流布之盛则是确凿不疑的。令人玩味的是,隋唐时期宗派佛教盛行之后,伪经制作随之渐趋沉寂。各宗派都把自宗宗师的著作当作立宗典据,它们名正言顺地成为中土制作的经典。特别是禅宗兴起,更直截了当地把自宗说法记录称之为"经"(慧能《坛经》)或实际上奉为经典(如对于禅师的"语录")。再则,中唐以后,佛典汉译已基本告一段落,新的伪经的

---

1 《像法绝疑经》,《大正藏》第 55 卷,第 1337 页上。
2 《汉代至隋代之间的哲学与宗教》,《剑桥中国秦汉史》,第 917～918 页,杨品泉等译,中国社会科学出版社,1992 年。
3 吕澂《楞严百伪》,《吕澂佛学论著选集》第 1 卷,第 370 页,齐鲁书社,1991 年。

制作也就缺乏借口了。不过在民间佛教信仰里，伪经仍然起着重要作用，也仍不断有新的作品出现。在当今各地寺庙的宣教材料里，大量流传各种本土制作的观音经、观音咒等，表明伪经的强大生命力。

中国佛教发展不同历史时期制作的伪经一方面更直截地反映了当时民众对于佛教的理解和要求，另一方面也真切地表达了他们信仰的实态。因而正如陈寅恪所指出：

> 盖伪材料亦有时与真材料同一可贵。如某种伪材料，若径认为其所依托之时代及作者之真产物，固不可也。但能考出其作伪时代及作者，即据以说明此时代及作者之思想，则变为一真材料矣。[1]

在学术史上，文献真伪的判断和对它们的价值判断是两码事。对待宗教文献，这一点尤其突出。伪经正是这类中国佛教的"真产物"，它们对于研究、认识中国佛教具有不可替代的巨大价值。

由于历代佛教信徒重视辨别经典真伪，历代编辑藏经也都把剔除伪经当作要务，大量伪经没有流传下来。所幸一部分被当作真经入藏而保存下来了；民间也流传一些篇幅短小、内容浅显的伪经；特别是敦煌遗书里保存许多伪经和相关资料，给认识、研究提供了一大批新材料。而近代学术界能够摆脱有关经典真伪的偏见，从新的角度、以科学的方法审视和分析伪经，使得重新认识和评价这些文献成为可能，也给整个佛教史研究开辟了新领域。

二

《祐录》里纪录了部分伪经的制作情形：

> 《灌顶经》 一卷 一名《药师琉璃光经》，或名《灌顶拔除过罪生死得度经》。

1《冯友兰中国哲学史上册审查报告》，《金明馆丛稿二编》，第248页，上海古籍出版社，1980年。

　　右一部，宋孝武帝，大明元年，秣陵鹿野寺比丘慧简依经抄撰。此经后有《续命法》，所以偏行于世。[1]

　　《提谓波利经》　二卷　旧别有提谓经一卷。

　　右一部，宋孝武时，北国比丘昙靖撰。

　　《宝车经》　一卷　或云《妙好宝车菩萨经》。

　　右一部，北国淮州比丘昙辩撰，青州比丘道侍改治。

　　《菩提福藏法化三昧经》　一卷。

　　右一部，齐武帝时，比丘道备所撰。备易名道欢。

　　《佛法有六义第一应知》　一卷　未得本。

　　《六通无碍六根净业义门》　一卷　未得本。

　　右二部，齐武帝时，比丘释法愿抄集经义所出。虽弘经义，异于伪造，然既立名号，则别成一部，惧后代疑乱，故明注于录。

　　《佛所制名数经》　五卷。

　　右一部，齐武帝时，比丘释王宗所撰。抄集众经，有似数林；但题称佛制，惧乱名实，故注于录。

　　《众经要揽法偈》二十一首　一卷。

　　右一部，梁天监二年。比丘释道欢撰。[2]

这里列举的八部书，有的是凭空撰作，有的是抄集众经，都有确切的时代和作者。又僧祐作为"杂经"列进"入疑录"的"僧法尼所诵出经"共计二十一种三十五卷，批注说：

　　右二十一种经，凡三十五卷。经如前件。齐末太学博士江泌处女尼子所出：初尼子年在龆龀，有时闭目静坐，诵出此经。或说上天，或称神授，发言通利，有如宿习。令人写出，俄而还止，经历旬朔，续复如前。京都道俗咸传其异。今上敕见，面问所以，其依事奉答，不异常人。然笃信正法，少修梵行，父母欲嫁之，誓而弗

　　1 此经相当于今本《灌顶经》第十二卷。今本十二卷《灌顶经》乃是《祐录》中失译的十二部经所构成。所谓"续命法"，要求制作续命神幡，燃四十九灯，以此幡、灯的放生功德来拯救受苦的灵魂。这是一种体现中土观念的民间宗教祭仪形态。
　　2《出三藏记集》卷五《新集安公疑伪杂录第三》，第225～226页。

许。后遂出家，名僧法，住青园寺。祐既收集正典，捡括异闻，事接耳目，就求省视。其家秘隐，不以见示，唯得《妙音师子吼经》三卷，以备疑经之录。此尼以天监四年三月亡。有好事者得其文疏，前后所出经二十余卷。厥舅孙质以为真经，行疏劝化，收合传写。既染毫牍，必存于世。昔汉建安末，济阴丁氏之妻忽如中疾，便能胡语，又求纸笔，自为胡书。复有西域胡人见其此书，云是经荊，推寻往古，不无此事。但义非金口，又无师译，取舍兼怀，故附之疑例。

又：

《萨婆若陀眷属庄严经》一卷（二十余纸）

右一部。梁天监九年。郢州头陀道人妙光，戒岁七腊，矫以胜相，诸尼妪人，金称圣道。彼州僧正议欲驱摈，遂潜下都，住普弘寺，造作此经。又写在屏风，红纱映覆，香花供养，云集四部，嚫供烟塞。事源显发，敕付建康辩核疑状。云抄略诸经，多有私意妄造，借书人路琰属辞润色。狱牒："妙光巧诈，事应斩刑，路琰同谋，十岁谪戍。"即以其年四月二十一日，敕僧正慧超，令唤京师能讲大法师、宿德如僧祐、昙准等二十人，共至建康前辩妙光事。超即奉旨，与昙准、僧祐、法宠、慧令、慧集、智藏、僧旻、法云等二十人于县辩问。妙光伏罪，事事如牒。众僧详议，依律摈治。天恩免死，恐于偏地复为惑乱，长系东冶。即收拾此经，得二十余本，及屏风于县烧除。然犹有零散，恐乱后生，故复略记（萨婆若陀长者，是妙光父名。妙光弟名金刚德体，弟子名师子）。

从这两则记述可以知道，当时朝廷已经注意并干预勘定经典真伪的工作。为了《萨婆若陀眷属庄严经》这一部经典，就曾调动二十位著名大和尚来"辩问"，又由僧正南涧寺慧超总理其事，参与者包括当时著名的"三大法师"光宅寺法云、开善寺智藏、庄严寺僧旻，还有僧祐本人。又：

《法苑经》一百八十九卷、《抄为法舍身经》六卷。

右二部。盖近世所集，未详年代人名。悉总集群经，以类相从。既立号《法苑》，则疑于别经，故注记其名，以示后学。卷数虽多，犹是前录众经，故不入部最之限。[1]

这些也都可以作为实例，清楚反映出伪经制作的具体状况。

伪经的流行，还可以举出白居易作例子。白居易信仰佛教，日常诵读经典很多。他有和元稹《梦游春》诗说：

《法句》与《心王》，期君日三复。

有注曰："微之常以《法句》及《心王头陀经》相示，故申言以足其志也。"[2]他的另一首和诗又说到"心付《头陀经》"[3]。陈寅恪考证说：

寅恪少读乐天此诗，遍检佛藏，不见所谓心王头陀经者，颇以为恨。近岁始见敦煌博物院藏斯坦因号贰肆柒肆，佛为心王菩萨说投陀经卷上，五阴山室寺惠辨禅师注残本，（大正续藏贰捌捌陆号。）乃一至浅俗之书，为中土所伪造者。至于法句经，亦非吾国古来相传旧译之本，乃别是一书，即伦敦博物院藏斯坦因号贰仟贰壹佛说法句经，（又中村不折藏敦煌写本，大正续藏贰玖零壹号。）及巴黎国民图书馆藏伯希和号贰叁贰伍法句经疏，（大正续藏贰玖零贰号。）此书亦是浅俗伪造之经。夫元白二公自许禅梵之学，叮咛反复于此二经。今日得见此二书，其浅陋鄙俚如此，则二公之佛学造诣，可以推知矣。[4]

实际上，这一情况不单纯是元、白的佛学水平问题，主要是反映了这类

1《出三藏记集》卷五《新集安公注经及杂经志录第四》，第229～232页。

2《和梦游春诗一百韵》，朱金城《白居易集笺校》卷一四，第2册，第866页，上海古籍出版社，1988年。

3《和思归乐》，《白居易集笺校》卷二，第1册，第110页。

4《元白诗笺证稿》，第99页，上海古籍出版社，1978年。

伪经在当时流传广泛，像元、白那样的好佛知识分子也毫不怀疑地接受了。

伪经假托真经结集起来，有一些后来编辑藏经时被当作真经入藏，直到近代才陆续有人提出怀疑，加以考辨[1]。以至如上引吕澂文字所提及的中国佛教史上一些十分重要的经典如《首楞严经》、《圆觉经》、《大乘起信论》等的真伪，直到如今还是争论不已的问题。

前面说到，伪经制作和流传乃是中国佛教发展中的重要现象，伪经的出现无论从佛教发展形势看，还是其从思想和社会意义看，都有其必然性。从佛教自身发展看，所谓"正法深远，凡愚未达，随俗下化，有悖真宗"[2]，翻译经典的佛教、高僧讲学的佛教越来越强化理论思辨倾向，义学的形成正是这一倾向发展的成果；另一种注重禅修的佛教，又沉溺于冥想而淡化了信仰。对于一般民众来说，前一种繁琐艰深的佛教教学与他们的实际宗教需求相差得过分遥远；后一种潜修心性的佛教在每天为温饱奔波的生活中更难以实行。他们需要的是在现实中获得信仰支持、帮助他们解除内心焦躁和忧虑的佛教。因此有必要采用"随俗"的办法，制作浅显易懂、更适应实际需要的经典来教化、安慰他们。这种"随俗"不单体现在表现形式上，内容也要加以变通。这实际又关系到另一重要层面问题，就是佛教作为外来宗教输入中土，必然要不断地适应本土需要而变化即所谓"中国化"，才能被民众接受并在新的文化土壤上扎根。前面提到的外来佛典在翻译过程中被"改造"、"曲解"可以算是这种"中国化"的初级、简单的形式；再进一步，则是由中国人自己制作迎合本土需要的经典。佛教"中国化"的表现还有更多方面，如通过对翻译经典的解释和注疏进行独特的发挥，通过"教相判释"来整理、确立外来教理体系，等等。但就更真切、更方便地体现中土民众观念、意愿和信仰而言，制作"伪经"可以说是最为直截、也最为简单易行的办法。这

---

1 伪经入藏的情形颇不相同。有的经典前人已判明是伪经，后人却又当作真经入藏，例如道安已明确指出是"南海胡作"的《宝如来经》或称《宝如来三昧经》，直到《大唐内典录》还循例作伪经处理，但从《大周刊定众经目录》、《开元释教录》到《大正藏》都当作真经；又如《安宅神咒经》初见于隋代经录，作汉代失译经著录，后来的经录一般均当作真经。也有相反的情况，如《大周录》里勘定为真经的《毗罗三昧经》等许多经典后来都被判定为疑伪经。

2 道宣《大唐内典录序》，《大正藏》第55卷第219页中。

样，随着外来佛教逐步与本土意识相调和，在社会上被更广泛的阶层所接受，伪经也就源源不断地被制作出来。当然伪经的制作和流传也表明佛教在社会上已经形成相当实力，佛经已经具有某种绝对权威，因而才值得通过伪托的办法来制作和流传。所以镰田茂雄的《中国佛教通史》，把"疑经的成立"看作是"中国佛教的萌芽"[1]。从这样的角度看，后来隋、唐宗派佛教拿来作为典据的中国人自己的论疏、著述、语录，实际也可以看作是广义的"伪经"。做到这一点，则标志着真正的中国佛教已经形成了。

三

分析伪经制作的具体动机则又相当复杂：有些伪经是某些僧尼为了神化自身而制作的；有些则显然抱有某种政治目的；有些是佛教与道教斗争的产物；更多的则是为了适应民众的信仰需求。意义更为重大的自然是后面一类。就具体形态而言，情况也极其不同：有些无论是内容还是体例、语言都与真经相类似，很容易被混同于一般翻译经典；另一些则内容谫陋，语言浅俗，表述拙朴，甚至仅从体例看就和"真经"大不相侔，可以明显看出是伪撰。各种伪经流传的命运也大不相同；有一些所述义理较精致、表述较典雅的陆续入藏流通（其中有的后来又逐渐引起人们怀疑，被当作"疑伪经"，有的更引起长期、激烈的争论），而那些内容、形式都简陋拙朴的则大部分在流传中佚失了。但不论是哪一种，在佛教发展史上的意义和作用都是不可忽视的。

下面分为几种类型简单介绍伪经的内容及其意义。当然这种分类只是权宜办法，因为某一经典体现意义的具体内涵往往是多方面的。

第一种类型是在佛教通俗化、民俗化的潮流中，与外来经典并立，反映本土民众观念和信仰而制作的。最有代表性的是《提谓波利经》，它是经北魏毁佛之后一位不知来历的沙门昙靖编撰的。道宣记载：

---

1 镰田茂雄《中国佛教通史》第 3 卷第 4 章题名为"中国佛教的萌芽——疑经的成立"，第 169 页，佛光文化事业有限公司，1999 年。

　　有沙门昙靖者，以创开佛日，旧译诸经，并从焚荡，人间诱道，凭准无因，乃出《提谓波利经》二卷，意在通悟，而言多妄习。故其文云东方泰山，汉言代岳，阴阳交代，故谓代岳，出于魏世，乃曰汉言，不辨时代，斯一妄也；太山即此方言，乃以代岳译之，两语相翻，不识梵、魏，斯二妄也。其例甚众，具在经文，寻之可领。旧录别有《提谓经》一卷，与诸经语同，但靖加五方、五行，用石糅金，疑成伪耳，并不测其终。隋开皇，关壤往往民间犹习《提谓》，邑义各持衣钵，月再兴斋，仪范正律，递相鉴检，甚具翔集云。[1]

这部经典不仅在民众间流传广远，如智顗《法华玄义》、《仁王护国般若经疏》、窥基《大乘法苑义林章》、湛然《止观辅行传弘决》等著名宗师的著作里都曾引用过，可见其流传之广泛、地位之重要。

　　《提谓波利经》久已散佚，原只残存片断佚文。所幸在敦煌写本里发现了四种残卷，基本得以恢复原貌。这部经采取《太子瑞应本起经》卷下、《普曜经》卷八《商人奉麨品》关于佛陀成道后提谓和波利率领五百商人前来皈依、奉食供养、佛为说法的故事框架，对俗家说五戒十善法，大意是：在三长斋月（正、五、九月）、六斋日（初八、十四、十五、二十三、二十九、三十日）、天王日（立春、春分等八节气），四天王降临人间，察看善恶，众生应守戒行，做善事，否则四天王会给予处罚，减寿夺算。因而当此时日，要称诵南无佛。有欲后世得富贵者、欲升上天界者、欲求尊贵者、欲求佛道者、欲求罗汉道者，均当奉诵此经。值得注意的是，这里特别突出"求富贵"、"求尊贵"等世俗利益，突显出鲜明的世俗性格。

　　《提谓经》的另一个重要特点，是把儒家伦理与佛教戒律相结合。灌顶《仁王护国般若经疏》里引用其一段文字说：

　　提谓波利等问佛："何不为我说四六戒？"佛答："五者，天下之大数，在天为五星，在地为五岳，在人为五脏，在阴阳为五行，在

　　1《续高僧传》卷一《魏北台石窟寺恒安沙门释昙曜传附昙靖传》，《大正藏》第 50 卷，第 428 页上。

王为五帝，在世为五德，在色为五色，在法为五戒。以不杀配东方，东方是木，木主于仁，仁以养生为义；不盗配北方，北方是水，水主于智，智者不盗为义；不邪淫配西方，西方是金，金主于义，有义者不邪淫；不饮酒配南方，南方是火。火主于礼，礼防于失也；以不妄语配中央，中央是土，土主于信，妄语之人乖角两头，不契中正，中正以不偏乖为义也。[1]

这是把中土传统的"五行"、"五常"、"五方"观念与佛教的"五戒"配和起来，至于把报应归结为增寿夺算，宣扬守一戒者有五神，受五戒则二十五神守护其身等，则显然混入了本土道教的说法。又说到佛忧般泥洹后生"五乱"：五道之乱、人民之乱、鬼神之乱、九十六种外道之乱、正法之乱；又说五乱之世，正法毁灭，诸天不悦，人民将入地狱，受长劫之苦等，则显然是直接影射北魏毁佛，也是针对一切反佛和怀疑佛道的思想、行为的。

《提谓经》语言通俗，所说事项都取自民众日常生活。如说犯他人妇女者转生为飞禽，负债不还、借贷不清者转生为奴婢，这些"过犯"都是世俗生活中常见的，设定的罪罚也直截了当，令人戒惧。

另一部《宝车经》同样宣说三皈五戒、十善八斋，是与《提谓经》同一类型的面向民众的通俗说教。《出三藏记集》称之为《宝车经》一卷，或云《妙好宝车菩萨经》，说是"北国淮州比丘昙弁撰，青州比丘道侍改治"[2]，今存敦煌本。

又《净度三昧经》亦见《祐录》，是作为"新撰失译，犹多卷部，声实纷糅，尤难诠品"[3]的当代流传经典著录的。《开元录》著录在《别录·疑惑再详录》里，说"《净度三昧经》三卷 萧子良抄撰中有《净度三昧经》三卷，疑此经是"[4]。可见这是一部广泛流传并曾受到重视的经典。该经今存《续藏经》本和敦煌本。根据牧田谛亮整理、校订，厘

1《仁王护国般若经疏》卷二，《大正藏》第33卷，第260页下～261页上。
2《出三藏记集》卷五《新集安公伪撰杂录第三》，第225页。
3 同上卷四《新集续撰失译杂录》，第123页；该录著录《净度三昧经》二卷，或云《净度经》；又卷五《新集抄经录》着录《抄净度三昧经》四卷、《净度三昧抄》一卷。
4《开元释教录》卷一八，《大正藏》第55卷，第671页下。

定敦煌写卷 S.4546 号为卷上，《续藏》本大体相当于该敦煌本，可补其阙佚；卷中仅存数行经题和三十七个字；另有敦煌写卷 S.2301 号为卷下[1]。从内容看，卷上主要是写守持斋戒则能得到善神守护，特别是在六斋日、八王日如法奉守戒行，则会增寿益算，死后升天，表现对于死亡的反省，鼓励现世的善行。其中的"四天大王"、"司录"、"司命"、"三十二镇王"、"功曹使者"等，都是本土民间道教的神祇。卷下是佛陀对净度大士说法，指示如法斋戒则得福得道、人求自度的道理。其中"五无竟罪"相当于"五戒"；又有"十不救罪"："一者贪无厌足；二者淫无厌足；三者嗔恚难谏晓；四者愚痴，所以无道，难与共语，语之正事，反引邪事为喻，不信正法；五者嫉恶他人；六者憎妒他人；七者主求人短，不自见过；八者禁锢人，使不得闻经行道，布施为福；九者不信罪福；十者习恶不止。"这大体也都属于世俗伦常内容。又说到："居家亦可修道。坚持五戒，行九斋，使如斋法。斋日诣塔庙受斋，荡涤六垢，论讲道化，求后世道，自可得度，何忧之不度也？"这显然也是对于在家凡人的说法。

还有一部《占察善恶业报经》，初见于《历代三宝记》，据考是 6 世纪形成的。经文缘起是说坚净信菩萨请佛陀说明在正法灭尽的末法时期如何化导众生。这显然反映了经北魏、北周毁佛后形成的危机感。佛陀让坚净信菩萨转问地藏菩萨，遂述说地藏成佛缘由。地藏菩萨教示坚净信菩萨，末世有障难者用木轮法占察宿世善恶之业、现世苦乐吉凶之事。经中所宣扬的木轮法、供养法、忏悔法，都是民间道教的修行法门。而其中所说果报包含延年益寿、发财致富等观念，更允诺任意求占男女等，也都是民众在现实中所向往和追求的。《历代三宝记》记载该经流行情形说：

> 《占察经》二卷　右一部二卷，检群录无目，而经首题云菩提登在外国译，似近代出，妄注。今诸藏内并写流传。而广州有一僧行塔忏法，以皮作二枚帖子，一书善字，一书恶字，令人掷之，得

---

[1] 参阅牧田谛亮《疑經研究》第六章《淨度三昧經とその敦煌本》，第 247～271 页，京都大學人文科學研究所，1976 年。以下引用文字均出此书中校订本。

善者好，得恶者不好；又行自扑法以为灭罪，而男女合杂。青州亦有一居士，同行此法。开皇十三年，有人告广州官司，云其是妖。官司推问。其人引证云："塔忏法依《占察经》，自扑法依诸经中五体投地如太山崩。"广州司马郭谊来京，向岐州具状奏闻。敕不信《占察经》道理，令内史侍郎李元操共郭谊就宝昌寺问诸大德法经等。报云："《占察经》目录无名及译处，塔忏法与众经复异，不可依行。"敕云："诸如此者，不须流行。"后有婆罗门来云，天竺见有经。[1]

由此可知，根据《占察经》，更有所谓塔忏法和自扑法，流行在从广州到青州的广大地区。正由于采用如此简单易行的占卜方法来求福、灭罪，以现实利益相引诱，才能够得到广大群众的尊信。这也正是伪经之所以得以广泛流传的重要原因。

与上一种类型相关，另一种类型的伪经同样体现了民众的宗教需求，而又具有更加突出的实践性格。这一类伪经特别体现了民众信仰的实践形态。

宣扬观音信仰的经典输入中土以后，立即得到广泛传播，赢得广大民众的信重。随着诸多观音经传译，相关伪经也制作出来。晋、宋以后，出现了署名竺法护译《光世音大势至受决经》一卷（《出三藏记集》卷二《新集经论录第一》），署名沮渠京声译《观世音观经》一卷（同上），署名法意等译《观世音忏悔除罪咒经》一卷（同上），失译《观世音求十方佛各为授记经》一卷（经抄，同上卷四《新集续撰失译杂经录》），《观世音所说行法经》一卷（同上），《观世音成佛经》一卷（同上）等。这些译本并佚，内容不可确考，可以确信其中一部分应是伪经。智顗曾指出：

> 夫观音经部党甚多，或《请观世音》、《观音受记》、《观音三昧》、《观音忏悔》、《大悲雄猛观世音》等不同……[2]

1《历代三宝记》卷一二，《大正藏》第49卷，第106页下。

2《观音玄义》卷下，《大正藏》第34卷，第891页下。

智顗列举的几种经里，《请观世音》指东晋竺难提所译《请观世音菩萨消伏毒害陀罗尼咒经》，属于古密教经咒一类；《观音受记》即前述《观世音菩萨受记经》；其他三部都是"伪经"。见于历代经录和其他文献的观音经，还有失译《日藏观世音经》一卷、失译《瑞应观世音经》一卷、失译《观世音咏托生经》一卷、失译《观世音十大愿经》一卷（又名《大悲观世音弘猛慧海十大愿经》）、失译《救苦观世音经》一卷等。敦煌写卷里还有《佛说观音普贤经》、《佛顶观世音菩萨救难神愿经》等。这些大都也是"伪经"。现存具有代表性的古代伪观音经有《观世音三昧经》、《高王观世音经》等几种。明清时期民间仍在陆续制作出一些伪观音经，多如消灾避难的符咒，已与一般佛经面貌相差得十分悬远。

《高王观世音经》俗称《小观音经》（《开元释教录》卷一八），又称《佛说观世音折刀除罪经》（吐鲁番出土本）、《佛说观世音经》（房山石经雷音洞本和第三洞本），文献上还把它称为《大王观世音经》、《观世音救生经》、《救生观音经》、《救苦观音经》、《小观世音经》、《高王经》、《折刀经》等。这种纷杂的称谓也是伪经的特征之一，既反映了流传之广，也显示俗伪经本文字本来并不确定的特征。现存诸本《高王观世音经》繁简不同，流行最广、文字最多的是收录在《大正藏》中的通行本；而时代较早、又最简洁的应是房山雷音洞石刻本；房山第三洞本、吐鲁番出土本（存日本大阪四天王寺）和雷音洞本略同；又有敦煌写卷一本，繁简居通行本和后一类之间。总观这些经本可以看出由简趋繁的形成过程。诸本《高王观世音经》全文都不长，基本部分是救苦除罪神咒，并宣扬读诵此经的功德。《大正藏》本《佛说高王观世音经》经名之后有一偈曰：

高王观世音，能救诸苦厄，临危急难中，死者变成活。诸佛语不虚，是故应顶礼，持诵满千遍，重罪皆消灭。薄福不信者，专责受持经。

接下来是八大菩萨名号，又有偈说：

愿以此功德，普及于一切，诵满一千遍，重罪皆消灭。[1]

后面增加部分多有重复句子，主要是颂扬该经功德，显然是信徒读诵时增添的。从其浅俗简易的表现形式看，明显是适应民间传诵制作的。

应是在观音信仰流传过程中形成了有关这部经的相关传说，最早记录在北齐魏收的《魏书·卢景裕传》里，说卢少聪敏，专经为学，北魏曾为国子博士，东、西魏分裂，他被卷入战争，响应西魏宇文泰叛乱，失败后，高欢（当时他已实际掌握了东魏政权）赦免并重用了他。在被高欢俘虏、系晋阳狱的时候，他以至心诵经，枷锁自脱得救，因号所诵为《高王观世音》[2]。周一良指出：

信仰中之主宰观世音菩萨与现实中之权威高欢相结合，遂增添此种信仰之威力，更便于广泛传播。[3]

在现存造像里，东魏孝静帝武定八年（550 年）二月八日河南禹县杜文雅等十四人造像记之后，刻有《高王观世音经》一卷，可证明其时这部经已经流行。以后，在民间流传过程中，经典内容不断增加。到清咸丰六年（1856 年）"福建省南关外集新堂书房藏版"的《高王观世音经》，已经成为由说相、高王观世音感应、净口、净身、安土地三真言、奉请八菩萨（观世音、弥勒、虚空藏、普贤、金刚手、妙吉祥、除障盖、地藏王）、开经偈、佛说高王观音经、佛说救苦经、观音救生经、观音救难咒、礼观音、斋戒日期、高王观音经送子白衣感应等不同部分构成的长篇经卷。这已是一部集中民间观音信仰内容的袖珍丛书，真切地反映了当时民众间的观音信仰及其发展形态。

六朝伪观音经中影响巨大的还有《观世音三昧经》。它与《高王经》相比，显现出另外一种风格，在民众信仰中另起特殊作用。

在经录中《观世音三昧经》首次出现在开皇十四年（594 年）法经

---

1 《大正藏》第 85 卷，第 1421～1426 页。
2 《魏书》卷八四《儒林传》，第 1859～1860 页，中华书局点校本。
3 《魏晋南北朝史札记》，第 115 页，中华书局，1985 年。

等编《众经目录》里，被著录在《众经疑惑》项下。在武后时期明诠等所编《大周刊定众经目录》里，记载此经出梁《宝唱录》。又根据《祐录》未载而被智顗所引用等情况看，当开始流行于六朝后期。此经在中土久佚，但早在奈良时期（710 年至 784 年）已传入日本。在奈良正仓院文书中记载的天平年间（749 年至 766 年）写经里，已有《观世音三昧经》名目；写本流传至今，存京都博物馆。可喜的是在敦煌写经中也发现了几个抄卷，即 S.4338、日 62 号、余 80 号等。

这部经和《高王经》不同，采用真经形式，由序分、正宗分和流通分构成：前面以"如是我闻"开头，首先叙述佛说法的时、地、人因缘；最后有佛咐嘱流通一段；中间是佛对弟子的说法。经文的概略是：阿难在毗罗勒国栴檀精舍中见佛入三昧，乞佛说法；佛告之以三界空寂，因缘成立；观世音菩萨答曰，诚然如此；佛谓阿难曰，此经名《观世音三昧》，四众弟子受持此经则得开悟，拔除烦恼，不堕恶趣，因命此经名为"大法王法化"；阿难问佛如何应现此经；佛告以斋戒七日，诵念此经仪轨，七日则观世音现身，指示行者得见西方无量寿、东方阿閦佛等诸佛国土，灭除一切无名烦恼，得无碍智、神通力；阿难赞叹佛陀功德，佛说此经名安稳处、离恼患、除疑惑、离恶道，如比丘、比丘尼、优婆塞、优婆夷犯重罪、重戒，实行此经，皆得解脱，得见净妙国土；佛陀亦在观世音菩萨之下修行七日七夜，成就佛果，为释迦牟尼佛。下面又说破戒比丘、比丘尼，五种不能成佛之人，只要诵读此经，众罪皆消。佛又以偈文赞叹观世音菩萨，谓受持此经得五种果报，即离生死之苦、与诸佛同在、参与龙华三会为座首、不堕地狱、得生净妙国土等。

这样，这部经内容相当庞杂，把救苦观音、净土观音以及古密教观音经咒杂糅在一起，表现出观音信仰普及、兴盛情况下的综合特色。其中对于教理阐述较少，亦比较粗浅，则表现了它的民俗化的特征；又对灵验夸张甚多，则突显出宣教的要求；内容的重要特点之一是肯定破戒比丘和不能成佛的人能够得救；特别注重关于具体行法的说明，更反映了当时信仰实践的具体形态。而把观音当做释迦的师佛，则完全翻转了佛与观音的位置，表现出极力夸张观音威神之力的倾向，正适应民众崇拜观音的心理，极大地提高了观世音菩萨的地位和功德，也寄托了人们靠他来解救苦难的希望。这部经无论是表现方式还是所宣扬的实际功效，显然又和《高王经》有所不同。它同样是在民众信仰潮流中形成，并且是适应信仰实践需要的产物，但内容明显体现出较高的层次。其作者应是专业化的僧侣，他们把相关经典的内容加以简化、糅合，再掺杂进民众信仰中普遍流行的观念，用经典的形式写定下来。这样制做出来的经典就照顾到教理宣传和民众实践两个方面，更适应"提高"民众信仰水平的要求。日本著名佛教学者塚本善隆说过：

> 隋智顗的天台宗也好，吉藏的三论宗也好，唐法藏的华严宗也好，窥基的唯识宗也好，虽然其教义确实称得上深远精密，但却未必成为中国国民的宗教。它们虽然被少数在家知识阶层所受容，却不是中国庶民的宗教。因为这毕竟还是出家僧侣的宗教，寺院的宗教……中国的庶民宗教，从根本上不得不采取适应其教养的通俗的形式，不得不融入中国的风俗之中，并得到民众中迷信分子的追随。并且不能忘记，正是这种低俗宗教的庶民宗教，与中国的庶民生活密切结合着存续下来，并且成为指导他们社会的精神生活、维持伦理秩序的力量。[1]

在六朝时期发达的佛教义学中，义学沙门也曾对作为真经的《法华经》及其观音信仰进行深入阐释和宣扬。现存这类著作有梁法云《法华义记》、隋智顗《法华文句》、吉藏《法华义疏》以及智顗《观音玄义》、《观音义疏》和《请观音经疏》等。但这些著作在民众间的影响都极其有限。普及社会上下的却是上述伪观音经。它们的出现和流传表明，本来是大乘佛教发展中出现的、并非代表佛教思想主流的观音菩萨，在中国流传过程中不仅成了民众信仰的主要对象，取得了凌驾甚至超越佛陀的地位，更被进一步"中国化"和"通俗化"了，以至中土人士需要制作出更适应民众心理需求、更便于平日诵读的经典。外来的观音菩萨已经转化为中土的神明，中土制作的伪经从而也就在一定范围内取代了外

1《支那佛教史研究北魏篇》，第 295～296 页，东京清水弘文堂，1969 年。

来翻译的真经。

南北朝时期佛教发展中不断出现各种各样新观念，当时的信仰者也积极制作伪经来反映这些观念。例如，南北朝末期出现了所谓"末法"思潮。根据《大集月藏经》，佛灭后的第四个五百年是所谓"末法"时期。这种思潮的勃兴与北魏毁佛有直接关系。正是在这样的形势下，浅显易读的宣扬末法观念的伪经在民众间迅速流传开来。当时昭玄统昙曜就制作了宣扬末法思想的《付法藏传》和《净度三昧经》。后来经慧思、道绰等人宣扬，末法思想更形成相当声势。房山石经的雕造就是对应"末法"的实际行动。

净土宗师道绰更明确把一代佛教分为圣道门和净土门，认为末法浇季的凡夫，要舍圣道门，入净土门，皈依阿弥陀佛，祈求往生西方净土。他发展出简单易行的净土法门。在所著《安乐集》里引为经证的，就有许多疑伪经如《十方随愿往生经》、《净度三昧经》、《生阿弥陀佛国为诸大众说观身正念解脱十往生经》、《善王皇帝尊经》、《惟务三昧经》等。这些经典着重宣扬现世救济、延年益寿等中土观念，内容与道教信仰相通。宣扬末法思想具有代表性的伪经还有《像法决疑经》（初见《法经录》，有敦煌本 S.2075、P.2087 号，《续藏经》本）和《瑜伽法镜经》（敦煌本作《佛说示所犯者瑜伽法镜经》，S.2423 号，《大正藏》第 85卷），都是六朝末期出现的。制作这些经典实际也为后来三阶教的形成作了准备。

集中体现末法思潮，又更具实践性格的教派正是三阶教。三阶教宣扬普佛普法思想，认为时当末法，处在秽土，人则戒、见俱破，因此对根起行，对一切已成、未成诸佛必须普敬，而世界众生无一不是佛；修行则要苦行忍辱，礼拜所有男女，竭尽全力布施。三阶教集录众经编撰《三阶佛法》并自作经典。不过自隋代开皇十四年（594 年）三阶教经典被禁断，后来又屡经禁毁。在《大周刊定众经目录》里，著录有《三阶集录》一部四卷、《三阶集录》一部二卷、《大乘验人通行法》一卷等，被归纳为"《三阶杂法》二十二部二十九卷，奉证圣元年恩敕，令定伪经"[1]。这些

1《大周刊定众经目录》卷一五，《大正藏》第 55 卷，第 475 页上。

典籍如今除留有片断佚文，已全部湮没不存。所幸在敦煌遗书里发现一批残卷，如《三阶佛法》、《三阶佛法密记》、《对根起行法》等，结合相关资料，得以恢复三阶教的历史面貌。

又习禅是重要的实践法门，有人制作出一些伪禅经，如敦煌遗书里保存的《禅门经》（敦煌写卷 S.5532，P.4646，北京霜 95 号，鸣 33 号）、《人身因缘开悟佛性经》、《弥勒摩尼佛说开悟佛性经》等，还有前面说到白居易诵读过的《心王头陀经》等。

第三种类型是融合儒、道观念和信仰，进而与中土传统思想、伦理相调和，更鲜明地体现中土思维特色的伪经。前述两类伪经也多体现浓厚的世俗性格，不过这后一类经典不仅十分鲜明地体现"民俗化"、"通俗化"的倾向，更具有鲜明的"三教调和"色彩，显示了佛教"中国化"的深度。如戴密微所指出：

> 在那时（六朝时期——著者）的佛教伪经中有形形色色的内容，包括许多特别是论述长生术的道教的成分；这部分地说明了中国人普遍信仰弥勒佛和阿弥陀佛的极乐世界的原因。但是，其中也有儒家的因素，例如有赞扬孝道、敬拜祖先和殡葬礼节等这些在印度不时行的东西。佛教书籍中充满了敬神术、占星术、占卜术以及各种各样中国人特有的迷信，这就从中世纪早期起预示了"三教"合一的发展，后来便以此形式侵入了民间宗教之中。[1]

有一部《三品弟子经》已见于《出三藏记集》，作"失译"，《历代三宝记》作支谦译，是早出伪经。其中宣说在家信徒不知大乘般若波罗蜜和方便道而行小道，有四天王、太子使者、佛道守护神等记录小道内容，伺命神加以累积，登录在名簿上，向上帝报告，即使年寿未尽，也会派遣恶神加以处罚，夺其余命。这宣扬的全然是道教的夺算说。另有伪经如《四天王经》、《决定罪福经》等，也宣扬同类信仰。经录里还著录不少《延年益寿经》、《益算经》之类名目的经典，从题目字面就可以推测

---

1 《汉代至隋代之间的哲学与宗教》，《剑桥中国秦汉史》，第 918 页。

内容。又如后来被当作真经的《安宅神咒经》，讲到中土的"四神"青龙、白虎、朱雀、玄武，又讲六甲、禁忌等，也完全是中土民间信仰的观念和方术。道绰《安乐集》卷下引用过一部名为《惟务三昧经》的：

> 如《惟无三昧经》云：有兄弟二人，兄信因果，弟无信心，而能善解相法。因其镜中，自见面上死相已现，不过七日。时有智者教往问佛。佛时报言："七日不虚。若能一心念佛修戒，或得度难。"寻即依教系念，时至六日，即有二鬼来，耳闻其念佛之声，竟无能前进。还告阎罗王。阎罗王索符，已注云：由持戒念佛功德，生第三炎天。[1]

如这样的说法，又是把佛教救济观念和道教的避鬼法术沟通起来了。

还有些更直接体现中国传统思想意识，主要是宣扬忠孝伦理的伪经。如历来被当作真经的《仁王护国般若波罗蜜经》宣扬忠君卫国思想，《盂兰盆经》、《佛说父母恩重经》等宣扬孝道等。这些伪经更清楚地体现儒家伦理道德与佛教救济思想相调和的观念。这也显示中国佛教发展中一个具有普遍意义的倾向。

隋唐以降，《仁王护国般若经》得到教内外普遍重视。今存二本。一本后来题鸠摩罗什译，但《出三藏记集》作"失译"，在隋《法经录》里已列入《疑惑部》；另一种题不空译，实际是前一译本的改写本[2]。经文中说到设立僧官、压迫僧尼等，显然是北魏毁佛后制作的。从北魏昙延、慧净到隋智顗、唐吉藏，都曾为这部经作过经疏。天台宗更把它当作"护国三部经"之一。其《护国品》说：

> 尔时佛告大王："汝等善听，吾今正说护国土法用，汝当受持般若波罗蜜。当国土欲乱、破坏劫烧、贼来破国时，当请百佛像、百菩萨像、百罗汉像、百比丘众，四大众七众共听，请百法师讲般若

---

1 《安乐集》卷下，《大正藏》第47卷，第16页上。
2 窥基《仁王护国般若经疏》和费长房《历代三宝记》均记载《仁王经》有竺法护、鸠摩罗什、真谛三种译本，没有根据。又不空新译可能也是假托，因为在唐代该经未见梵本，在印度也不见原典。

波罗蜜。百师子吼高座前燃百灯，烧百和香，百种色花以用供养三宝。三衣什物，供养法师。小饭中食，亦复以时。大王，一日二时讲读此经，汝国土中有百部鬼神，是一一部复有百部，乐闻是经，此诸鬼神护汝国土。[1]

本来，无论是观念上还是现实中佛教与世俗政权必然存在矛盾，这种矛盾随着佛教日渐兴盛也越发突出起来。北魏毁佛正是这种矛盾激化的结果。而从佛法有助于王化的角度进行辩护，则一向是佛教方面的惯用手法。这部经典大力阐扬佛法的护国功效，正体现调和佛法与王权关系的努力，也是争取佛教有利地位的辩解。经文对于王权压制僧团提出批评，如说：

> 佛告波斯匿王……后五浊世，比丘、比丘尼、四部弟子、天龙八部、一切神王、国王、大臣、太子、王子，自恃高贵，灭破吾法，明作制法，制我弟子。比丘、比丘尼不听出家行道，亦复不听造作佛像形、佛塔形，立统官制众，安籍记僧。比丘地立白衣高坐，兵奴为比丘受别请法，知识比丘共为一心，亲善比丘为作斋会求福，如外道法，都非吾法。当知尔时正法将灭不久。大王，坏乱吾道，是汝等作，自恃威力，制我四部弟子，百姓疾病，无不苦难，是破国因缘，说五浊罪，穷劫不尽。大王，法末世时，有诸比丘、四部弟子、国王、大臣，多作非法之行，横与佛法众僧作大非法，作诸罪过，非法非律，系缚比丘，如狱囚法，当尔之时法灭不久。[2]

这实际上也是向世俗政权提出保护佛法的要求，从佛教立场阐明王权与佛法的理想的关系。陈、隋时期，朝廷经常举行"仁王斋"，宣讲《仁王经》。如智顗，"陈（后）主既降法筵，百僚尽敬，希闻未闻，奉法承道。因即下敕，立禅众于灵曜寺，学徒又结，望众森然，频降敕于太极殿讲《仁王经》，天子亲临"[3]。中唐时期，每逢吐蕃、回纥内侵，朝廷即举行《仁王

1《仁王护国般若经》卷下《护国品》，《大正藏》第 8 卷，第 829 页下～830 页上。

2《仁王护国般若经》卷下《嘱累品》，《大正藏》第 8 卷，第 833 页中～下。

3《续高僧传》卷一七《隋国师智者天台山国清寺释智顗传》，《大正藏》第 50 卷，第 565 页下。

经》法会。这些活动在当时也成为朝廷主持之下阐扬佛法的举措。

《父母恩重经》初见于《武周录》，在《开元录》里亦著录"《父母恩重经》一卷（经引丁兰、董黯、郭巨等，故知人造；三纸）"[1]。下面是今存敦煌遗书 P.2285《佛说父母恩重经》的主要段落：

> 佛言："人生在世，父母为亲，非父不生，非母不育。是以寄托母胎，怀身十月，岁满月充，母子俱显。生堕草上，父母养育，卧则兰车，父母怀抱。和和弄声，含笑未语。饥时须食，非母不哺，渴时须饮，非母不乳。母中饥时，吞苦吐甘，推干就湿，非义不亲，非母不养。慈母养儿，去离兰车，十指甲中，食子不净，应各有八斛四斗。计论母恩，昊天罔极。呜呼慈母，云何可报！"阿难白佛言："世尊，云何可报其恩？唯愿说之。"佛告阿难："汝谛听，善思念之，吾当为汝分别解说。父母之恩，昊天罔极，云何若有孝顺慈孝之子，能为父母作福造经，或以七月十五日能造佛槃盂兰盆，献佛及僧，得果无量，能报父母之恩。若复有人，书写此经，流布世人，受持读诵，当知此人报父母恩……"[2]

接下来更细致描写了父母恩爱子女的情景。如此宣扬以读经礼佛的行动来实现儒家仁孝的训条，与佛教基本教理已没有多少关联。不过在这个文本里并不见郭巨等中土孝子故事，与《开元录》记载的或许不是同一经本。唐初善导注释《观经》曰：

> 既有父母，既有大恩。若无父者，能生之因即阙；若无母者，所生之缘即乖；若二人俱无，即失托生之地。要须父母缘具，方有受身之处。既欲受身，以自业识为内因，以父母精血为外缘，因缘和合，故有此身。以斯义故，父母恩重。母怀胎已，经于十月，行住坐卧，常生苦恼，复忧产时死难；若生已，经于三年，恒常眠屎

1《开元释教录》卷一八，《大正藏》第 55 卷，第 673 页上。
2《佛说父母恩重经》，《大正藏》第 85 卷《古逸部》，第 1403 页中～下。

卧尿，床被衣服，皆亦不净……[1]

这里显然隐括了《父母恩重经》的内容。而宗密《盂兰盆经疏》卷下引用《父母恩重经》则与敦煌本文字一致，表明唐时已经流行同一名称、主题相同的不同经本。宣扬同样观念的还有高丽三十二代主辛祸戊午四年（明洪武十一年，1378 年）刊《佛说父母恩重胎骨经》，主要描写母亲怀胎临产之苦，宣扬父母养育之恩[2]。这也表明这一主题的伪经被不断制作出来并广泛流行的情形。

陈观胜指出，像《父母恩重经》这样的经典，从内容看，显然是流行在中国一般民众之间的。他指出，就具体构想说，这部经的描写显然不是面向富裕的上层社会，而是面向勤勉的农民大众的。其中描写的不是那种有仆从、乳母侍奉婴儿的家庭，而是简朴的农民生活、田野风光，表达的是朴素民众的感情[3]。但是一些高水平的佛教思想家却又十分重视这部经典，也是因为它在对民众的普及宣教中能够起到巨大作用。

十分重要而又影响巨大的还有《盂兰盆经》。这部经典在齐、梁之际已经流行，是否伪经尚有争议。但唐代出现的同一题材、宣扬同样信仰的《净土盂兰盆经》却肯定是伪经。又敦煌遗书里存有近二十个《佛说十王经》文本，是佛教地狱信仰在中土衍变的产物。这部伪经中关于十殿阎王、地狱机构以及业报罪罚的构想，乃是佛教六道轮回观念在中土专制体制环境下的发挥[4]。这一类经典把中土传统儒家的仁孝观念与外来佛教的轮回报应信仰结合起来，典型地显示了佛教"中国化"的趋势和成果。

上面举出的这些伪经，从调和三教的内容看，所融入的儒家内容主要是世俗道德说教，道教则主要是浅显粗陋的方术、咒术。它们基本是适应民众的信仰实践制作的。另一些经典如《大乘起信论》、《圆觉经》以及一些伪禅经等，则在更深刻的理论层面上把儒家和道家、道教相融和，体现了佛教融入本土传统更为深入的形态，这是思想史和佛教史应

---

1 《观经序分义》卷二，《大正藏》第 37 卷，第 259 页上～中。

2 经本录文见牧田谛亮《疑经研究》，第 51 页。

3 参阅 Kenneth K. S. Ch'enm *The Chinese Transformation of Buddhism*；福井文雅、冈本天晴日译本《佛教と中国社会》，金花舍，1981 年。

4 参阅杜斗城《敦煌本佛说十王经·校录研究》，甘肃教育出版社，1989 年。

当另行讨论的课题。

第四种类型伪经的制作具有鲜明的政治意图。

佛教本来是主张出世的，标榜要超离世事纷争。但实际上却不能不和世俗社会发生各种各样的联系。特别是在中国古代专制政治体制之下，佛教更不可避免主动或被动地牵涉到政治斗争之中，另一方面往往又主动地为世俗统治服务以争取支持和保护，从而出现具有一定政治含义和目的的伪经。

上面讲到的《仁王护国经》的中心思想是把护国与护法统一起来，即以般若波罗蜜来守护国家，使之永劫昌盛。这显然是出于维护现实政治体制的目的制作的。利用佛典直接为政治斗争服务，典型的例子是当武则天"以释教开革命之阶"，"东魏国寺僧法明等撰《大云经》四卷，表上之，言太后乃弥勒佛下生，当代唐为阎浮提主，制颁于天下"[1]。武则天天授二年（691 年）三月有《释教在道法之上制》说：

> 朕先蒙金口之记，又承宝偈之文，历教表于当今，本愿标于曩劫。《大云》阐幽，明王国之祯符；方等发扬，显自在之丕业。驭一境而敦化，弘五戒以训人。爰开革命之阶，方启维新之运……[2]

《大云经》古有两译，即北凉昙无谶译《大方等大云无想经》六卷和苻秦竺佛念译《大云无想经》九卷，其中说到天女授记，以女身为国王，所表达的观念正适合武则天篡权的需要。薛怀义等所进四卷本《大云经》，今已不传，亦不见经录，但在敦煌遗书《大云经疏》里存有佚文，据以推测当时所进当是篡改旧本的伪经[3]。

同样性质的另外一部经典题署菩提流志（本名达摩流志，以武后命改名）译十卷本《佛说宝雨经》。原来有梁代曼陀罗仙所出七卷本《宝雨

1 《资治通鉴》卷二〇四《唐纪二十·则天后天授元年》，第 6473、6466 页，中华书局点校本。

2 《唐大诏令集》卷一一三《政事·道释》。

3 敦煌本 S.2658 商务印书馆《敦煌遗书总目索引》定名为《大云经疏（？）》，日本学者矢吹庆辉拟题为《武后登极谶疏》；敦煌 S.6502《索引》定名为《大云经》，王重民《敦煌古籍叙录》定名为《大云经疏》，实际二者为同一书。又日本最早佛经目录永超（？—1095）《东域传灯目录》（日本宝治 8 年即公元 1094 年完成）著录《大云经神皇授记义疏》一卷。参阅牧田谛亮《疑经研究》第41～42 页，京都大学人文科学研究所，1976 年。

经》，陈须菩提所出八卷本《大乘宝雨经》。新译本第一卷里有其他译本全然不见的关于东方有月光天子、乘五色云来佛前、得授记为南赡部洲东北方摩诃支那国王一段文字，而经文注记又说到现女身为自在主云云。这部经由薛怀宝等僧人监译、证义，明显反映了当时僧团谄媚武后、力图配合武后篡权的政治意图。

还有另外一类从反体制立场出发制作的伪经，则是佛教参与政治的另一方面的体现。一批伪弥勒经是十分典型的例子。弥勒信仰早自西晋竺法护传译《弥勒下生经》已介绍到中土，很快流行开来。其下生信仰宣扬在兜率天上待机的弥勒菩萨于五十七亿六千万年之后、人寿八万岁时下临人间，在龙华树下成佛，三会说法，度脱众生无数。这种信仰容易在政治上被利用。例如武则天时期伪撰的《大云经》里就宣扬弥勒下生的谶言，作为武氏篡权的依据。这种信仰更容易被附会以变革现实社会的政治内容，作为民众反叛活动的依据。北魏时期的所谓"大乘匪"，就是把弥勒下生信仰与民间谶言迷信结合起来动员群众、掀起了具有相当规模的武装斗争。隋大业"六年正月朔旦，有盗衣白练襦襦，手持香花，自称弥勒佛出世。入建国门，夺卫士仗，将为乱。齐王暕遇而斩之"；"九年，帝在高阳，唐县人宋子贤……自称弥勒出世……远近惑信，日数百千人。遂潜谋作乱，将为无遮佛会，因举兵，欲袭击乘舆。事泄，鹰扬郎将以兵捕之……遂擒斩之，并坐其党与千余家。其后复有桑门向海明，于扶风自称弥勒佛出世，潜谋逆乱。人有归心者，辄获吉梦。由是人皆惑之，三辅之士，翕然称为大圣。因举兵反，众至数万，官军击破之"[1]。玄宗开元三年朝廷有《禁断妖讹等勒》说：

> 勒：释氏汲引，本归正法；《仁王》护持，先去邪道。失其宗旨，乃般若之罪人；成其诡怪，岂涅槃之信士。不存惩革，遂废津梁。眷彼愚蒙，将陷坑窜。彼有白衣长髮，假托弥勒下生，因为妖讹，广集徒侣，称解禅观，妄说灾祥。或别作小经，诈云佛说；或辄蓄弟子，号为和尚。多不婚娶，眩惑闾间。触类寝繁，蠹政为甚。刺

---

[1]《隋书》卷二三《五行志下》，第662～663页，中华书局点校本。

史县令，职在亲人，拙于抚驭，是生奸宄。自今以后，宜严加捉搦。仍令按察使采访，如州县不能觉察，所由长官并量状贬降。[1]

这表明在开元"盛世"中仍有人利用弥勒信仰制造动乱。其中说到"别作小经"，即是说有短小的伪弥勒经不断地制作出来。《开元释教录》著录几部以前经录不见的伪弥勒经，大概就是这种"小经"：

> 《弥勒下生遣观世音大势至劝化众生舍恶作善寿乐经》一卷（亦直云《寿乐经》，十纸）
> 《光愍菩萨问如来出世当用何时普告经》一卷（八纸）
> 《随身本官弥勒成佛经》一卷（《贤树菩萨问佛品》）
> 《金刚密要论经》一卷（亦名《方明王缘起经》，或无论字兼说弥勒下生事十四纸）
> 右上四经，并是妖徒伪造。其中说弥勒如来即欲下生等事（谨按：正经从释迦灭后人间经五十七俱胝六十百千岁，赡部洲人寿增八万，弥勒如来方始出世，岂可寿年减百而有弥勒下生耶），以斯妖妄，诱惑凡愚，浅识之流，多从信受，因斯坠没，可谓伤哉！故此甄明，特希详鉴耳。[2]

这类经典显然具有反抗体制的性质。他们在性质上与那些维护现实统治的伪经一样，托名佛说来做宣传，利用宗教信仰来达到一定的政治目的。

宋元以后源自佛教的民间教派更大量制作伪经，正是延续和发展了这一潮流。

第五种类型伪经是为了与道教进行斗争制作的。

如《清净法行经》，见《出三藏记集》卷四《新集续撰失译杂经录》，久佚，智顗《维摩经玄疏》卷一所存佚文说到：

> 《清净法行经》说摩诃迦叶应生振旦，示名老子，设无为之教，

---

1 《文苑英华》卷四六五《诏敕七》，第 2376～2377 页，中华书局，1995 年。
2 《开元释教录》卷一八《疑惑再详录》，《大正藏》第 55 卷，第 672 页下。

外以治国，修神仙之术，内以治身。彼经又云：光净童子，名曰仲尼，为赴机缘，亦游此土，文行诚信，定《礼》删《诗》，垂裕后昆。[1]

同样的意思频繁出现在智𫖮、湛然等人的注疏里。光净童子本是出现在《维摩经》里的人物。这段佚文表达的观念已见于宋冶城寺惠通《驳顾道士夷夏论》："故经云：摩诃迦叶彼称老子，光净童子，彼名仲尼。"[2]这里所说的"经"，就是《清净法行经》或与之同类型的伪经。把儒家的圣人和道教的祖师说成是佛陀弟子显化，意思正与道教的"老子化胡说"相反对，显然有相抗衡的意图。值得注意的是，学术界有一种看法，认为"老子化胡"观念本来是佛教方面最先提出的，用以表明佛教本是本土产物，以对抗"以夷化夏"的攻难。

《须弥四域经》是另一部属于这一类型的经典。它初见于隋《法经录》，列在"伪妄"项下。周释道安《二教论·服法非老第九》篇里引用说："《须弥四域经》曰：宝应声菩萨名曰伏羲，宝吉祥菩萨名曰女娲。"[3]这与《清净法行经》使用的是同样方法，即把中土先人说成是佛陀的弟子。道绰《安乐集》里曾引用更大段落：

> 故《须弥四域经》云：天地初开之时，未有日月星辰，纵有天人来下，但用项光照用。尔时人民，多生苦恼，于是阿弥陀佛遣二菩萨，一名宝应声，二名宝吉祥，即伏牺、女娲是。此二菩萨共相筹议，向第七梵天上取其七宝，来至此界，造日月星辰二十八宿，以照天下，定其四时春秋冬夏。时二菩萨共相谓言：所以日月星辰二十八宿西行者，一切诸天人民尽共稽首阿弥陀佛，是以日月星辰皆悉倾心向彼，故西流也。[4]

法琳《辩正论·九箴》篇里又说到"故二皇统化(《须弥四域经》云：应声菩萨为伏羲，吉祥菩萨为女娲)，居淳风之初；三圣立言(《空寂所问

1 《大正藏》第38卷，第523页上。
2 《弘明集》卷七，《大正藏》第52卷，第45页下。
3 《广弘明集》卷八，《大正藏》第52卷，第140页上。
4 《安乐集》卷下，《大正藏》第47卷，第18页中。

经》云：迦叶为老子，儒童为孔子，光净为颜回)，兴已纯之末"[1]云云。这里所引用的称为《空寂所问经》。道绰还曾引用《须弥像图山经》、《十二游经》，表达同样的意思，《开元录》以为是同本异名，或许是同一类型的经典。

在南北朝佛教传说里，有一些攻击、贬低道教的故事，反映当时佛、道尖锐斗争的一个侧面，与这类伪经的制作出于同样的背景，反映的是同样的思想潮流。

第六种类型是一些宣扬惩恶劝善、减罪消灾，宣扬延年益寿、治病疗伤等现实要求，表述通俗浅近的民俗信仰的经典。这类经典没有什么深刻的教理说明，有些经文内容往往和道教法书、经咒相混淆，更直截地反映了民众生活中佛、道交融的实态。

隋法经等撰《众经目录》附在"伪录"里著录有《安墓经》一卷、《安塚经》一卷、《安宅经》一卷、《安宅神咒经》一卷、《天公经》一卷、《安墓神咒经》一卷、《灌顶度星招魂断绝复连经》一卷（注曰：此经更有一小本是人作)、《度生死海神船经》一卷、《度世不死经》一卷、《无为法道经》一卷、《咒媚经》一卷、《阎罗王东太山经》一卷、《救护众生恶疾经》一卷（注曰：一名《救疾经》）等。编撰者说：这些经本"并号乖真。或首掠金言，而末申谣谶；或论世术，后托法词；或引阴阳吉凶，或明神鬼祸福。诸如此比，伪妄灼然"[2]。从所列题目就可以知道，这些经本表现的乃是中土堪舆、风水等内容，其基本观念是道教的度世不死，而不是佛教的解脱寂灭；实践方面则是中土法术，而不是佛教的禅修、证悟。《静泰录》里除了著录《灌顶度星招魂断绝复连经》、《度世不死经》，还有《照魄经》等，宣扬中土招魂风俗；而《救护众生恶疾经》又名《救疾经》，则是主救疾疗伤的[3]。又《武周录》等经录里著录有《佛说延命经》或名《延年益寿经》，显然是表现中土延年益寿观念的。敦煌遗书里保存有这部经的不同文本。其中一个比较简单的文本的主要内容是：

---

1 《广弘明集》卷一三，《大正藏》第52卷，第181页上。
2 《众经目录》卷四，《大正藏》第55卷，第139页上。
3 静泰《众经目录》卷四，《大正藏》第55卷，第212页中、上。

　　……有比丘难达，寿欲终期，从佛求延命。佛为说十七神名，结黄缕百牧，即延十八年；有寿百岁，延命二十岁，常得安稳，无诸恶害，病者得愈，哑者得语，四百四病，应时消除。佛言诸有冰者，除十七神名，笃结黄缕，众患悉除。常当持此经者，清净处若随身，常使净洁中，即十七神常当拥护，不得离之，使其人获无量福。[1]

接下来是出于杜撰的十七（实数十四）神名，所述则是疗病咒语。特别的是有一部《佛说大藏正教血盆经》，一直流行到今天，是说妇女一生经血产下，污触地神，死后在地狱中受苦，目连持血盆斋，组血盆会，并请僧诵《血盆经》加以救济，让三世母亲尽得升天。这是沿袭《盂兰盆经》的立意，专门针对妇女的说教。此外还有《劝善经》等，则完全如劝善止恶的偈语了。

　　这最后一类伪经，历来被佛教正统所排斥。历代编撰经录，编辑经藏，都严加剔除（当然如前所述，有意、无意地与真经相混淆的情况多有）；有些更旋生旋灭，不见著录。但它们受到民众欢迎，在民众间的影响却十分巨大。特别是有些与民间流行的斋仪有直接关系，起着指导民众信仰实践的作用。例如盂兰盆祭、七七斋等，这类经典与之密切关联，也推动了它们的流行。

四

　　大量制作和流传伪经是中国佛教史的重要现象。特别是如前面已经指出的，尽管历代高僧大德都注意辨别伪经，但有些被确认以至公认的伪经却又被他们引用，一些重要佛教类书如《经律异相》、《法苑珠林》、《释氏六帖》等也都频繁引录。这也充分显示了伪经的强大生命力。正因此，如前面引用陈寅恪的意见所表述的，伪经乃是中国佛教史上的"真材料"。

---

1 敦煌遗书 P.2171，录文见牧田谛亮《疑经研究》，第82页。

伪经的制作，乃是中国人有意利用佛说的权威性来作伪。这些伪经无论对于中国佛教的发展，还是对于后人研究中国佛教的历史，都有着不可替代的重大价值和意义。它们基于民众的实际需求产生，既经产生又在民众间流传，成为中国佛教的重要内容，进而又成为推动中国佛教发展、演变的动力。因此从一定意义说，伪经特别对于民间佛教信仰的确立和发展，对于中国佛教的发展方向，对于推动佛教"中国化"进程，进而对于建设真正的中国佛教，其作用和意义从一定意义说都不次于甚或超过真经。至于关联到中国佛教文化，伪经在诸多方面更真切、更清晰地反映了中土民众的思想意识，特别是能够真切体现他们的信仰心态，在诸多领域更造成广泛、深远的影响。从这样的角度可以说，伪经正从一个重要侧面体现着中国佛教发展的趋势和成果。

具体分析起来，伪经所体现的这种趋势和成果主要在以下几个方面。

伪经是基于中国人佛教信仰的实际需求制作的，它们更直接、更真切地反映了中国人，特别是普通民众的宗教信仰。中国人通过这些自造的经典，来修补、改造外来佛教以满足自身的精神需求。按照僧祐的说法，早在佛教初传的东汉末年建安时期已出现伪经，此后历代层出不穷。到唐代，流传的已达上千种。仅就数量看，伪经在全部经典中即已占有举足轻重的地位。从一定意义上说，它们相当清楚地体现了中国佛教的特质。

伪撰经典体现了中国佛教挣脱外来经典束缚而进行独立发挥的努力。实际上自从外来佛教逐步输入中国，这种努力一直没有停止过。无论是译经过程中掺入本土语言和观念（"格义"即是主要表现），还是义学沙门对教义进行阐释和发挥，都显现了中国佛教力求自主发展的大趋势。后来宗派佛教形成，各宗派的宗义更形成独创的思想体系，乃是中国佛教自主发展的成果。伪经假托佛说，实际是利用中国人自己的语言来表达自身的信仰和想法。这是大胆的、极富创意的作为。所以伪经作为中国人的创作，乃是促进外来佛教实现"中国化"的一种努力，也是实现"中国化"的重要手段和步骤。

制作伪经，并把它们混同真经，依据正统观念，是一种极端的"非法"行为，是对于宗教圣典的亵渎。但在中国，这种活动却是相当自觉地进行的。在这一活动中，充分显示了制作者对待宗教圣典的态度：自觉地"为我所用"，以至自主地制作，态度显得玩忽不恭。这实际正是一种相当自信的姿态。这种姿态又是与中国传统上对于宗教信仰普遍的淡漠、游移相关联的。随之而来的是贯穿中国佛教史的经典真伪辨析状况。尽管历代僧俗都努力从经藏中剔除伪妄部分，但许多已判明的伪经却继续广泛流传，新的伪经更不断制作出来，有些伪经更混同真经入藏，成为正统佛教遵循的圣典。另外如《大乘起信伦》、《梵网经》、《仁王般若经》、《楞严经》、《圆觉经》等，更成为中国佛教中极其重要的基本典籍。这样，可以说中国佛教的发展在相当程度上就是由中国人自己制作的伪经来指引的。

许多伪经篇幅短小，内容浅显，在民众间流传十分广泛，更直接反映了普通民众的心理与意愿。特别是那些宣扬朴素的仁孝伦理和轮回报应教义的，如《盂兰盆经》、《父母报恩经》以及各种简短的伪《观音经》，流传更广。这些更真切地体现民间信仰的经典，内容具有明显的"三教合一"的特征，特别对宋代以后的民间宗教影响巨大。民间宗教更相习而制作出自己的经典。这样，在宋元以后，从佛教蜕化出诸多民间教派，伪经起了相当大的作用。

伪经在佛教文化发展上的影响十分突出。特别是民间文艺创作与伪经制作更有相互促进的关系。伪经作为对民众宣教的材料，民间文艺作品在民众间流传，二者都是民众发抒心愿、表达精神需求的手段。只要看看现存的敦煌讲经文和变文，相当部分是演说《盂兰盆经》、《父母恩重经》等伪经的，就可以清楚二者间的密切关联。后来的宝卷、鼓词等民间说唱的情形也同样。

这样，伪经的制作和流传作为中国佛教史上的重要现象，其意义和作用是多方面的，也是十分重大、不容轻视的。

庄子、郭象、支遁的逍遥义试析

廖明活

　　"逍遥"为通行本《庄子》首篇《逍遥游》的中心主题，也是公认庄子学说的终极理想，然而关于"逍遥"的确切涵义，历来论者意见纷纭，莫衷一是。本文尝试根据庄子学说的整体方向，勾勒其逍遥理想的旨归；续而通过分析和比较郭象（约 312 卒）和支遁（314—366）对"逍遥"的申释，一方面揭示郭象庄子学的一些特点，另一方面也对支遁之逍遥观是否"标新理"于郭象之外这一争论，作出平议。

（一）庄子思想的四重义

　　庄子学说基本要处理的，是"有待"和"无待"的问题，亦即"限制"和"超越限制"的问题。以下试分四重，显示其主旨。

　　（1）《庄子》一书最富存在悲感，处处流露对人力的限制和对人生的忧苦的深刻感受。《庄子》时常提及"命"，而且把"命"的范围界定得非常广阔：

> 死生、存亡、穷达、贫富、贤与不肖、毁誉、饥渴、寒暑，是事之变，命之行也。日夜相代乎前，而知不能规乎其始者也。（《德充符》）[1]

---

1 郭庆藩（1845—1891）：《庄子集释》（北京：中华书局，1961 年），页 212。

庄子不但把"生死"、"存亡"、"饥渴"、"寒暑"这些自然生命现象归于命，甚或"穷达"、"贫富"的经济现象，"贤与不肖"的道德现象，"毁誉"的社会现象这些常识视为某程度上是人力可以控制的事情，庄子均看作为如昼夜之交替，其由来非人的知解所能探测，其运作亦非人的意愿所能转移。庄子对人生各种无奈处境体会特别深切，以及倾向将许多人文活动的应然，视作事象变化的实然，跟他身处的战国时代局势特别动荡，人力显得格外渺小，有密切关系。

（2）这样看来，人是否便完全受制于"命"，只是"有待"，而不能是"无待"呢？这倒不是庄子的结论。庄子在上引文举出各种"有待"例子后，继而指出：

> 故不足以滑和，不可入于灵府。(《德充符》)[1]

这里所谓"灵府"，即《庄子》《齐物论》所提及的"真宰"和"真君"[2]，《田子方》所提及的"不忘者"[3]，《达生》和《庚桑楚》所提及的"灵台"[4]；亦即近代哲学所谓"超越主体"。推寻庄子之意，作为自然、经济、道德和社会个体，人无疑是生存于重重有形无形的条件网里，受到各方面的约制。然而人还具有不受这些条件约制的"无待"主体。以这"无待"主体为根据，解除事象层面的"有待"，遂成为可能的事情。

（3）所谓解除事象层面的"有待"，这究竟是怎样一回事呢？在庄子思想里，约制的解除并不牵涉对事象界的主宰和改造：例如通过掌握自然规律，去操纵事物的运作；通过运筹经济条件，去提高物质生活的水平；通过革新道德法则和政治制度，去创造理想的社会，等等。这类事象世界的建构性活动，在庄子学说里都被归入无可奈何的"命"的范围，被视为患累纷扰产生的根源，并不体现任何绝对价值。世人营役其间，庄子讥笑他们为"驰其形性，潜之万物，终身不反"(《徐无鬼》)[5]。

---

1 郭庆藩：《庄子集释》（北京：中华书局，1961年），页212。
2 参见同上注，页55~56。
3 参见同上注，页709。
4 参见同上注，页662、793。
5 参见同上注，页835。

在庄子学说里，"有待"的解除完全取决于"不足以滑和"，亦即如何做到身处纷纭变化的万象界中，而灵府恒常保持安和。《庄子》一书提出的各种修养法门，例如"撄宁"（《大宗师》）[1]、"坐忘"（《大宗师》）[2]、"静心"（《达生》）[3]、"守宗"（《德充符》）[4]等，大体上都是一些收视反听功夫，目的都是要引导人从"一受其成形，不忘以待尽，与物相刃相靡，其行尽如驰，而莫之能止"（《齐物论》）。这种驰骋奔逐，不能自制的愚昧生活状况回转过来[5]，教灵府恒常维持其本然的"无待"，不再受外物窒碍。

（4）以上表示由"有待"归于"无待"，是"无待"的灵府恒常不为"有待"的外物窒碍，这是分别说，强调"有待"无待"的界别，凸显"无待"无关乎"有待"的事象界，纯粹是精神界的事情。然而另一方面应当注意，"无待"在庄子教学里并非表示对"有待"的现成事象一律加以排拒。盖达至"无待"的圣人虽然已经解除一切物累，但他仍然有"有待"的形质生命一面。这是"命"，是事实如是，非个人主观意愿所能改变。若是不能改变，却强求去改变，这反倒成为另一种形式的"有待"。要弄清楚这点，在分别一重后还须有融会一重，显示最究极的"无待"，并不排斥任何"有待"的事象，而是即"有待"而"无待"：认识到自然、经济、道德、社会等各方面的制约是无可逃避，也便以不能避免的态度，加以接受，重要是持守灵府的超然。这有点类似佛家所谓"除病不除法"。庄子教人在处事态度上要"虚而待物"（《人间世》）[6]，在物论是非问题上要"为是不用，而寓诸用"（《齐物论》）[7]，在伦理责任承担上要"知其不可奈何，而安之若命"（〈人间世〉）[8]，在治国理民任务上要"顺物自然，而无容私"（《应帝王》）[9]，都可见庄子的"无待"圣人，并非是自绝于"有待"的世务。

---

1 郭庆藩：《庄子集释》（北京：中华书局，1961年），页253。
2 参见同上注，页284。
3 参见同上注，页658。
4 参见同上注，页189。
5 参见同上注，页56。
6 参见同上注，页147。
7 参见同上注，页70、75。
8 参见同上注，页155。
9 参见同上注，页294。

以下试根据上述庄子学说的四重义，阐析其逍遥理念的确切意义；而通过这阐析，四重义的转折亦可得到进一步澄清。

（二）庄子的逍遥义

庄子所谓"逍遥"，亦即以上讨论所谓"无待"。《庄子》《逍遥游》以"逍遥"命篇，显示它是以"无待"为中心主题。《逍遥游》启篇借助大小的对比，突出"无待"和"有待"的距离。象征"无待"的是鹏鸟：它体积庞大，肩背有若泰山，翅膀像天边的云；起飞直上九万里，迁徙时远赴南方的天池。象征"有待"的是蝉、学鸠、斥鴳这些小虫和小鸟：它们体积细小，翱翔矮树丛草之间，腾跃不过数丈便掉落地面。然而后者不仅不自惭形陋，反而窃以近郊之游为快，而望前者千里之飞为苦。庄子不禁慨叹："小知不及大知，小年不及大年……不亦悲乎！"[1]

跟着庄子列举一些"有待"的例子，包括"知效一官，行比一乡，德合一君，而征一国"的宰官；"定乎内外之分，辨乎荣辱之境"的宋荣子；"御风而行"，"于致福者未数数然"的列子。宰官以有限的才智、学行、德性，得到时人的称誉和国君的赏识，便像寓言中的蝉等小虫和小鸟，"自"鸣"得"意，这当然是"有待"。宋荣子做到明辨是非轻重，不介怀俗世的得失和毁誉，似乎是较可取；然而他嗤笑宰官沈浊，以清高自矜，从而庄子认为他于逍遥方面"犹有未树"，仍然是"有待"。甚至列子忘怀福乐，随风飞翔，也还是"有待"于风。然则怎样才是无待的逍遥呢？庄子表示："若乎乘天地之正，而御六气之辨，以游无穷者，彼且恶乎待哉？"[2]能够乘顺宇宙之规律，驾御阴阳、风雨、晦明之变化，遨游于无穷的宇宙的人，亦即不受任何事象条件制约的人，方能达至完全逍遥。

从上述所见，庄子首先利用烘托的写作手法，通过对比大鹏和小虫

---

1 郭庆藩：《庄子集释》（北京：中华书局，1961 年），页 11。
2 参见同上注，页 17。

小鸟，诱发读者对逍遥的"无待"境界的向往。明白到这点，我们便不可只看文面，以至执文失意。庄子以鹏鸟喻说"无待"，这只是艺术式的渲染。其实体积小者（如蝉与学鸠）固然有所依待，体积大者又何尝没有依待？大鹏没有长风便不能运其身，没有三月聚粮便不能果其行，能远不能近，能高不能低，这非"有待"而何？庄子刻意夸示鹏鸟的大、远和高，是欲藉此扩阔读者的视野，开展读者的胸襟。若以为庄子果然是在教人恶小而欣大，去近而就远，舍低而取高，这是完全曲解了其立说的本意。再者，庄子状述"逍遥"为"乘天地之正"，"御六气之辨"，"以游无穷"，其所谓"乘"、"御"、"游"究实是什么方式，说来殊欠明确。庄子只是形象化地指点出逍遥为一种完全不受事象条件制约的自由境界。然而这是什么形式的不受制约呢？是透过知识的扩充，转过来操控制约吗（科学式）？是经由道德实践，改变制约的意义吗（儒家式）？是通过消灭无明，使制约消失吗（佛家式）？这点文本并没有清晰显示，必须配合庄子学说的整体取向——亦即本文上节所述四重义的思想纲领，细思明辨，方能找到答案。

以下试以四重义这纲领，对庄子所标示的逍遥理想的具体意义，作出界定和引申：

（1）庄子对存在的"有待"地方着墨甚多。依庄子所见，所有个体都不能免乎制约：蝉与学鸠体力有限，不能远举，这是形体的制约；宰官只能取信"一国""一君"，只能获得"一乡"之称美，这是智力、品德、名位的制约；宋荣子离世独立，孤芳自赏，这是才情的制约；列子身体异常轻妙，唯没有风，还是不能起行，这是环境的制约。甚或用来象征逍遥的鹏鸟，没有强风，其巨大翅膀便得不到承负，严格来说亦是未能超乎制约。总之，从事象层面观万物，没有一样东西不是被笼罩于实然的限制网里，是没有"逍遥"可言的。

（2）若从事象层面看存在，一切东西无疑都是"有待"；但若从精神层面看存在，人具有超越主体，即"灵府"、"真君"、"真宰"。以这超越主体的超越性为本，人遂有超离"有待"，达至逍遥的可能。

（3）然则什么是逍遥呢？人的形体、智力、品德、名位、才情、境遇是如何，依庄子看来，乃是不知所以然而然的"命"的事情，非个人主观意欲所能改变；因此庄子所向往的"无待"，便不能从这些东西找到。凡夫（如蝉、学鸠、宰官、宋荣子）随其成心，在这些"有待"事情上区分优劣，多所谋算，计得患失，此其所以为鄙陋，而未能逍遥。庄子所谓"逍遥"，不是事象域的实事，而是精神域修为的结果：经由虚静的精神内敛工夫，教有待事象的变化往来，完全不能动摇"灵府"本然的"无待"。由此可见"乘天地之正，而御六气之辨，以游无穷"这些话所指向的主宰生，其形态是有别于科学式、儒家式、佛家式的主宰性，此中并不涉及事象界正面的操控或反面的寂灭，而只是要求做到"灵府"完全不受事象左右和窒碍而已。

（4）以上表示逍遥是经由精神内敛，使"灵府"不被事象左右和窒碍，这是分别说，强调逍遥并非事象层面的事情，跟形体、智力、品德、名位、才性、境遇的高下逆顺，本质上无关。然而人生在世，便必然有天禀的形质气性，便必定生活于特定的自然、经济、社会、政治处境里；这是无法摆脱，无可逃避的现实；若刻意求摆脱和逃避，这倒成了另一种形式的窒碍，寄情于虚静，也便再不是虚静了。由是要达至逍遥，在分别一重后，还须有融会一重：在做到恒常持守"灵府"无待的本性的同时，对世界一切有待事物都不作排拒。由是若变而为鹏鸟，则高飞九万里可也；若化而为学鸠，则栖息丛树之间可也；若位居宰官，则以有限的德知才干治民可也；若生性高洁如宋荣子，则独善其身可也；若轻盈如列子，则乘风而游可也。动寂无心，当下自足，一切平等，莫有不是逍遥者！此即《齐物论》庄周梦蝶故事所彰显的"物化"意境。[1]又岂必定要亢然独立于高山之顶，远离俗世，方堪称为"无待"哉？这是融会说，显示达至逍遥者，是和光同尘，玄同万化，即有待而为无待。

---

1 "物化"观念见于《齐物论》以下著名庄周梦蝶的故事：

昔者庄周梦为胡蝶，栩栩然胡蝶也，自喻适志与，不知周也。俄然觉，则蘧蘧然周也。不知周之梦为胡蝶与？胡蝶之梦为周与？周与胡蝶，则必有分矣。此之谓物化。（郭庆藩：《庄子集释》，页112）

就这节文字所见，庄子所谓"物化"，是指造梦为蝴蝶时便适志于为蝴蝶，梦醒为庄周时便适志于为庄周，安于"物"事分位的变"化"，从而可以无入而不自得。

（三）郭象的逍遥义

现存诸种《庄子》古注解，以魏晋时代郭象所撰的最早出，影响后世亦最大，惟后人对其评价并不一致，原因可以从其对逍遥的解说窥见一二。

郭象的逍遥观，可综括为"适性"两字。郭象对寓言中鹏与学鸠的对比，有以下案语：

夫大鸟一去半岁，至天池而息；小鸟一飞半朝，抢榆枋而止。此比所能则有闲矣，其于适性一也。[1]

此皆明鹏之所以高飞者，翼大故耳。夫质小者所资不待大，则质大者所用不得小矣。故理有至分，物有定极，各足称事，其济一也。若乃失乎忘生之生，而营生于至当之外，事不任力，动不称情，则虽垂天之翼不能无穷，决起之飞不能无困矣。[2]

苟足于其性，则虽大鹏无以自贵于小鸟，小鸟无羡于天地，而荣愿有余矣。故小大虽殊，逍遥一也。[3]

正如上节所指出，庄子以鹏鸟凌霄之飞，比况逍遥之无方，而以学鸠草莽之游，比喻曲士之志浅，这无非是寄言出意的"荒唐之言"（《天下篇》）[4]。我们不应滞着字面意思，便认为庄子果然是以鹏之体大和飞远为美，而轻贱学鸠之体小和飞近。今郭象指出"大鸟一去半岁，至天池为息"，跟"小鸟一飞半朝，抢榆枋而止"，都同样是因于性分；并谓"质小者所资不待大，则质大者所用不得小"，以为大、小两者同样是"有待"；

---

1 郭庆藩：《庄子集释》（北京：中华书局，1961 年），页 5。
2 同上注，页 7。
3 同上注，页 9。
4 参见同上注，页 1098。

这是推进一步的解释；虽然跟《庄子》文本表面意思不符，却与庄子学说的整体精神极相顺；这亦即四重义中第一重所指出，自事象层面看存在，都莫非为"有待"的意思。然则怎样才能突破这层面的"有待"，而达至"无待"的逍遥呢？就此郭象提出了"适性"观念，而问题便发生在这里。约之以上三节引文，郭象所谓"适性"，即是安于自然分位，形体小者不羡慕形体大者，形体大者不轻视形体小者，各各称性自足。这固然可视为同于四重义中的第四重，是指超越主体经过收拾精神阶段后，达至的无入而不自得的境界；但这亦可视作教人完全接受事象的限制，不设任何超越理想，一切委任自然，如是则严格说还是停留在四重义中的第一重。由是近代学者一方面有如牟宗三，褒扬郭象"探微索隐"，充分发挥庄学"诡辞为用"的"迹冥圆融之论"[1]；另方面有如唐端正，抨击郭象的逍遥观"使庄子与化同游之精神境界，陷而为化中之一物"，最后必至乎"尧亦可，桀亦可"。[2]其症结乃是在于郭象所谓"适性"，原来可以有不同的理解。

庄子在提出大鹏和学鸠的对比后，继而叹息："小知不及大知，小年不及大年。"顺着文势读之，这两句话是有掊击"小知""小年"的意思。郭象转进一重，遂有如下体会：

> 物各有性，性各有极，皆如年知，岂跂尚之所及哉！自此已下，至于列子，历举年知之大小，各信其一方，未有足以相倾者也。然后统以无待之人，遗彼忘我，冥此群异，异方同得，而我无功名。是故统小大者，无小无大者也；苟有乎大小，则虽大鹏之与斥鷃，宰官之与御风，同为累物耳。齐死生者，无死无生者也；苟有乎死生，则虽大椿之与蟪蛄，彭祖之与朝菌，均于短折耳。故游于无小无大者，无穷者也；冥乎不死不生者，无极者也。若夫逍遥而系于

---

1 参见牟宗三：《向、郭之注庄》，收入氏著：《才性与玄理》（香港：人生出版社，1963 年），页 194。

2 参见唐端正：《论庄子之无为与老子之为无为》，收入氏著：《先秦诸子论丛》（台北：东大图书公司，1981 年），页 132。

有方，则虽放之使游，而有所穷矣，未能无待也。[1]

庄子掊击"小知""小年"，目的要在唤醒囿于"有待"的事象域的世人，诱发他们对"无待"的逍遥境界的向往；并非是教人无视一己形质生命之性分限制，一味去追求"大知""大年"，以至"事不任力，动不称情"，而生困惑。今郭象不斤斤于表面文辞，指出"物各有性，性各有极，皆如年知，岂跂尚之所及"；宣说自小鸟以至列子，虽然"年知大小"有异，其实都是"各信其一方"，并无所谓优劣高下，亦真可说是"探微索隐"了。盖万物禀气有异，形躯是大是小，知见是广是狭，生命是寿是夭，均是"事之变，命之行"，事实便是如是，不可强相希效。故此郭象认为逍遥不能是事象层面上形的大小，知的广狭等性分改变之事，而是在于"遗彼忘我，冥此群异"：认为能忘怀人我的界限，屏除同异的分别念头，无小无大，无死无生，不寄情于一方，方为真正的逍遥。但问题又来了：究竟郭象所谓"遗忘彼我，冥此群异"是怎样的一回事呢？这是以超越主体为根据，经过"分别"和"融通"的工夫，从而证得的那种虚系无碍的"忘彼我，冥群异"？还是持放任的生活态度，一往顺从形质性分的所趋，不作他求，从而表现出来那种不识不知的"忘彼我，冥群异"？前一理解当是较接近庄子的原意，也是牟宗三对郭象之逍遥义的体会；后一理解乃是一种顺性思想，是唐端正对郭象之逍遥义多所诟病的原因所在。然则何者方是郭象自身的见解，单就上引一节文字观，实在难下断语。

又庄子形容"逍遥"为"乘天地之正，而御六气之辨，以游无穷"，郭象申述其意如下：

> 天地者，万物之总名也。天地以万物为体，而万物必以自然为正。自然者，不为而自然者也。故大鹏之能高，斥鴳之能下，椿木之能长，朝菌之能短，凡此皆自然之所能，非为之所能也。**不为而**

---

1 郭庆藩：《庄子集释》（北京：中华书局，1961 年），页 11。

自能，所以为正也。故乘天地之正者，即是顺万物之性也；御六气之辨者，即是游变化之涂也。如斯以往，则何往而有穷哉！所遇斯乘，又将恶乎待哉！此乃至德之人玄同彼我者之逍遥也。苟有待焉，则虽列子之轻妙，犹不能以无风而行。故必得其所待，然后逍遥耳，而况大鹏乎！夫唯与物冥而循大变者，为能无待而常通，岂独自通而已哉！又顺有待者，使不失其所待；所待不失，则同于大通矣。故有待无待，吾所不能齐也；至于各安其性，天机自张，受而不知，则吾所不能殊也。夫无待犹不足以殊有待，况有待者之巨细乎！[1]

郭象以自然释"天地"，以变化释"六气"，认为乘天地之正，即是"顺"万物自然的性分，"御六气之辨"即是"游"心于无穷的变化；并且表示"无待"者是"与物冥而循大变"；凡此都可见他心目中的逍遥，是跟庄子的一样，并不涉及对事象界的积极操纵和制御，而是以"顺"应因"循"，为行事方针。不过"顺应"、"因循"在不同义理背景下，可以有不同意义：

（1）依庄子的四重义，"顺应"和"因循"是灵府在达至无待后对有待事物的虚应。

（2）依顺性之教，"顺应"和"因循"是认同有待的事物，依循有待事物的迁化而行事。

究竟郭象所讲的"顺应"、"因循"是哪一种意义，这倒是不甚清楚。上引文谓："又顺有待者，使不失其所待，所待不失，则同于大通矣"，以不违背有待为"大通"，颇有顺性思想意味。引文继而又谓："故有待无待，吾所不能齐也；至于各安其性，天机自张，受而不知，则吾所不能殊也"，很容易使人联想到安守形质性分的本然，不识不知，便是逍遥。至乎说："无待犹不足以殊有待，况有待者之巨细乎"，则更有等同"无待"和"有待"，视顺从"有待"为"无待"的嫌疑。然而上述郭象的说话，是用来状述至德的人"玄同彼我"的观境的；而圣人通过主体的提升，浑化一切对待，在其玄冥观照里，万物都是当下平铺，各各自足，

---

1 郭庆藩：《庄子集释》（北京：中华书局，1961 年），页 20。

无亏无欠，圆满无待，的确都可以说是"不失其所待"，"各安其性，天机自张"。但这是境界义、而非指实义的无待：是表示万有在圣人"独与天地精神往来，而不敖倪于万物"（《天下篇》）的悟境里，跟圣人一起提升[1]，一起无待；并非表示事实上万有果然是逍遥，更非表示追随自然本能之好尚，吃喝玩乐，便为无待。如是看来，"无待犹不足以殊有待"一语，也不是说"无待"和"有待"事实上并无分别，不失"有待"便为"无待"；其主旨要在抒发圣人浑忘群异的怀抱。

总之，郭象的逍遥观可以有两种理解，而这模棱正是其《庄子注》的一个特点。书内有许多教人安守自然之素，无所作为的说话，一方面可视作郭象思想未能超出庄学四重义的首重的证明，另一方面又可理解为庄学第四重融会义的演绎；孰是孰非，关键在于郭象思想里是否具有庄学的第二、第三两重义。盖在庄子学说里，"无待"的完成并非必然牵涉"有待"事象的改变，因而第一重的"有待"和第四重的"无待"，从表面现象看去，可以是没有什么不同；其不同处端在乎有没有经过第二、第三重的分别工夫，转变其精神方面的意义。例如未逍遥与已逍遥的大鹏同是高翔，未逍遥与已逍遥的学鸠同是低举；不同地方在于在未逍遥者，高低纯然是自然本能，在已逍遥者，高低乃是不得已的应迹[2]。要之，郭注若具备庄学的第二、第三两重义，便是庄子思想的恰切诠述，不然便是顺性之教。而纵观郭注整体，虽然不能说完全没有第二、第三重义的发明[3]，但超越主体的确立，以及修养工夫的铺陈，无疑不是其关注重点所在。郭象最欣赏的是庄子学说的空灵透脱意境，而未能正视这意境，是经过确认超越主体和艰苦的修养工夫而达至。泛泛地寻求空灵透脱，其达至的空灵超脱，可能不过是幻象，其实际生命仍然是在情识意欲中打滚。魏

1　参见郭庆藩：《庄子集释》（北京：中华书局，1961 年），页 1098～1099。

2　大鹏和学鸠是禽鸟，事实上没有修行的事情，这是别话。

3　例如郭象申释《庚桑楚》之"灵台"一辞，说：

灵台者，心也。清畅，故忧患不能入。（郭庆藩：《庄子集释》，页 794）

他又这样解释《德充符》"灵府"一辞：

灵府者，精神之宅也。夫至足者，不以忧患经神，若皮外而过去。（同上注，页 213）

以上说话提到"心"和"精神"，教人要"清畅"内心和"不以忧患"窒碍精神，可见郭象并非完全不关注主体问题，并且肯认修养的重要。

晋名士才情高而行为卑劣，玄言俊美却流于浮泛荒诞，其原因便是在这里。

（四）支遁的逍遥义

说郭象把逍遥视为指自然生命本能的满足，诚然是有欠公允，但郭象略于庄子思想第二、第三重义的阐述，以至言谈带有浓厚顺性主义味道，这从庄学本位看，乃是一种缺陷。由是支遁的逍遥说法备受时人称赏，殊非偶然。

支遁是东晋一代有数的高僧，既谙佛理，又通《老》《庄》。他申释庄子的逍遥义，深得时人称许。刘义庆（403—444）《世说新语》记载支遁注解《逍遥游》的缘起：

> 《庄子·逍遥篇》，旧是难处，诸名贤所可钻味，而不能拔理于郭、向之外。支道林在白马寺中，将冯太常共语，因及"逍遥"。支卓然标新理于二家之表，立异义于众贤之外，皆是诸名贤寻味之所不得。后遂用支理。[1]

梁朝慧皎《高僧传》述说其事更详细：

> 遁尝在白马寺，与刘系之等谈《庄子·逍遥篇》。（系之）云："各适性以为逍遥。"遁曰："不然。夫桀、跖以害为性，若适性为得者，从亦逍遥矣。"于是退而注《逍遥篇》，群儒旧学莫不叹服。[2]

可见郭象《庄子注》面世后，接其踵者亦步亦趋，甚或有把其中的顺性思想成分，推而尽之，以完全从顺自然生命之性好为"逍遥"。由是支遁乃提出若以适性为逍遥，则夏桀、盗跖以残害为天性，如其天性行残害，

---

1 见《世说新语》《文学篇》，引文取自余嘉锡：《世说新语笺疏》(北京：中华书局，1983年)，页220。

2 慧皎：《高僧传》卷4，《大正藏》卷50，页348中。

亦可以说为逍遥的责难，并且退而造注，以斥其谬。可见支遁注释《逍遥游》的主要目的，是针对当时视顺性为逍遥的流行做法。

　　《高僧传》记王羲之（303—361）向支遁请教《逍遥篇》，支遁"乃作数千言"[1]，可惜全文现在已经亡失，今可见者仅梁朝刘峻（462—521）《世说新语注》所引以下一条佚文，据之可见支遁的逍遥观的主旨：

> 　　支氏《逍遥论》曰："夫逍遥者，明至人之心也。庄子建言人道，而寄指鹏、鷃。鹏以营生之路旷，故失适于体外；鷃以在近而笑远，有矜伐于心内。至人乘天正而高兴，游无穷于放浪；物物而不物于物，则遥然不我得；玄感不为，不疾而速，则逍然靡不适；此所以为逍遥也。若夫有欲，当其所足，足于所足，快然有似天真。犹饥者一饱，渴者一盈，岂忘烝尝于糗粮，绝觞爵于醪醴哉！苟非至足，岂所以逍遥乎？"此向、郭之注未尽。[2]

这节文字集中申述庄子思想的第二、第三重义，显示"逍遥"跟常途所谓"适性"，实有天壤之别，不可混同。引文启始表示逍遥是"明至人之心"，为精神界，而非形质界的事情；并且指出大鹏"营生之路旷"，小鸟"在近而笑远"，同样为未能逍遥，表明"逍遥"跟自然本能的营求无关；此即凸显精神主体的第二重义。引文继而称美至人不住着外物（"不物于物"），能做到忘怀自我（"不我得"），没有不必要的施为（"不为"），此即澄心静虑的第三重义。支遁进而比较两种满足：第一种是"饥者一饱，渴者一盈"一类形体上的满足。当饥饿者得到食物，口渴者得到饮料，一时的确会有得其所哉的快感（"快然有似天真"）。但这种满足是短暂的，而且是有待于外在条件（如食物、饮料），决定之权不在于我，故此并非"至足"。第二种是至人"乘天地而高兴，游无穷于放浪"的精神上的满足。至人心恒冥寂，感物斯动，无入而不自得；其满足是建基于精神主体的随遇而安的态度，非取决于外在物质条件备足与否，故此可

---

1 见慧皎：《高僧传》卷 4，《大正藏》卷 50，页 348 下。
2 见余嘉锡：《世说新语笺疏》，页 220。

以是完全自主，不会随着时空转移而失去；这方才是"至足"，方堪称为"逍遥"。顺性主义者混淆了这两种满足，以为顺适形体的性好，便是庄子所谓逍遥。这是极严重的误解。

刘义庆盛赞支遁的《逍遥注》为"卓然标新理于二家（向秀和郭象）之表，立异议于众贤之外"[1]，而慧皎亦推许之为"标揭新理，才藻惊绝"[2]。惟近贤如牟宗三和与苏新鋈质疑这判断，认定支遁的逍遥义不及郭象的圆满[3]。平情而论，郭象侧重展示庄学第四重融会义，而支遁则着力发挥庄学第三重分别义。理论上，有融会必然先有分别，如是看郭义便正如牟、苏二氏所说，是蕴涵了支义。唯郭象在申述庄学的融会义时，并没有着意显示其分别义之背景。只讲融会而不讲分别，其实也说不上融会，可能还是停留于原始综合阶段，以至其所谓逍遥，可能不过是形质性分的各得其所。郭象应是有进乎此，不过其论述用力轻重处，却很容易使人有所误会。如是支遁重新阐发庄学的分别义，严别"逍遥"和"适性"，澄清这误会，是有重要的时代意义。当然，只谈分别而不谈融会，这又流于割裂，不符合逍遥之玄同万有的主旨。惟观乎支遁笔下的至人，为"乘天地"、"游无穷"、"物物"、"玄感"、"不疾而速"等，也有其应物游世的一面，可见支遁没有忽视庄学的融通义，并无郭象所谓"系于有方"的过失。[4]

---

1 余嘉锡：《世纪新语笺疏》（北京：中华书局，1983 年），页 220。

2 慧皎：《高僧传》卷 4，《大正藏》卷 50，页 348 下。

3 参阅牟宗三：《向、郭之注庄》，页 180～184；苏新鋈：《郭象庄学平议》（台北：学生书局，1980 年），页 321～322。

4 "系于有方"一语见郭庆藩：《庄子集释》（北京：中华书局，1961 年），页 11。意思是有所偏尚。

南北朝正史家的"天命"宗教信仰

普 慧

南北朝时期，儒家经教的神学(Theology)[1]思想与佛教、道教二教的神性(Godhead)思想构成了并行的三大宗教思想，指导着人们的社会生活实践。就上层建筑而言，整个社会表现出了意识形态宗教化的严重倾向：佛教、道教在这一时期得到了空前的发展，尤其是佛教，已经渗透到了社会生活的方方面面，特别是在精神信仰上，已经成为人们不可或缺的精神支柱和行动指南。政治教化的佛教化有了明显表征(token)。儒学在经过两汉的经教化后被看重的不仅是其有利于政治教化的三纲五常的伦理道德，更为重要的是这种伦理道德与"天命神学"的巧妙结合。有了这种巧妙结合，每一改朝换代的政治家们就可为自己的夺权和统治制造合理、有利的舆论。这样，宗教化了的儒、释、道三教便成了社会意识形态的最高指导思想。就思想界的主流思潮而言，则表现出"哲学的神学化"：儒、释、道三教改造了一般性的哲学思想，使哲学的范畴向着神学化的方向发展。如，关于"天"和"道"，就已经不再是魏晋之前的哲学之"天"、"道"的概念，而是具有了"神性"之"天"、"道"的特点，即不仅具有根源和本原的性质，还具有"全在"(omnipresence)、"全知"(omniscience)、"全能"(omnipotence)的神性意义。这种意识形态的高度宗教化和哲学的极端神学化的背景，使得本来就具有宗教原型传统和惯性的史家，在建构历史框架，叙述历史事件，考评人物优劣，

---

1 儒，是"学"还是"教"，学界还在讨论，见仁见智，暂无定论。这里要说明的是，不管"儒"是否"教"，它的理论体系当中都包含着丰富、深刻的宗教神学思想。而此处以"神学"思想而不是以"神性"思想来揭示儒家经教，也是在层次上和程度上有意区分儒与佛、道的宗教性质。

阐释历史进程，深受其影响，特别是儒家经教"天命神学"（Fate Theology）信仰及其统摄下的"君权天授"（Regality given by God）观念，直接影响了中世纪正史家的历史观，几乎构成了他们的一种思维范式（paradigm）。

一

"君权天授"是"天命神学"信仰的核心内容，早在殷商时期便已产生。不过那时的"神学"是由"帝"和"天"这二元神[1]构成的。与古希腊宗教相同的是，中国宗教始终缺乏系统的神学，其神祇的属性往往没有规定性。与之不同的是，中国宗教不是众神高高在上，人与神之间靠着协约而联系，而是将人事以配天、帝[2]，建立了如同希伯来（Hebrew）民族将上帝雅赫维（JHWH）奉为天父（Heavenly Father）一样的一种人与神的氏族血亲般的联系。神对人来说亲如一家。"'天'有人形，这意味着它与神话即历史论的发生、演变过程有密切联系，而这种神话即历史论是中国祖先崇拜的基础。大概正是这种祖先崇拜中的共同基础，才将商朝的'帝'与从周部落引进的'天'的观念结合一起。"[3] 由此，"天、帝的一般神与氏族宗主的祖先神相配的宗教思想，指导着一切国家大事，连国家的成立，最初也是由于先王受命于上帝的"。[4] "君权天授"的观念由此漫延开来："明明在下，赫赫在上。天难忱斯，不易维王。天位殷适，使不挟四方。……大任有身，生此文王。维此文王，小心翼翼。昭事上帝，聿怀多福。……天监在下，有命既集。文王初载，天作之合。……有命自天，命此文王。于周于京。"[5]所谓"大任有身"、"天作之合"、"有

---

1 帝：为祖先神，有时又被称为"鬼神"。从世界文化的范围来看，一般来说，神祇分为两类：一类为天神（Gods），其来源为游牧民族，多居于高山；一类为地祇（Chthonian），其来源为农耕民族，多居于地上。随着游牧民族的入侵，各民族文化的交融，神祇不再截然对立，而是走向融汇浑然。

2 司马迁《史记》卷28《封禅书》："周公既相成王，郊祀后稷以配天，宗祀文王于明堂以配上帝。"

3 ［美］郝大维（David L. Hall）、安乐哲（Roger T. Ames）《汉哲学思维的文化探源》（汉文本），施忠连译，南京：江苏人民出版社1999年版，第250页。

4 侯外庐、赵纪彬、杜国庠《中国思想通史》第一卷，北京：人民出版社1995年版，第81页。

5《诗经·大雅·文王·大明》。

命自天，命此文王"等，即是说"君权天授"[1]，而非人为。这样"君权天授"的信仰，既承认了殷商的合理存在，又肯定了姬周取而代之的必然，同时又为后来兴起的新主埋下了理论上的伏笔。

春秋战国时期，群雄争霸，思想家辈出，"君权天授"开始走向了普世（universal）化的道路：社会中的每一成员都潜在着成为胜者的可能，但这就要看天的意志和目的了。所谓"生死有命，富贵在天"。[2]天命主宰一切，天命决定一切。但是，"天"和"命"具有不同的特征："天"具有不可变的宗教本体属性；"命"却具有信仰者对"天"感悟、体认的经验属性，故是可"受"、可"变"、可"革"的。这样，新兴的儒家就有了创新之处，即在承认天命决定论的前提下，为那些有志于担当时代重任、锐意进取的仁人志士提供了新的理论庇护伞。所谓"天生德于予，桓魋（tuí）其如予何"[3]，"天下之无道也久矣，天将以夫子为木铎"[4]，"故天降大任于斯人也，必先苦其心志，劳其筋骨，饿其体肤，空乏其身，行拂乱其所为，所以动心忍性，增益其所不能"[5]，实际上暗示着一个新的天命（new dispensation）的可能性，即任何有志于时代、社会维新或革命的仁人志士都有可能受到"天"的佑护。然而，自命于天之降任的孔、孟终究没有如愿以偿，"高深莫测的天丝毫也没有呈现出新的天命即将降临的迹象"[6]，其注重德性的学说在当时仍然不受欢迎。因此，"我"与天的浑然一体，人与神的同形同构，才能符合天意。

汉代，国家的一统，经济的繁盛，政治上迫切需要以一种体现君权至高的思想为指导。深受齐国阴阳五行和方术影响的大儒董仲舒，把孔孟的普世天命信仰又拉回到了"君权天授"的单一轨道，宣称："天者，

---

1 大约与此同时期的两河流域文化也体现了"君权天授"的特征，如《圣经·创世记》，上帝雅赫维对亚伯拉罕（Abraham）说："你要离开本地、本族、父家，往我所要指示你的地去。我必叫你成为大国。我必赐福给你，叫你的名为大，你也叫别人得福。"（12∶1～3）希伯来民族的"君权神授"由此开始，以后的希伯来民族的"受膏者"（māshīah），即说的是所封立的君王和祭司，其额头上被敷油膏，意指上帝所派遣者。与希伯来民族崇拜一神而不同的是，中华民族信仰的"君权天授"的"天"是泛化的、模糊的。

2《论语·颜渊》。

3《论语·述而》。

4《论语·八佾》。

5《孟子·告子下》。

6［美］本杰明·史华兹（Benjamin I. Schwartz）《古代中国的思想世界》（汉文本），程钢译，刘东校，南京：江苏人民出版社 2004 年版，第 110 页。

百神之君也，王者之所最尊也"[1]，"《传》曰：唯天子受命于天，天下受命于天子，一国则受命于君。君命顺，则民有顺命；君命逆，则民有逆命。故曰一人有庆，万民赖之，此之谓也"。[2]"天"的神性功能无限度的放大和"人君"的独家授命，适应了一统国家"政、教合一"的新要求。其目的既有藉天的权威强化君权，又有借天的权威限制君权。但其所建构的"天——天子(君)——民的神学统属关系……成为后来长期封建社会的神权的格式"。[3]这种神权信仰格式"既是非超越的，又具有深刻的宗教性。……'天'对中国的精神性的任何一种认识都要诉诸这一核心观念"。[4]这个宗教信仰的模式深深地烙印在南北朝正史家的历史观中，成为其历史叙事的一个结构环节。柯林武德认为，基督教思想的引进，对于人们用以设想历史学的方式具有重要影响，他说："历史的过程并不是人类的目的，而是上帝的目的的实践；因为上帝的目的就是一种对人类的目的，是一种要在人生之中并且通过人类意志的活动而体现的目的；在这一实践中，上帝这个角色仅限于预先确定目的并且实施在确定这人类所渴望的对象。……在一种意义上，认识整个历史上的行动者，因为历史上所发生的每桩事件都是根据人的意志而发生的；而在另一种意义上，则上帝才是唯一的行动者，因为只有靠神意的作用，人的意志的活动在任何一个给定的时刻才能导致这一结果而不是另一种不同的结果。"[5]中国正史家也有着同样的情况。

二

《后汉书》的作者范晔，"以系统的、整体的思想审视历史，其基本精神是探讨东汉一代的兴亡教训"。[6]但是，作为一个正统史官，范晔

---

1 《春秋繁露》卷 15《郊义》。

2 《春秋繁露》卷 11《为人者天》。

3 任继愈主编《中国哲学发展史》(秦汉)，北京：人民出版社 1985 年版，第 327 页。

4 [美]郝大维(David L. Hall)、安乐哲(Roger T. Ames)《汉哲学思维的文化探源》(汉文本)，施忠连译，南京：江苏人民出版社 1999 年版，第 240 页。

5 [英]R. G. 柯林武德(Collingwood)《历史的观念》(汉文本)，何兆武、张文杰译，北京：商务印书馆 1997 年版，第 87~88 页。

6 庞天佑《中国史学思想通史·魏晋南北朝卷》，合肥：黄山书社 2003 年版，第 233 页。

的心灵深处依然镶嵌着"史"的宗教原型传统，特别是天命神学信仰。这主要体现在范晔对每一朝代的灭亡的认识上：如，在范晔看来，东汉王朝的衰败在于汉末的长期动乱："物之兴衰，情之起伏，理有固然矣。"[1]范晔的"理"不是指社会历史发展的内在矛盾冲突的必然性，而是把它归结到了冥冥之上的"天"的意志。史华兹说："人类秩序的顶点是无所不在的王权，可以这样说，它是以下两者之间的联系的中心环节：其一是帝王，它是对维护人类正常秩序负最终责任的人；其二是至高无上的上帝，或曰天，它维持了掌握自然力的鬼神世界以及祖先神灵世界的和谐秩序。至高无上的天从不偏离自然界秩序中的正常变化，可是帝王及其王公贵族乃至各级官吏，则可能可悲地离经叛道，导致了无秩序社会中的各种各样的不和谐与混乱现象。"[2]范晔举例汉末宦官乱政，外戚与太后联合反击，又得到各地士人的广泛支持，反而被宦官所灭的事例，说明天意废汉，势如洪流，非人力所能阻挡、挽回："窦武、何进藉元舅之资，据辅政之权，内倚太后临朝之威，外迎群英乘风之势，卒而事败阉竖，身死功颓，为世所悲，岂智不足而权有余乎？《传》曰：'天之废商久矣，君将兴之。'斯宋襄公所以败于泓也。"[3]这就是天命。在《延笃传》中，范晔特意载录了延笃的名言："夫道之将废，所谓命也！"[4]范晔虽然相信宗教神学天命符验，但对低级的巫术活动以及制造假符等自然宗教的因素却加以坚决排斥。如，对于袁术假符僭称的事，范晔论道："天命符验，可得而见，未可得而言也。然大致受大福者，归于信顺乎！夫事不以顺，虽强力广谋，不能得也。谋不可得之事，日失忠信，变诈妄生矣。况复苟肆行之，其以欺天乎！虽假符僭称，归将安所容哉！"[5]在范晔看来，袁术的失败就在于"事不以顺"，"日失忠信"，"变诈妄生"，违背天命。而其"苟肆行之"，"假符僭称"，实则是"欺天"行为。显然，在范晔的历史观中，既有社会矛盾发展的必然趋势，亦有不可人为的超人间力量。

---

1 ［南朝宋］范晔《后汉书》卷 10 上《皇后纪》之"论"。
2 Benjamin I. Schwartz: Transcendence in Ancient China, *Daedalus* 104 (Spring, 1975):59.
3 ［南朝宋］范晔《后汉书》卷 69《窦武何进列传》之"论"。
4 ［南朝宋］范晔《后汉书》卷 64《延笃传》。
5 ［南朝宋］范晔《后汉书》卷 75《袁术传》之"论"。

范晔在看待王朝更迭、君王易变等这些历史关键环节时，则集中体现了天命神学中的"君权天授"观念。他在记述光武帝刘秀时，就认为刘秀是顺应天命的真命天子：从刘秀的诞生到建立东汉王朝，整个过程都伴随着一系列的祥瑞之兆。如，刘秀诞生时的"有赤光照室中"，"是岁县界有嘉禾生，一茎九穗"；后其郡望"气佳哉！郁郁葱葱然"；刘秀起兵，"远望舍南，火光赫然属天"。[1] 对刘秀的这些祥瑞征兆，范晔感叹道："其王者受命，信有符乎？不然，何以能乘时龙而御天哉！"[2]他最后称赞道：

> 炎正中微，大盗移国。九县飙回，三精雾塞。人厌淫诈，神思反德。光武诞命，灵贶(kuàng)自甄。……明明庙谟，赳赳雄断。于(wū)赫有命，系隆我汉。[3]

"光武诞命，灵贶自甄"，"于赫有命，系隆我汉"，几与《诗经·大雅·文王·大明》中所说文王授命一样，绘声绘色地塑造、神化了刘秀真命天子的形象，给人们留下了无需怀疑、无可辩驳的印象。

在强调正统的"君权天授"的同时，范晔对于那些在乱世中割据一方的政权的最终失败，仍然是以天命观看待的。他认为那些乱世中的枭雄虽然得逞一时，但因其违逆天命，与天意背道而驰，终不能长久。如，两汉之际的隗嚣、公孙述等，范晔论道："若嚣命会符运，敢非天力，虽坐论西伯，岂多嗤乎？……(公孙述)及其谢臣属，审废兴之命，与夫泥首衔玉者异日谈也"[4]，"公孙习吏，隗王得士。汉命已还，二隅方跱。天数有违，江山难恃"。[5] "天力"、"天数"(destiny)，在范晔看来，这些超乎人间的力量早已决定好了历史的进程。既然上天已选择了刘秀，那么，隗嚣、公孙述等再来与刘秀争夺社稷，那就是违背了"天意"，其结果必然是灭亡。

---

1 [南朝宋]范晔《后汉书》卷1《光武帝纪》之"论"。
2 [南朝宋]范晔《后汉书》卷1《光武帝纪》之"论"。
3 [南朝宋]范晔《后汉书》卷1《光武帝纪》之"赞"。
4 [南朝宋]范晔《后汉书》卷13《隗嚣、公孙述列传》之"论"。
5 [南朝宋]范晔《后汉书》卷13《隗嚣、公孙述列传》之"赞"。

不仅是那些有违天命的枭雄注定要失败，就是出身于正统的帝王的衰败，范晔认为也是天的意志。如，东汉王朝的衰落，终致献帝被曹氏废为山阳公，即是天命所致。

> 《传》称：鼎之为器，虽小而重，故神之所宝，不可夺移。至今负而趋者，此亦穷运之归乎！天厌汉德久矣，山阳其何诛焉！[1]

"天厌汉德久矣"，即表明东汉王朝灭亡的必然性。这种必然性往往是人力所不能为之的。尽管范晔有时也能认识到封建王朝的外戚与宦官之间的胡作非为和相互倾轧是导致东汉王朝灭亡的直接原因，但是，当他不能从社会矛盾的根源上找到答案时，便很自然地落在了"天命神学"的思想结构之中，并将其提升为审视历史、描述事件的因果关系的历史观。

三

同样的天命神学信仰，在《宋书》的作者沈约那里也得到了全面的贯彻。沈约生活的年代，宗教繁荣，神学昌盛，沈约本人又是有神论的强有力的捍卫者。所以，他的历史观比范晔的更容易融入"天命神学"思想。沈约一生历仕宋、齐、梁三朝，他经历了王朝快速、频繁的更替过程，深知王朝的迅速更迭，绝不能简单地说是帝王的无能和荒淫。这三朝，每一朝的帝王中，亦颇多勤奋努力向上者，但终究控制不了改朝易代的必然趋势。沈约对此难以作出正确解释，只能回归到"天命神学"的轨道，并且比范晔走得更神秘、更极端。他把每一朝代的更迭看成是天意使然，而不是社会内部矛盾冲突的结果。如，他多次引晋恭帝司马德文面临即将下台时的无可奈何之语：

> 昔火德既微，魏祖底绩，黄运不竞，三后肆勤。故天之历数，实有攸在。

---

1 [南朝宋]范晔《后汉书》卷9《献帝纪论》。

> 桓玄之时，天命已改，重为刘公所延，将二十载。
>
> 朕每敬惟道勋，永察符运，天之历数，实在尔躬。……昔土德告渗，传祚于我有晋；今历运改卜，永终于兹，亦以金德而传于宋。……王其允答人神，君临万国，时膺灵祉，酬于上天之眷命。[1]

"天之历数"、"天人之至望"、"天命已改"、"天之眷命"等，虽是晋恭帝的一种不得已的自我排解，但其中的确潜含着"天命神学"的思想观念。沈约引述这些话，显然是意在说明刘宋代晋完全是天意，绝非人为的谋逆篡位。他还引宋高祖刘裕的诏书说：

> 晋帝以卜世告终，历数有归，钦若景运，以命于讳。夫树君宰世，天下为公，德充帝王，乐推攸集。……晋自东迁，四维不振……诚兴废有期，否终有数。……佥曰：皇灵降鉴于上，晋朝款诚于下，天命不可以久淹，宸极不可以暂旷。……猥以寡德，托于兆民之上，虽仰畏天威，略是小节，顾深永怀，祗惧若寔。敬简元辰，升坛受禅，告类上帝，用酬万国之情。克隆天保，永祚于有宋。惟明灵是飨。
>
> 夫世代迭兴，承天统极。[2]

沈约把晋朝的灭亡看作是天意，把刘宋代晋也看作是天意，所谓"历数有归"，"兴废有期，否终有数"，"天命不可以久淹，宸极不可以暂旷"，"世代迭兴，承天统极"，都是在强调社会、人事背后的一种不可逆转性，是不以人的意志为转移的。

在沈约看来，既然刘宋代晋是天意，那么，萧齐代刘宋也是天意。

> 天厌宋道，鼎运将离，不识代德之纪，独迷乐推之数。[3]

"天厌宋道，鼎运将离"，与范晔所说的"天厌汉德久矣"同出一辙。据

---

1 [南朝梁]沈约《宋书》卷2《武帝纪》。
2 [南朝梁]沈约《宋书》卷3《武帝纪》。
3 [南朝梁]沈约《宋书》卷74《臧质、鲁爽、沈攸之列传》之"史臣曰"。

《宋书·后废帝纪》载，后废帝刘昱荒淫无道，齐王萧道成与王敬则谋划，潜图废立。王敬则结刘昱左右杨玉夫等25人，乘夜弑昱，并将其首级呈齐王萧道成。对于这样一件重大的废弑事件，沈约不但没有批评萧道成等人用武力废弑刘昱的不善之举，反而认为萧道成"顺天人之心"[1]，"功高德重，天命有归"。[2]沈约的这种看法，显然不合乎孔子"尽善尽美"[3]的原则，但"废昏立明"乃汉晋间多发之事，故清代赵翼说："沈约不讳齐高帝废弑之事，非彰齐之恶，乃正以见苍梧之当废也。……约之书此，正见齐高之应天顺人也。"[4]沈约所说的这种"顺天人之心"，其实又为萧梁代萧齐铺垫了理论依据。齐末，"郁林无道，齐明帝废而弑之，论者亦止恶其假废立为篡夺，而未尝以废郁林为非也。至东昏无道，内而始安王萧遥光起兵欲废之，张欣泰、胡松等又结党欲废之，许准又劝宰相徐孝嗣废之，外而陈显达起兵欲废之，崔慧景又起兵欲废之，最后梁武起兵，卒令殒命，夫固皆以废立为势所不得已也"。[5]萧衍代齐称帝，也以天意自诩。萧衍手书谕曰：

> 夫祸福无门，兴亡有数，天之所弃，人孰能匡？……天未绝齐，圣明启运，兆民有赖，百姓来苏。吾荷任前驱，扫除京邑，方拨乱反正，伐罪吊民，至止以来，前无横阵。……今竭力昏主，未足为忠，家门屠灭，非所谓孝，忠孝俱尽，将欲何依？[6]

"祸福无门，兴亡有数，天之所弃，人孰能匡？"萧衍把萧齐的失败归结为"天之所弃"，任何人都无法挽救，只有自己挺身而出代行"天意"。萧衍的代齐称帝，沈约是投其所好，鞍前马后，竭力怂恿："时高祖勋业既就，天人允属，约尝扣其端，高祖默而不应。他日又进曰：'今与古异，不可以淳风期万物。士大夫攀龙附凤者，皆望有尺寸之功，以保其福禄。

---

1 [南朝梁]沈约《宋书》卷9《后废帝纪》。

2 [南朝梁]沈约《宋书》卷89《袁粲列传》。

3 《论语·八佾》。

4 [清]赵翼《廿二史札记校证》(上)，北京：中华书局2001年版，第183页。

5 [清]赵翼《廿二史札记校证》(上)，北京：中华书局2001年版，第183页。

6 [南朝陈]姚察、[唐]姚思廉《梁书》卷31《袁昂传》。

今童儿牧竖，悉知齐祚已终，莫不云明公其人也。天文人事，表革运之征，永元以来，尤为彰着。谶云：行中水，作天子。此又历然在记。天心不可违，人情不可失，苟是历数所至，虽欲谦光，亦不可得已。'"[1]沈约以"天心"、"历数"解释了萧衍代齐的合理性，而完全将"忠"字置放于一隅。

不只是朝代的变易体现着天意，就是朝内的君主传承，在沈约看来，也是天意使然。如他论宋文帝刘义隆："太祖幼年特秀，顾无保傅之严，而天授和敏之姿，自禀君人之德。"[2]记述前废帝刘子业，则引其梦：

> 帝梦太后谓之曰："汝不孝不仁，本无人君之相。子尚愚悖如此，亦非运祚所及。孝武险虐灭道，怨结人神，儿子虽多，并无天命。大运所归，应还文帝之子。"其后湘东王绍位，果文帝子也。[3]

记述宋明帝刘彧：

> 卫将军湘东王体自太祖，天纵英圣，文皇钟爱，宠冠列藩。吾早识神睿，特兼常礼。潜运宏规，义士投袂，独夫既殒，悬首白旗，社稷再兴，宗佑永固，人鬼属心，大命允集。且勋德高邈，大业攸归，宜遵汉、晋，纂承皇极。[4]

在沈约看来，文帝是"天授和敏之姿"，故能为人君。而前废帝"并无天命"，故帝位岌岌可危；而明帝则是"天纵英圣"，故"大运所归"，"大命允集"，迅速取代前废帝而成为英主。值得注意的是，沈约认为，前废帝的"无天命"，其因是其父孝武帝刘骏的"险虐灭道，怨结人神"；而文帝则是"自禀君人之德"，明帝更是"及即大位，四方反叛，以宽仁待物。诸军帅有父兄子弟同逆者，并授以禁兵，委任不易，故众为之用，

---

1 [南朝陈]姚察、[唐]姚思廉《梁书》卷13《沈约传》。
2 [南朝梁]沈约《宋书》卷5《文帝纪》之"史臣曰"。
3 [南朝梁]沈约《宋书》卷7《前废帝纪》。
4 [南朝梁]沈约《宋书》卷7《前废帝纪》。

莫不尽力。平定天下，逆党多被全；其有才能者，并见授用，有如旧臣。才学之士，多蒙引进，参侍文籍，应对左右"。[1]显然，沈约"天命神学"的"君权天授"观，并不是纯粹神学的，而是把道德的内容纳入到宗教神学的框架之中，赋予了道德与天命互为因果的必然性，体现出了宗教精神与人文理性的密切结合。这种结合，既表现出现实存在的合理性，又充满了超现实的神圣、神秘的必然性。用哲学来解释宗教思想是一般宗教的惯用的手法；而用史学来贯彻宗教思想，则更是一般宗教所竭力寻求的事情。在历史的追述中，宗教的意义并不是主要的期盼目标，形而上学的真理也不是最终追求的理想，而认识历史，以古鉴今，"引导寻求真理的人得到人生意义，并在人生旅途中，为迷路者指点迷津，为短促的生命划定意义，为无意义的日常琐事创造价值"[2]，才是史家宗教精神与人文理性融合的表征。

四

同样的天命神学信仰，在《南齐书》的作者萧子显那里依然满盈于心。虽然儒家经教的核心内容已由"忠"转向了"孝"[3]，但是，作为审视历史进程的思维范式的"君权天授"观，却深深地镶嵌于其思想深处。萧子显与范晔、沈约一样，把新主的出现看作是"天意"，把王朝的易代看作是"天命"。如他记述萧道成是"天诞睿圣，河岳炳灵，拯倾提危，澄氛静乱，匡济艰难，功均造物"。[4]而宋代晋，是"昔金政既沦，水德缔构，天之历数，皎焉攸征"。[5]宋顺帝刘準用五行中的"金"来表示晋，用"水"来喻示宋，以五行相生中的"金生水"[6]来说明江山的易代乃是"天之历数"，非人为的不"忠"、不"孝"。这意味着萧齐取代刘宋也是"天之历数"。宋顺帝在《玺书》中也表达了同样的意思："昔金德既沦，

---

1 [南朝梁]沈约《宋书》卷8《明帝纪》。
2 池凤桐《基督信仰的起源》[I]，上海：华东师范大学出版社2006年版，第94页。
3 [南朝梁]萧子显《南齐书》卷55《孝义列传》之"赞"："孝为行首，义实因心。"
4 [南朝梁]萧子显《南齐书》卷1《高帝纪上》。
5 [南朝梁]萧子显《南齐书》卷1《高帝纪上》引宋顺帝禅位《诏》。
6 [西汉]董仲舒《春秋繁露·五行之义》："木，五行之始也；水，五行之终也；土，五行之中也。此其天次之序也。木生火，火生土，土生金，金生水，水生木，此其父子也。"

而传祚于我有宋，历数告终，实在兹日，亦以水德而传于齐。"[1]这不只给萧齐的易代找到了合理的根据，也为自己的垮台推卸了责任。不过，宋顺帝在易代过程中，毕竟认识到了"天命"与"德行"的因果关系，他在《策》中说："朕闻至道深微，惟人是弘，天命无常，惟德是与。"[2]因为"德行"，天意使宋顺帝丧失了江山，同样因为"德行"，天意让萧道成取代了社稷。人君道德的善恶是天意的先决条件，"天人合德的时候，权力正当；天人离德的时候，权力邪恶。……天与命之间，依赖的是一个'德'，以此为中介而打通天命，实现呆呆上天之下的受命或革命"。[3]一般来说，在春秋战国时期孔、孟的"天命"信仰中，"天"是预设的、不变的，而"命"则呈现出可移的倾向，中间的"德"则表现出可变性、非连续性、非普遍性的特征；"德"的诉求，往往是超越天命、动摇天人关系结构的最为活跃的人为因素。所谓"求之有道，得之有命"[4]；"天命之谓性，率性之谓道，修道之谓教"。[5]但是，在萧子显看来，人君之道德的善恶取向却依然是"天"之构设："天诞睿圣，河岳炳灵。"这又在历史表象的背后隐藏了一个巨大的异己操纵者，祂不只是一切历史进程的安排者、掌控者，也是人君道德善恶的预设者、审判者。"最终说来，一切都是由遥远的、不可测知的天或'道'之运行所决定的。"[6]因此，萧道成一登基，便于南郊设坛柴燎告天：

> 天下惟公，命不于常。……水德既微，仍世多故，实赖道成匡拯之功，以弘济于厥艰。大造颠坠，再构区宇，宣礼明刑，缔仁缉义。晷纬凝象，川岳表灵，诞惟天人，冈弗和会。乃仰协归运，景属与能，用集大命于兹。辞德匪嗣，至于累仍，而群公卿士，庶尹御事，爰及黎献，至于百戎，佥曰"皇天眷命，不可以固违，人神

---

1 [南朝梁]萧子显《南齐书》卷1《高帝纪上》。

2 [南朝梁]萧子显《南齐书》卷1《高帝纪上》。

3 李向平《信仰、革命与权力秩序：中国宗教社会学研究》，上海人民出版社2006年版，第37页。

4 《孟子》卷13《尽心下》。

5 《中庸章句》，[南宋]朱熹《四书章句注》。

6 [美]本杰明·史华兹(Benjamin I. Schwartz)《古代中国的思想世界》(汉文本)，程钢译，刘东校，南京：江苏人民出版社2004年版，第427页。

无托，不可以旷主"。畏天之威，敢不祗顺鸿历？敬简元辰，虔奉皇符，升坛受禅，告类上帝，以永答民衷，式敷万国。惟明灵是飨！[1]

齐高帝萧道成认识到，天下是大家的，而不是家天下，所以其命不于恒常，关键在于能否顺天意、得民心，"宣礼明刑，缔仁缉义"，构建和谐社会秩序。如果有了这样的德行，天意自然护佑，"明灵是飨"。他的受禅则是"畏天之威"而"顺鸿历"，绝非谋篡。

萧子显在《高帝本纪》中不厌其烦地记录萧齐取代刘宋，充分表明在他的历史观中深深烙印着"君权天授"观。

> 孙卿有言："圣人之有天下，受之也，非取之也。"汉高神武骏圣，观秦氏东游，盖是雅多大言，非始自知天命；光武闻少公之论谶，亦特一时之笑语；魏武初起义兵，所期"征西"之墓；晋宣不内迫曹爽，岂有定霸浮桥？宋氏崛起匹夫，兵由义立：咸皆一世推雄，卒开鼎祚。宋氏正位八君，卜年五纪，四绝长嫡，三称中兴，内难边虞，兵革世动。太祖基命之初，武功潜用，泰始开运，大拯时艰，龙德在田，见猜云雨之迹。及苍梧暴虐，衅结朝野，百姓懔懔，命悬朝夕。权道既行，兼济天下。元功振主，利器难以假人，群才戮力，实怀尺寸之望。岂其天厌水行，固已人希木德。归功与能，事极乎此。虽至公于四海，而运实时来；无心于黄屋，而道随物变。应而不为，此皇齐所以集大命也。[2]

萧子显站在历史的高度，考量了刘邦、刘秀、曹操、刘裕这些开创基业的君主，发现他们起事之初，并无图谋天下之宏伟大志，更不知天命所向，即"非始自知天命"。但是，他们后来却一步步地拥有了天下。在萧子显看来，这不仅是他们努力拼搏而来的结果，更是天之所授，故曰："圣人之有天下，受之也，非取之也。"而萧道成的代宋，"运实时来"，他本无心于帝室，但道随物变，他只是应其变化而已。这就是萧齐所以

---

1 ［南朝梁］萧子显《南齐书》卷2《高帝纪下》。
2 ［南朝梁］萧子显《南齐书》卷2《高帝纪下》之"史臣曰"。

能够受集于天之大命。从五行相生来说，宋为"水"，齐为"木"，水生木，萧齐代宋自然合于五行相生。因此，萧子显赞叹道：

> 于皇太祖，有命自天，同度宇宙，合量山渊。宋德不绍，神器虚传。宁乱以武，黜暴资贤。庸发西疆，功兴北翰，偏师独克，孤旅霆断。……文艺在躬，芳尘渊塞。用下以才，镇民以德。端己雄眸，君临尊默。苞括四海，大造家国。[1]

刘宋的善德不能绍继，故萧道成建齐是"有命自天"。萧道成之所以能够"宁乱以武，黜暴资贤"，"用下以才，镇民以德"，正是"天赋其命"的结果。德与天，人文与神性，就这样相伴相依，相辅相成，促成了可革、可变的命。然而，这种历史观，同样体现在同朝内的帝王传承。在萧齐的高帝、武帝相继去世后，萧齐的帝位被文惠太子萧长懋的两个儿子先后继承。然此二帝"疑怯既深，猜似外入，流涕行诛，非云义举，事苟求安，能无内愧？既而自树本根，枝胤孤弱，贻厥不昌，终覆宗社"。[2]在萧子显看来，天不灭萧齐，又推出了萧鸾挽救萧齐，"若令压纽之征，必委天命，盘庚之祀，亦继阳甲，杖运推公，夫何讥尔！"[3]萧子显把萧鸾与殷商的盘庚相提并论，认为他"委天命"，"继阳甲"，故赞曰：

> 高宗傍起，宗国之庆。慕名俭德，垂文法令。兢兢小心，察察吏政。[4]

齐高宗萧鸾为齐高帝萧道成次兄始安贞王萧道生之子，从皇族的亲疏上讲，不及萧子显为嫡。但萧子显在评价萧鸾时，不以正统嫡系为标准，而是以"天命"为依据，道德为准绳，认为萧鸾的登基是"宗国之庆"，"夫何讥尔"？赵翼《廿二史札记》中列有"齐明帝杀高武子孙"条，

---

1 [南朝梁]萧子显《南齐书》卷2《高帝纪下》之"赞曰"。
2 [南朝梁]萧子显《南齐书》卷6《明帝纪》之"史臣曰"。
3 [南朝梁]萧子显《南齐书》卷6《明帝纪》之"史臣曰"。
4 [南朝梁]萧子显《南齐书》卷6《明帝纪》之"赞曰"。

而萧子显则把这一行为的主谋归咎于萧遥光[1]，为萧鸾开脱了罪名。

萧齐王朝从开国至灭亡仅 24 年，历 7 主，是南朝 4 朝中最短暂的。萧齐除高帝萧道成、武帝萧赜、明帝萧鸾三帝外，余皆荒主。萧子显本为萧道成之孙，豫章王萧嶷之子。他对萧齐王朝的感情之深，应该说有别于一般史家。但是，他却如实地记述了郁林王萧昭业、海陵王萧昭文、东昏侯萧宝卷的荒淫无道，意在说明萧齐的衰亡和萧梁的取代实乃天意。如，他以海陵王为例，说海陵王登基后一年内三改年号，与汉献帝刘协一年四改年号、晋惠帝司马衷时一年三改年号一样，都是上天所示的国运衰亡的征兆。"故知丧乱之轨迹，虽千载而必同矣。"[2]他强调指出东昏侯的被斩杀，更体现了"天意"："东昏侯亡德横流，道归拯乱，躬当夷戮，实启太平。推阉竖之名字，亦天意也。"[3]德恶必然带来道善，世乱必然开启太平。这预示着萧衍顺应天意代齐建梁的必然性与合理性。一般来说，作为萧齐皇室成员，萧子显并不愿意看到萧齐衰落的事实和被易代的结果，但是，因为"君权天授"观的作用，他把这一残酷杀戮的过程看作是历史的必然，并没有表现出强烈的伤感无奈、痛心疾首，而是以平淡、冷静、客观的态度处之。

五

与范晔、沈约、萧子显不同的是，北朝的史家魏收没有生活在完全地道的汉文化的环境之中，东胡文化对他有着深刻的影响。但是，"君权天授"的"天命观"在他心中却似乎没有丝毫动摇过。他在《魏书》中开宗明义，套用汉文化中的"夷夏"观，先为鲜卑拓跋（Tàbá）氏正名。魏收并不以鲜卑为外族，而是认为拓跋鲜卑乃黄帝少子昌意之裔，为华夏之正统，故拓跋鲜卑入主中原非为外族入侵，而是顺应天命。[4]这样一来，魏收就从历史的审判角度驳斥了鲜卑乱中华的论调。为此他还载录了拓跋氏始祖诘汾的神话：

---

1 ［南朝梁］萧子显《南齐书》卷 45《萧遥光传》。
2 ［南朝梁］萧子显《南齐书》卷 5《海陵王纪》之"史臣曰"。
3 ［南朝梁］萧子显《南齐书》卷 7《东昏侯纪》之"史臣曰"。
4 ［北齐］魏收《魏书》卷 1《帝纪·序纪》。

初，圣武帝尝率数万骑田于山泽，欻见辎軿自天而下。既至，见美妇人，侍卫甚盛。帝异而问之，对曰："我天女也，受命相偶。"遂同寝宿。……天女以所生男授帝曰："此君之子也，善养视之。子孙相承，当世为帝王。"语讫而去。子即始祖也。故时人谚曰："诘汾皇帝无妇家，力微皇帝无舅家。"[1]

神元诞自天女，子孙承袭，世为帝王。此即表明拓跋鲜卑是顺天意而君临天下的。所以，

帝王之兴也，必有积德累功博利，道协幽显，方契神祇之心。有魏奄迹幽方，世居君长，淳化育民，与时无竞。神元生自天女，桓、穆勤于晋室。灵心人事，夫岂徒然？昭成以雄杰之姿，包君子之量，征伐四克，咸被荒遐，乃立号改都，恢隆大业。终于百六十载，光宅区中。其原固有由矣。[2]

在魏收看来，帝王的兴起，必须有三个条件：积德，累功，博利。具备此三项，则天道自然会助其隐藏或显达，这样才能契合神祇心愿。魏收的这个历史观，在承认天道的前提下，特别看重人事。人的道德善恶既决定于天意，又反过来体现着天意。如果不努力进取，积德、累功、博利，违背于此，即会遭到天意之摒弃。显然，这样的历史观与范晔、沈约、萧子显几无差异。魏收重点考察了魏太祖道武帝拓跋珪、魏太宗明元帝拓跋嗣、魏世祖太武帝拓跋焘、魏高宗文成帝拓跋浚（jùn）、魏显祖献文帝拓跋弘、魏高祖孝文帝元宏等帝王的承继。如他在记述魏太祖道武帝拓跋珪的事迹后，论道：

晋氏崩离，戎羯乘衅，僭伪纷纠，犲狼竞驰。太祖显晦安危之中，屈伸潜跃之际，驱率遗黎，奋其灵武，克剪方难，遂启中原，朝拱人神，显登皇极。虽冠履不暇，栖遑外土，而制作经谟，咸存

---

1 [北齐]魏收《魏书》卷1《序纪》。
2 [北齐]魏收《魏书》卷1《序纪》之"史臣曰"。

长世。所谓大人利见，百姓与能，抑不世之神武也。而屯厄有期，
祸生非虑，将人事不足，岂天实为之。呜呼！[1]

在魏收看来，西晋王朝的分崩离析，戎羯氐羌的竞驰乱华，使得北中国
处于濒临灭亡的境地。而拓跋珪乃华夏之后裔，临危率众，克剪诸戎，
重启中原，朝奉人神，显示出其"神武"。至于那些祸厄灾难，并不是"天"
有意为之的。实际上"天命"是护佑拓跋珪的。太宗明元帝拓跋嗣泰常
五年（420 年）五月乙酉，拓跋嗣就下诏称颂拓跋珪曰："宣武皇帝体道
得一，天纵自然，大行大名未尽盛美，非所以光扬洪烈、垂之无穷也。
今因启纬图，始睹尊号，天人之意，焕然着明。其改'宣'曰'道'，更
上尊谥曰道武皇帝，以彰灵命之先启，圣德之玄同。告祀郊庙，宣于八
表。"[2]世祖太武帝拓跋焘承继帝业更是体现了"天命"：拓跋焘太平真君
七年（446 年）夏四月戊子，邺城毁五层佛屠，于泥像中获得两方玉玺，
一方刻文"受命于天，既寿永昌"，一方刻"魏所受汉传国玺"。[3]不管这
一事件是否有伪造的可能，它表明了一个基本的事实，那就是得社稷者
必然"受命于天"。然而，"天命"的眷顾对于普通人来说，那是不可祈
盼的，而那些并无天意而诈称自受"天命"的人，"天"还会惩罚的。魏
收记述了另一个故事：太宗明元帝拓跋嗣泰常二年（417 年）七月，一
个叫司马顺之的人进入常山，流言惑众，自称受天帝命，年二十五应为
人君，遂聚党于封龙山。结果被赵郡的大盗赵德所执，送进京师，被官
府斩首。[4]从这两个事件看，二者都有做伪的嫌疑，但是，前者成功了，
而后者则被送上断头台。这是否意味着，成功与失败之间或背后，隐藏
着一个英明的审判者和掌控者来决断着真伪，判别着是非,定夺着乾坤？
故魏收深切地感叹道：

　　世祖聪明雄断，威灵杰立，藉二世之资，奋征伐之气，遂戎轩
　　四出，周旋险夷。扫统万，平秦陇，翦辽海，荡河源，南夷荷担，

---

1 ［北齐］魏收《魏书》卷 2《太祖纪》之"史臣曰"。
2 ［北齐］魏收《魏书》卷 3《太宗纪》。
3 ［北齐］魏收《魏书》卷 4 下《世祖纪》。
4 ［北齐］魏收《魏书》卷 3《太宗纪》。

北蠕削迹，廓定四表，混一戎华，其为功也大矣。遂使有魏之业，
光迈百王，岂非神睿经纶，事当命世？[1]

拓跋焘的这一切英雄壮举，在魏收看来，难道不是"神睿经纶，事当命
世"吗？叱咤风云、锐意进取、勇定天下的英雄，是"天意"的体现；
同样，无意于社稷、厌烦于世俗者，也是"天意"的体现。魏收记述了
显祖献文帝拓跋弘对政事的厌倦、对尘俗的淡漠，在皇帝宝座上坐了 6
年，年仅 17 岁就主动将帝位禅让与其子元宏的事实：

聪睿凤成，兼资能断，其显祖之谓乎？故能更清漠野，大启南
服。而早怀厌世之心，终致宫闱之变，将天意哉！[2]

打天下者是为"天意"，让天下者也为"天意"。有意思的是，拓跋弘让
位后虽然潜心向佛，但不是归隐山林、无意世事，而是依然领兵屡次征
讨蠕蠕，一心扶助儿子。这似乎是除了"天意"之外，别无解释。所有
的人为因素在浩瀚如潮的历史进程中实际上都是天意的体现。魏收记述
了孝文帝元宏出生时的神奇到稍长的仁孝：

皇兴元年八月戊申，生于平城紫宫，神光照于室内，天地氤氲，
和气充塞。帝生而洁白，有异姿，襁褓岐嶷，长而渊裕仁孝，绰然
有君人之表，显祖尤爱异之。[3]

这一简单的描绘，即显示了元宏君临天下，成就霸业的前兆。果然，元
宏 5 岁（471 年）即帝位，即运筹帷幄，大展宏图。在大约 7 年的时间
里，北魏王朝拓地辟疆，很快发展成为统治北方大部领土的强盛帝国，
占据了整个中国的半壁江山。马克斯·韦伯说："（中国的）皇权本身又
是一种被授予宗教圣职的至高无上的形体。从一定的意义上说……皇帝

---

1 [北齐]魏收《魏书》卷 4 下《世祖纪》之"史臣曰"。
2 [北齐]魏收《魏书》卷 6《显祖纪》之"史臣曰"。
3 [北齐]魏收《魏书》卷 7《高祖纪上》。

的个人地位完全是建立在他作为天的全权代表（'天子'）的卡里斯马[1]基础上，他的先人们现在就住在这个天上。……这种宗教信仰的卡里斯马性质正迎合官僚阶层自我保存的利益的需求。因为，降到这个国土上的任何灾祸都没有唾弃整个官僚阶层本身，而只唾弃了后来似乎被剥夺了神圣的合法性，或者说：个别的专门神。通过对人间秩序的这种特殊形式的非理性确定，实现了官僚政权的合法性同超凡的权力及其在人间所代表的微乎其微的势力所进行的最佳联合，这是一种在想象中同官僚阶层竞争的独立势力。"[2]元宏的"卡里斯马"品质使他在任何时候都表现出一种既勇猛豪壮，又谦虚不躁的性格特征。如他在改元太和时下诏说：

> 朕夙承宝业，惧不堪荷，而天贶具臻，地瑞并应，风和气婉，
> 天人交协。岂朕冲昧所能致哉？实赖神祇七庙降福之助。今三正告
> 初，祇感交切，宜因阳始，协典革元，其改今号为太和元年。[3]

元宏把自己的英雄壮举全部归功于"天人交协"和七庙神祇的降福，而不是自己努力的结果。这种敬天重道的心理在古代有作为的帝王中是普遍存在着的现象。也正是他们这种敬天重道的天命信仰，在很大的程度上有效地克服了自我膨胀的心理可能，使他们在处理重大事务时，能够冷静镇定，审时度势，避免了主观盲动的错误。值得注意的是，魏收在《魏书》卷112中专门设立"灵征"一项，从"天人感应"的角度说明天对帝王的绝对权威：

> 帝王者，配德天地，协契阴阳，发号施令，动关幽显。是以克
> 躬修政，畏天敬神，虽休勿休，而不敢怠也。化之所感，其征必至，

---

1 卡里斯马（charisma）：源于希腊语 kharisma，意为"天赐的恩惠"。马克斯·韦伯（Max Weber）首次在其著作《经济与社会》一书中使用。他认为"卡里斯马"指的是一个人的一种非凡的品质和力量。这种品质和力量具有一种统治的权威，被统治者凭对这种特定的个人品质的信任而心甘情愿、俯首帖耳地服从其统治。一切社会秩序的缔造者和维护者及宗教先知都是"卡里斯马"式的人物。参见马克斯·韦伯《儒教与道教》（汉文本），王容芬译，北京：商务印书馆2003年版，第26、35、76页。

2 [德]马克斯·韦伯《儒教与道教》（汉文本），王容芬译，北京：商务印书馆 2003 年版，第194～195 页。

3 [北齐]魏收《魏书》卷7《高祖纪上》。

善恶之来，报应如响。斯盖神祇眷顾，告示祸福，人主所以仰瞻俯察，戒德慎行，弭谴咎，致休祯，圆首之类，咸纳于仁寿。[1]

把帝王"配德天地，协契阴阳"，完全继承了周人的"天命"宗教信仰。魏收对帝王提出两个条件：一是"克躬修政，畏天敬神"，且不懈怠；二是"仰瞻俯察，戒德慎行，弭谴咎，致休祯……纳于仁寿"。前者是关键，只有殷勤地"畏天敬神"，才可能感动上天，"神祇眷顾，告示祸福"。而帝王才有可能按照神祇的启示，或避免于祸殃，或趋向于福禄。这表明了魏收的"天命神学"观是，人的努力取决于对天的信仰。"'天'不说话，但是[与人]有效地虽然并不总是很明确地进行交流，这是通过神谕显灵，通过气候反常，还通过人的世界的自然条件的灾变进行的。既然相互关联性和相互依赖性规定了儒家世界的秩序，那么影响一个人的东西也影响着所有的人。人类世界中秩序的败坏，将自然而然地反映于自然环境之上。虽然'天'不像犹太教——基督教世界观中的人格神那样，能对个人的要求作出反应，但是作为先人的总和，天公平地对待它的后代，使各个层次出现和谐的可能达到最大程度。"[2] "天"维护着人类世界的秩序，更无偏爱地对待其后人，但是，谁若打破或阻碍了社会秩序的和谐与稳定，"天"就会教训他、惩罚他；反之，谁能维护社会秩序的和谐，"天"就会庇佑他、扶助他。因此，"天"对于"人民的终极感觉已经不是超凡的造物主神，而是一种超神的、非人格的、始终如一的永恒的存在，这种存在同时也是永恒秩序的无穷的作用。非人格的天威对人'无言'：天通过地上的统治方式，就是说，在自然与传统（作为宇宙秩序的一部分传统）的固定秩序启示人们，还——世界各地都一样——通过人间发生的事件启示他们。……这种乐天的宇宙和谐观对于中国来说是非常根本性的，它是从原始的鬼神信仰中逐渐成长起来的"。[3] 从魏收对拓跋氏帝王打天下、坐天下的历史过程的叙述中，我们发现了汉文

---

1 [北齐]魏收《魏书》卷 112《灵征志》。

2 [美]郝大维（David L. Hall）、安乐哲（Roger T. Ames）《汉哲学思维的文化探源》（汉文本），施忠连译，南京：江苏人民出版社 1999 年版，第 251 页。

3 [德]马克斯·韦伯（Max Weber）《儒教与道教》（汉文本），王容芬译，北京：商务印书馆 2003 年版，第 73 页。

化传统的"天命神学"信仰在魏收的历史观中起到了指导性的作用。

纵观南北朝正史学家的"天命神学"信仰下的"君权天授"观，我们发现了这样一些事实：（一）不管正史家们所处的社会生活环境怎样，汉文化中的"天命神学"信仰没有丝毫变动；（二）"君权天授"的观念已构成了正史学家的历史观的核心内容，指导着其对历史进程——社会发展、演变的基本看法；（三）帝王的兴衰、朝代的更迭完全取决于或依赖着异己的力量；（四）天命、德行、人事构成了整个天命信仰体系的三个组成部分，道德的完善和人的努力构成了天命的基础；（五）"畏天敬神"是人君克服自我膨胀，防止盲目躁动，兢兢业业，勇猛精进的必要条件。南北朝正史家们虽然不能完全站在历史唯物主义的高度来审视和解释历史潮流涌动的内在动力，但是他们把偶然性和必然性相联系，指出了必然性（即"天命"）在历史发展中的巨大作用，应该说是有相当深度的。

中国佛学发展的偶然性

——试论竺道生、谢灵运的佛学思想

陶玉璞

一、前言

在中国佛教史上，宋文帝元嘉七年（430 年）是一个关键的一年。就在这一年，正当魏晋南北朝时期还在摸索佛教发展方向之际，昙无谶（385—433）所译《大般涅槃经》四十卷传到了建康，证成了竺道生（372—434）于前一年（429 年）所提倡的"一阐提皆有佛性"说法，从此，佛教思想便从流行谈论"般若"时期正式迈入探讨"佛性"时期。顺此而下，无论是天台宗"性具"观点、华严宗"性起"主张，还是禅宗"见性"之说，无一不是对"佛性"内容进行更深入的探讨与思考。由此可知，元嘉七年的关键性，实是毋庸置疑了！不过，宏观而论，这样大角度的转折发展，多少带有某些历史偶然性的成分。

二、从般若学到涅槃学

为何说"涅槃学"流行于中国带有一些历史发展的偶然性质呢？其主要原因，即在于这段过程充满了许多令人想不到的戏剧色彩，不但有周游印度且奇迹般回国的法显（337—422）促成，更有竺道生准确预知《大般涅槃经》内容的神奇故事不断散发着"佛性"议题的吸引力。这一切的一切，均值得我们再进行一次更深入的探究。

法显西行求法间接地促成了"佛性"的思考

透过僧佑（445—518）《出三藏记集》、费长房（？—？）《历代三宝记》所记载的数据内容，可知东汉便有支谶（？—185—？）《胡般泥洹经》一卷，三国时期有安法贤（？—？）《大般涅槃经》二卷、支谦（？—223—？）《大般泥洹经》二卷，西晋时期亦有竺法护（？—287—？）《方等泥洹经》[1]等译本，不过可能由于其中佛理并不是"般若学"流行时期关心的课题，故而未受到应有的关心与重视。

东晋安帝义熙八年（412年），法显历经十四年西行求法后，终于在青州长广郡登岸，接下来的七八年间，遂于建康道场寺将从中天竺直接带回来的《方等般泥洹经》一卷[2]等六部梵文经典直接译成了汉文，不但开创中国佛教直接"转梵为汉"的翻译佛经方式，亦且避免了不少经过"梵书胡本"辗转传译所衍生出来的讹误！

法显所携归中土的《方等般泥洹经》译本，今名《佛说大般泥洹经》，共分六卷十八品[3]，就当时而言，可说是从梵语直译成汉语的权威译本。而法显又让这个译本"流布教化，咸使见闻"[4]，可想而知，这个译本自当成为当时佛教徒共同专研的重要经典。于众多读者中，竺道生应是最重要的一位读者，也是对后世影响最大的一位读者。《出三藏记集》即将当时"守文之徒"及竺道生二种不同读者的阅读反应记载得非常清楚。其云：

> 又六卷《泥洹》先至京都，生[竺道生]剖析佛性，洞入幽微，乃说阿阐提人皆得成佛。于时《大涅槃经》未至此土，孤明先发，独见迕众。于是旧学僧党，以为背经邪说，讥忿滋甚，遂显于大众，摈而

---

1 [西晋]竺法护译：《方等泥洹经》；《大正新修大藏经》册12仍存，另名《佛说方等般泥洹经》。

2 [东晋]法显：《高僧法显传》；《大正新修大藏经》册51，页864b。

按：据《出三藏记集》（苏晋仁等点校。北京：中华书局，1995年）记载，此经另名《大般泥洹经》、《方等大般泥洹经》，乃是摩竭提国巴连弗邑阿育王塔天王精舍优婆塞伽罗先所写，由佛大跋陀（佛驮跋陀罗，359—429）手执胡本，而由宝云（376—449）于东晋安帝义熙十四年（418年）传译校定而成。参见《卷8·六卷"泥洹经"记》，页316。

3 旧传[东晋]法显译：《佛说大般泥洹经》；《大正新修大藏经》册12，页853～899。

4 [梁]释僧佑：《法显法师传》；《出三藏记集》卷15，页576。

遣之。……[1]

从历史研究者的后见之明来看，竺道生"阿阐提人皆得成佛"之说乃是"洞入幽微"、"孤明先发"；但就当时"旧学僧党"佛教社群而言，这个说法则变成了"背经邪说"，遂动用佛教律例，以多数暴力方式将这位先知型人物"摈而遣之"。不过，《道生法师传》很快地便以生动的史笔交待之后的结果：

> ……生[竺道生]于四众之中正容誓曰："若我所说反于经义者，请于现身即表厉疾；若与实相不相违背者，愿舍寿之时，据师子座。"言竟，拂衣而逝。星行命舟，以元嘉七年投迹庐岳，销影岩阿，怡然自得。山中僧众，咸共敬服。俄而《大涅槃经》至于京都，果称阐提皆有佛性，与前所说，若合符契。生[竺道生]既获斯经，寻即建讲。以宋元嘉十一年冬十月庚子，于庐山精舍升于法座。神色开明，德音骏发，论议数番，穷理尽妙。观听之众，莫不悟悦。法席将毕，忽见麈尾纷然而坠，端坐正容，隐几而卒，颜色不异，似若入定。……于是京邑诸僧内惭自疚，追而信服。……

从"正容立誓"到"怡然自得"，竺道生的表现不但光明磊落，而且还义正词严。而且，其结果竟然还让那些"守文之徒"所信奉之"客观文献"（《大涅槃经》文本）证成了竺道生的说法，不但让竺道生能够如其誓言——"舍寿之时，据师子座"，更使当时"京邑诸僧"那些"守文之徒"不得不"内惭自疚，追而信服"。由此可知，这一段文献不仅在字里行间有意地凸显竺道生如"圣人"般的行为模式，更有意地让后世佛教主流信众击节称快的接受这段史实！

史料显示，自从天台五祖灌顶（561—632）《大般涅槃经玄义》披露"竺道生，时人呼为涅槃圣"[2]之后，宋代天台宗山外系孤山智圆（976—

1 [梁]释僧佑：《道生法师传》；《出三藏记集》卷15，页570~572。
　按：以下引自同文，仅注明《道生法师传》，不再另注。
2 [隋]灌顶：《大般涅槃经玄义》卷上；《大正新修大藏经》册38，页8a。

1022）《涅槃玄义发源机要》[1]亦以竺道生这段离奇的史实来解释竺道生所以会有"涅槃圣"之称号之因由。至此，我们更可确定僧佑《出三藏记集》的记述策略确实已经达到其预定的文字效果。

竺道生以"激励"说法来解释佛经内"除一阐提"之语

虽然僧佑《出三藏记集》对竺道生的记述文字确实显露出一定程度的离奇感觉与戏剧性的结果，但是，我们仍然要问：为什么同样的《涅槃经》会推演出不同的"佛性"说法？于此，我们便不得不比较竺道生当时所见《佛说大般泥洹经》、《大般涅槃经》二者对"一阐提"究竟能不能"成佛"的观点了！

今所传《佛说大般泥洹经》之《分别邪正品》存有这么一段文字：

> ……复有比丘广说如来藏经言："一切众生皆有佛性，在于身中，无量烦恼悉除灭已，佛便明显，除一阐提。"时有国王及诸大臣问比丘言："汝当作佛不作佛耶？汝等身中皆有佛性。"彼比丘言："不知我当得作佛不？然我身中实有佛性。"复语比丘："汝今莫作一阐提辈，而自计数我当作佛。"……[2]

究其实，这段文字曾经二度提及"一阐提"这个词汇，但这二次并不是同一人所说，而是比丘与国王、大臣分别所言，故而，我们也无法对"一阐提是不是皆有佛性"问题直接进行推论。然而，其中"一切众生皆有佛性……除一阐提"、"汝今莫作一阐提辈，而自计数我当作佛"二段文字确可让"一阐提是不是皆有佛性"、"一阐提能不能成佛"这个问题造成混淆。故而，我们便不得不再比对昙无谶《大般涅槃经》是否具有同样的说法。

我们翻检昙无谶《大般涅槃经》，亦可在《如来性品》第四之四看到类似的翻译文字：

---

1 [宋]释智圆：《涅槃玄义发源机要》卷1；《大正新修大藏经》册38，页19a。
2 旧传[东晋]法显译：《佛说大般泥洹经》卷4；《大正新修大藏经》册12，页881b。

……复有比丘说佛秘藏甚深经典："一切众生皆有佛性，以是性故，断无量亿诸烦恼结，即得成于阿耨多罗三藐三菩提，除一阐提。"若王、大臣作如是言："比丘，汝当作佛、不作佛耶？有佛性不？"比丘答言："我今身中定有佛性，成以不成，未能审之。"王言："大德，如其不作一阐提者，必成无疑。"……[1]

若以二者共同的原意而言，《佛说大般泥洹经》、《大般涅槃经》的翻译文字并未出现严重的差别。也就是说，光看这段文字，虽然无法对"一阐提是不是皆有佛性"、"一阐提能不能成佛"这个重要议题直接进行推论，但这二部经书文本确有造成混淆的可能。

有"混淆"就会有"争议"。如此，我们自可想象竺道生与当时那些"守文之徒"对于这段文字的诠释会出现多么大的差别！对于"守文之徒"而言，由《佛说大般泥洹经》内"一切众生皆有佛性……除一阐提"一语，自可推论出"一阐提不具佛性"的观点，而之后"汝今莫作一阐提辈，而自计数我当作佛"又可以简单的推论出"一阐提不能成佛"的观点，如此，其前后一致的观点适可推翻竺道生"阐提人皆得成佛"之说。何况这部经典还有许多排除"一阐提"的例子[2]，不但足以说明此说有其合理性，审视当时情势，整个环境亦对竺道生的主张颇为不利。其中，澄观（738—839）《大方广佛华严经疏》所找出"一阐提"也有"佛性"的例子[3]，或许可以作为审视当时情势的重要例证。我们现在姑且将这段文字的不同译文引出，以方便作为讨论依据。《佛说大般泥洹经》云：

复次，善男子！譬如莲华日光照已，无不开敷。一切众生亦复如是。此摩诃衍《般泥洹经》，一闻经耳，若未发意，不乐菩提，是等必为菩提之因。彼一阐提于如来性所以永绝，斯由诽谤作大恶业，如彼蚕虫绵网自缠而无出处。一阐提辈亦复如是。于如来性不能开发起

---

1 [北凉]昙无谶译：《大般涅槃经》卷7；《大正新修大藏经》册12，页404c。
2 可参看释恒清：《"大般涅槃经"的佛性论》，《佛学研究中心学报》第1期，（台北：台大佛学研究中心，1996年），页50～52；释恒清：《佛性思想》，（台北：东大图书有限公司，1997年），页23～27。
3 [唐]澄观：《大方广佛华严经疏》卷2；《大正新修大藏经》册35，页511c。

菩提因，乃至一切极生死际。[1]

《大般涅槃经》则云：

> 复次，善男子！譬如莲花为日所照，无不开敷。一切众生亦复如
> 是。若得见闻《大涅槃》日，未发心者皆悉发心为菩提因，是故我说
> 大涅槃光所入毛孔必为妙因。彼一阐提虽有佛性，而为无量罪垢所缠，
> 不能得出，如蚕处茧。以是业缘，不能生于菩提妙因，流转生死，无
> 有穷已。[2]

就译文结构而言，就译文本身的大概意旨来说，这二段译文并没什么太大差别。以此，吕澂（1896—1989）遂云"以译欠精确故，遂见其异"，又云"古今人谓其差异者，乃译文之晦而解有粗忽耳"[3]。然而，我们先不管其是否存在"译欠精确"、"译文之晦而解有粗忽"之情形，审乎当时信众的阅读方式，当昙无谶译本尚未南传时，竺道生这位接受者似乎很难由"彼一阐提于如来性所以永绝"一语来说服那些"守文之徒"相信"一阐提皆有佛性"的观点。

不过，竺道生在这种环境中却仍然"剖析佛性，洞入幽微"，坚持"一阐提皆有佛性"的主张。究竟竺道生为什么这么坚持这个没有明确文字证据的主张呢？宝唱（？—505—？）《名僧传》、澄观《大方广佛华严经随疏演义钞》、志磐（？—1269—？）《佛祖统纪》（1269）所引一段竺道生语，正可说明其怀疑处：

> 夫禀质二仪，皆是涅槃正因。阐提含生之类，何得独无佛性？盖

---

1 旧传[东晋]法显译：《佛说大般泥洹经》卷6《问菩萨品》；《大正新修大藏经》册12，页893a。
2 [北凉]昙无谶译本，引自《大般涅槃经》卷9《如来性品》；《大正新修大藏经》册12，页419b。慧严等译本，《大般涅槃经》卷9《菩萨品》；《大正新修大藏经》册12，页660b。
3 吕澂：《大般涅槃经正法分讲要·八/涅槃四益》，《吕澂佛学论著选集》，（济南：齐鲁书社，1991年），页1196、1198。

是此经来未尽耳！[1]

孤山智圆《涅槃玄义发源机要》于此亦指出他与当时其他读者不同的理解方式：

> ……以六卷《泥洹》先至京都，生[竺道生]剖析经理，洞入幽微，乃说阐提皆得成佛。遂撰《十四科》，其第十"众生有佛性"义云："经言阐提无者，欲击励恶行之人，非实无也。以其见恶明无无恶，必有抑扬当时诱物之妙！岂可守文哉？"……[2]

所谓"何得独无佛性"、"经言阐提无者"，正显示竺道生所接受到的经文亦无"一阐提皆有佛性"之语，且其亦未能看透《佛说大般泥洹经》中"彼一阐提于如来性所以永绝"一语可能存在如吕澂所说的翻译差误，而是透过"洞入幽微"提出"阐提含生之类，何得独无佛性"的怀疑，并且指出"彼一阐提于如来性所以永绝"这种语句的主要目的乃是"欲击励恶行之人"。由此逻辑，我们便可以径行推论佛祖仍然认为"一阐提皆有佛性"，并欲透过一些刺激性的言词来将一阐提内在本有的"佛性"激发出来。

竺道生以另一种"言意之辨"之玄学观点来突破佛经译文问题

究其实，所谓的"洞入幽微"应该并不是形容竺道生阅读《佛说大般泥洹经》时真的具有与众不同的慧根，而是在说明：竺道生在阅读经书之际，在其不信任《涅槃经》译文文本的偏见下而推演出"一阐提皆有佛性"的观点。如此，无论《佛说大般泥洹经》译本内有没有这个说法，依理而推，竺道生终究还是会透过他的怀疑而推论出来"一阐提皆有佛性"的观点。

---

1 [唐]澄观：《大方广佛华严经随疏演义钞》卷8；《大正新修大藏经》册36，页59b。按：这段文字，佛教典籍多有记载，然其文字详略稍有不同。参见《名僧传抄》附《名僧传说处》（《卍续藏经》册134），页15；《一乘佛性慧日抄》（《大正新修大藏经》册70），页173b；《佛祖统纪》卷26、36（《大正新修大藏经》册49），页266a、342a。

2 [宋]释智圆：《涅槃玄义发源机要》卷1；《大正新修大藏经》册38，页19a。

《道生法师传》即云:

> ……乃喟然而叹曰:"夫象以尽意,得意则象忘;言以寄理,入
> 理则言息。自经典东流,译人重阻,多守滞文,鲜见圆义。若忘筌取
> 鱼,则可与言道矣!"于是校练空有,研思因果,乃立《善不受报》
> 及《顿悟义》,笼罩旧说,妙有渊旨。……

所谓"象以尽意,得意则象忘"观点,可以溯源至《易传》、《庄子》之
说。但是真正影响竺道生者,则是王弼(226—249)《周易略例》中《明
象》的看法:

> 夫象者,出意者也。言者,明象者也。尽意莫若象,尽象莫若言。
> 言生于象,故可寻言以观象;象生于意,故可寻象以观意。意以象尽,
> 象以言著。故言者所以明象,得象而忘言;象者,所以存意,得意而
> 忘象。犹蹄者所以在兔,得兔而忘蹄;筌者所以在鱼,得鱼而忘筌也。
> 然则,言者,象之蹄也;象者,意之筌也。是故,存言者,非得象者
> 也;存象者,非得意者也。象生于意而存象焉,则所存者乃非其象也;
> 言生于象而存言焉,则所存者乃非其言也。然则,忘象者,乃得意者
> 也;忘言者,乃得象者也。得意在忘象,得象在忘言。故立象以尽意,
> 而象可忘也;重画以尽情,而画可忘也。[1]

从"象以尽意"至"得意则象忘",竺道生可以说完全承传王弼的说法。
然而,王弼原本仅是针对"易象"而说,至竺道生则转变为针对"佛经
译文"而说。依此,遂因客体的转变而形成不同的诠释结构。

按照王弼之说,其结构为"言、象、意"三层,虽然"意以象尽,
象以言著",但是"言者所以明象,得象而忘言;象者所以存意,得意而
忘象",故依照逻辑而推论,"得意"之后是可以"忘象"、"忘言"。但是,
倘若只依照王弼文本所言,"得意"与"忘言"之间则隔了一层。竺道生

---

1 [三国]王弼著,楼宇烈校释:《老子周易王弼注校释》,(台北:华正书局,1983 年)附录,页
609。

所言，虽然仍秉"象以尽意，得意则象忘"观点，但是却加了一句"言以寄理，入理则言息"可以并行的比喻说法，如此，其诠释结构则变成了较为单纯的"象/言、意/理"二层关系，依此推论，遂自然转变成了比较单纯的得"鱼"而忘"筌"、得"意/理"而忘"象/言"。不过，其结构关系虽然变了，这仍是当时能够被普遍接受的观点，并不需要太过在意，况且，假如仍秉持着"象以尽意"、"言以寄理"观点，在《佛说大般泥洹经》没有明确文字证据主张的同时，竺道生仍然不太可能坚持"一阐提皆有佛性"这个想法！

除了结构关系变了，竺道生也稍微改变了一下"得"与"忘"的先后顺序。我们把王弼的说法——"得象而忘言"、"得意而忘象"、"得意在忘象"、"得象在忘言"——稍作整理，便可看到"得象→忘言→得象"与"得意→忘象→得意"乃是一个不可分割的整体流程，其顺序皆是"先得而后忘"，然后则"忘后而真得"。然而，竺道生虽然承传了王弼的主张，其实际作法则只侧重后半"忘后而真得"这个部分，于是遂变成了"忘筌取鱼，则可与言道矣"。毕竟"经典东流，译人重阻，多守滞文，鲜见圆义"，若无法"先忘其译文文本"，又如何可以得《佛说大般泥洹经》之真意？

汤用彤（1893—1964）《汉魏两晋南北朝佛教史》（1938）指出："生公[竺道生]在佛学上之地位，盖与王辅嗣[王弼]在玄学上之地位，颇有相似。"[1]究其实，不但地位相似，其主张也非常接近。然而，从《庄子》至王弼，"得鱼而忘筌"、"得兔而忘蹄"，逻辑上并没有什么问题，但是竺道生所谓先"忘筌"而后"取鱼"之顺序，则不但不可能得其"鱼"，又如何能够得其"道"？毕竟，其先后顺序，失之毫厘，差之千里。我们似乎不能不正视这个问题。不过，在《易经》文本稳定之下，自可透过"得意而忘象→得意"、"得象而忘言→得象"的过程而真正的"得意"、"得象"；但在佛经译文不稳定之下，先"忘筌"而后"取鱼"则可阴错阳差的得到"一阐提皆有佛性"这个难以料想的结果。历史之偶然性，竟然真的让中国佛教走上了与南传佛教不同的结果。

---

1 汤用彤：《汉魏两晋南北朝佛教史》，第 16 章"竺道生/涅槃大本之修改"，（上海：商务印书馆，1938 年；上海：上海书店，1991 年《民国丛书》三编，册 10），页 630。

竺道生另一种"言意之辨"可能源于鸠摩罗什的译经方式

如果说"忘筌取鱼"这一种"言意之辨"乃是建基于不稳定的佛经译文之下，但同时亦可显示竺道生对佛经译文不信任的阅读态度。其何为而如此？我们或许可以从其"喟然而叹……忘筌取鱼"之前，曾与始兴慧叡（399—439）、东安慧严（363—433）、道场慧观同往长安从鸠摩罗什（344—413）受学之行谊看到一些资料。

基本上，鸠摩罗什也无法避免面对着令人困扰的译经问题，《出三藏记集》即有这样的记载：

> ……什[鸠摩罗什]每为叡[僧叡]论西方辞体，商略同异，云："天竺国俗甚重文藻，其宫商体韵，以入弦为善。凡觐国王，必有赞德；见佛之仪，以歌叹为尊。经中偈颂，皆其式也。但改梵为秦，失其藻蔚，虽得大意，殊隔文体。有似嚼饭与人，非徒失味，乃令呕哕也。"……[1]

由于"改梵为秦……有似嚼饭与人，非徒失味，乃令呕哕也"，故而鸠摩罗什并未采"完全直译"的译经方式。慧皎（497—554）《高僧传》亦记载一则其与僧叡（？—401—？）斟酌译文的例子：

> ……什[鸠摩罗什]所翻经，叡[僧叡]并参正。昔竺法护出《正法华经》，《受决品》云："天见人，人见天。"什[鸠摩罗什]译经至此，乃言："此语与西域义同，但在言过质。"叡[僧叡]曰："将非人天交接，两得相见。"什[鸠摩罗什]喜曰："实然。"……[2]

"天见人，人见天"、"人天交接，两得相见"二种译法，或许文意并无多大改变，但后者似乎可以让信众更愿意主动亲近佛法，其阅读效果则

---

1 [梁]释僧佑：《鸠摩罗什传》；《出三藏记集》卷10，页534。

2 引自[梁]慧皎著，汤用彤校注：《高僧传》卷6《僧叡传》，（北京：中华书局，1992年），页245。

按：该例亦见《法华传记》卷1（《大正新修大藏经》本，卷51），页52b。文字稍有不同，但对话时空情境则更详细。

出现了极大差异。不过，由于译文改变也代表着原文文本的改变，这种译法，自然也会让读者怀疑这些译文到底能够呈现多少原意。胡适（1891—1962）《白话文学史》（1928）曾举此例，说明这种译经方式表现了鸠摩罗什"对于译经文体的态度"[1]。换个角度来说，我们实际上根本无法一一揣测每位读者阅读译文的真正态度。

陈寅恪（1890—1969）《童寿喻鬓论梵文残本跋》（1927）一文或许可以让我们得到一些体会。此中，该文不但指出鸠摩罗什译笔所造成的佛经流行、普及之功，甚至于玄奘（602—664）犹不能及。此外，更举数例来推崇其"哲匠之用心"、"译者之能事"：

> ……寅恪尝谓鸠摩罗什翻译之功，数千年间，仅玄奘可以与之抗席。今日中土佛经译本，举世所流行者，如《金刚》、《法华》之类，莫不出自其手。若言普及，虽慈恩[玄奘]犹不能及。所以致此之故，其文不皆直译，较诸家雅洁，应为一主因。……盖罗什[鸠摩罗什]译经，或删去原文繁重，或不拘原文体制，或变易原文。……[2]

"删去原文繁重"、"或不拘原文体制"、"变易原文"，陈寅恪该文均有例证可稽。然而，不但佛经文本可以增删，偈散文体亦可改变，名号又可更换，面对鸠摩罗什这种佛经译本，我们又岂会采取完全信任的阅读方式？我们又如何奢望竺道生当时不能"忘筌取鱼"呢？

《佛性论》以"权宜说法"来调合佛经前半"除一阐提"观点

虽然"言意之辨"玄学观点对竺道生"洞入幽微"助了一臂之力，但审乎当时时势，竺道生眼见环境对自己不利，似乎再辩驳也无法产生多少效益，便以公开立誓——若我所说反于经义者，请于现身即表厉疾；若与实相不相违背者，愿舍寿之时，据师子座——的方式，誓死捍卫自

1 引自《白话文学史》第 1 编第 9 章《佛教的翻译文学　上》，（上海：新月书店，1928 年；台北：胡适纪念馆，1969 年），页 154。
2 原刊《清华学报》42 号（1927）。引自《金明馆丛稿二编》（《陈寅恪先生文集》册 2，台北：里仁书局，1982 年），页 209。

己的观点。不过，这个大动作却为其自己"一阐提皆有佛性"的说法造成了无法想象的宣传效果！当其时，昙无谶译本《大般涅槃经》乃是让那些"守文之徒"认可"一阐提皆有佛性"观点的重要文本，至此，我们便不能不探究：为什么同样的《涅槃经》可以形成不同的"佛性"观点？

根据《出三藏记集》的记载，昙无谶译本《大般涅槃经》的原本乃是结合中天竺、于阗二地得到的二种版本而形成的新版本[1]。依据慧皎《高僧传》的记载，昙无谶初译《大般涅槃经》于北凉沮渠蒙逊玄始三年（414 年），译成于玄始十年（421 年）[2]。就时间而言，无论是得到经书的时间，或者是译出汉文的时间，《佛说大般泥洹经》、《大般涅槃经》似乎并没有太大的差别；然而，就佛理而言，这二部经书却让阅读者领受到了不同的"佛性"的观点。究竟是什么因素造成这二种不同的结果呢？

依据汤用彤的比对，品数的不同乃是《佛说大般泥洹经》、《大般涅槃经》最大不同之处[3]，而《大般涅槃经》后半部新增的内容，可能就是造成读者"佛性"观点转变的关键性原因，甚至，我们也不能排除前半部也存在着因为后半部观点转变而产生修正的情形。平心而言，《大般涅槃经》后半部的《光明普照高贵德王菩萨品》、《师子吼菩萨品》、《迦叶菩萨品》才是讨论"佛性"的真正重点所在，亦是给予"一阐提有没有佛性"这个问题比较明确答案的地方。这方面，澄观《大方广佛华严经随疏演义钞》所言："后大经既至，《圣行品》已下果云'一阐提人虽复断善，犹有佛性'"[4]，正足以说明这部经书的后半部才是真正出现让竺道生冤屈得以洗刷的明确文字之处。

阅读现今一般学者之论著，除了吕澂等少数学者之外，大多认为《大般涅槃经》不是一时一人一地所出，因此之故，其前半、后半的"佛性"

---

1 根据《出三藏记集》记载，《大般涅槃经》所得中天竺版本是由白头禅师所授与的树皮本，后由慧嵩笔受而译成。之后，于阗更得经本，遂续成三十六卷。参见卷 14《昙无谶传》，页 538。

2 《高僧传》卷 2《晋河西昙无谶》，页 77。

3 汤用彤：《竺道生与涅槃学》，《国学季刊》3 卷 1 号（1932 年 3 月），页 7～8。另见《汉魏两晋南北朝佛教史》之第 16 章《竺道生/涅槃大本之修改》，页 607～609。

4 [唐]澄观，《大方广佛华严经随疏演义钞》卷 8；《大正新修大藏经》册 36，页 59b。按：有关"一阐提有没有佛性"的讨论，并未见于《圣行品》、《梵行品》、《婴儿品》之中，故其"《圣行品》已下"一语，并不精确。

观点便不相同，且后三十卷更带有解说及修正前半观点的作用[1]。其中，横超慧日（1906—1996）《涅槃经》一书更推断《大般涅槃经》曾经经过七个阶段集积而成[2]，故而全部经文的整体思想脉络实在难于统一。无论这些说法是否能够言之成理，真谛（？—569）译《佛性论》或许可以当作我们思考这个问题的参考点。其云：

> 复有经说：阐提众生决无般涅槃性。若尔，二经便自相违。会此二说，一了一不了，故不相违。言有性者，是名了说；言无性者，是不了说。故佛说若不信乐大乘，名一阐提。欲令舍离一阐提心故，说作阐提时决无解脱。若有众生有自性清净永不得解脱者，无有是处。故佛观一切众生有自性故，后时决得清净法身。……[3]

不难理解，《佛性论》之所以会设法会通这二种说法的不同观点，实际就是《大般涅槃经》前半、后半存在着不同"佛性"观点的最好证明。也就是说，由于整个思想脉络无法统一，接受者遂以后半无法辩驳的"一阐提皆有佛性"观点为主轴，将前半"佛性"说法用"权变"的方式来调合，指出"欲令舍离一阐提心故，说作阐提时决无解脱"，以便缩短前后"一阐提有没有佛性"观点的差异。

依此所见，我们可以判断：《佛性论》所采用"欲令舍离一阐提心"的方式，实与竺道生所谓"欲击励恶行之人"说法相当类似。虽然由于数据不够充分，我们无法判断这二者数据与思考方式是否存有因果关系，

---

1 印顺（1906—2005）：《印度佛教思想史》（1987）（台北：正闻出版社，1993 年）即言：《大般涅槃经》的后三十卷，思想与"前分"不同。如来藏说起于南印度；《大般涅槃经》传入中印度，也还只是前分十卷。流传到北方，后续三十卷，是从于阗得来的，这可能是北印、西域的佛弟子，为了解说他、修正他而集出来的。参见第八章《如来藏与"真常唯心论"》，页 286。

　　龚隽（1964—　）《"大乘起信论"与佛学中国化》（1993）（高雄：佛光山文教基金会，2001 年《中国佛教学术论典》，册 31）亦言：……如《涅槃经》"后续部分"，即后译三十卷，对于"初出部分"，即前出十卷中所提出的"一切众生悉有佛性"的命题，作了重要的修正……参见第二章《三　本有与当有》，页 264。

　　释恒清（1943—　）《"大般涅槃经"的佛性论》（1996）亦言："……从文献学角度而言，《涅槃经》的前后分不同的一阐提观，乃是因为其经集出的时间不同，或出自不同作者所致。"《佛学研究中心学报》1 期，页 54；《佛性思想》，页 29。

2 参见横超慧日：《涅槃经》前篇第 4 章《涅槃经的成立过程》（京都：平乐寺书店，1981 年），页 40。另见横超慧日著，陈春霞译：《涅槃经解说》（《文殊大藏经》册 60），页 605。

3 引自[陈]真谛译：《佛性论》卷 2《辩相分第四中　事能品》；《大正新修大藏经》册 31，页 800c。

或者二者根本是互不相属的类似想法。不过，假如我们先不论这一部分问题，单单只从竺道生、《佛性论》这二者的视角来看《大般涅槃经》的"佛性"观点，我们自然无需再怀疑前半、后半是否还有相同的可能性了！

竺道生的"先知"色彩带动了佛教社群对"佛性"观点的关注

南朝宋文帝元嘉七年（430 年），《大般涅槃经》传至建康，其后半部分篇章均明确地告诉读者"一阐提皆有佛性"。不过，虽然"一阐提皆有佛性"这个议题的争论暂时告一段落，但是，却紧接着因为对佛性问题探讨得更加深入，其争论的问题也更为细微。依据吉藏《大乘玄义》显示，当时共有十一家不同的佛性说法；再加上吉藏《涅槃经游意》的分析，佛性还有"本有"、"始有"的不同[1]。这方面，自从汤用彤《汉魏两晋南北朝佛教史》以来，论述不断，实在无需笔者再行添足。不过，我们却很容易警觉：当时佛教社群主要关心的议题很明显的转移到了"佛性"的思考，如此，《大般涅槃经》更是大家共同研讨的对象。于是，慧严（363—443）、慧观、谢灵运（385—433）见昙无谶译本《大般涅槃经》"品数疏简，初学难以措怀"[2]，遂依《佛说大般泥洹经》本加品改治，形成后来最具影响力的南本《大般涅槃经》；而梁武帝萧衍(464—549)不但提出自己的佛性看法，更且"自讲《涅槃》"[3]。如此种种，均显示当时无人能够自外于这股风潮。于此，我们亦不难联想：谢灵运《辨宗论》是否也是这股风潮的副产品？然而，这个说法并不合乎历史事实。

三、竺道生、谢灵运观点的同异

假如我们阅读《辨宗论》[4]内文，我们便可探知这篇论著应该作于宋

---

1 十一家说法，参见[隋]吉藏：《大乘玄义》卷 3《明异释门》；《大正新修大藏经》册 45，页 35b。"本有"、"始有"之说，参见《大乘玄义》卷 3《本有始有门》，页 39a；《涅槃经游意·明涅槃体》；《大正新修大藏经》册 38，页 235c。

2 [梁]慧皎著，汤用彤校注：《高僧传》卷 7《慧严传》，页 262。

3 [唐]释道宣《续高僧传》卷 9《宝海传》；《大正新修大藏经》册 50，页 492b。

4 《辨宗论》主要包含《与诸道人辨宗论》、《答纲琳二法师》、《答王卫军问》三文。参见[唐]释道宣《广弘明集》卷 18；《大正新修大藏经》册 52，页 224c～228a。按：下引《辨宗论》内文，仅注明页码，不再另行标注。

武帝永初三年（422 年）左右[1]。

《宋书》记载："少帝即位，权在大臣，灵运构扇异同，非毁执政，司徒徐羡之等患之，出为永嘉太守"[2]，再参酌谢灵运《答弟书》所云，顾绍柏（1938— ）遂将谢灵运到达永嘉的时间定为永初三年八月二十二日[3]。之后，谢灵运似乎经过一场大病，故而遂有《登池上楼》所谓"卧痾对空林"之语。就在卧病期间，正如其所言："余枕疾务寡，颇多暇日，聊伸由来之意，庶定求宗之悟"（页 225a），希望借用这段时间解决当时大家争论的佛学问题。我们稍微查考，便可知这一年比《大般涅槃经》传至建康的时间还早了八年。至此，我们当然可以确定谢灵运并非后来元嘉七年"一阐提皆有佛性"这股风潮盲从者，而是早就注意了当时的佛学问题，不但早就赞同竺道生的观点，并且也提出了自己的见解。

谢灵运孔释折中式"顿悟成佛"说

究竟是什么样的佛学问题能够吸引谢灵运主动的亲近佛法、思考佛法呢？从《辨宗论》内文显示，不用说，就是"渐悟、顿悟"的争论。此中，谢灵运首先分析了"释氏之论"、"孔氏之论"二者对于"圣道"的不同想法：

> 释氏之论，圣道虽远，积学能至，累尽鉴生，不应渐悟。孔氏之论，圣道既妙，虽颜殆庶，体无鉴周，理归一极。……（页224c）

释氏认为圣道"能至"，孔氏则认为圣道仅能"殆庶"。然而，释氏虽然"能至"，但仅能"渐悟"；孔氏虽仅能"殆庶"，但却"理归一极"而能直接了悟。故而，只要折中孔释二家观点——既能"一极"（因一极而能顿悟），亦可"能至"（成佛）：

---

1 汤用彤：《汉魏两晋南北朝佛教史》于"谢灵运事迹年表"、"顿悟渐悟之争"前段，均标为永初三年，但于"顿悟渐悟之争"后段却笔误为"永嘉三年七月至景平元年秋"。参见《竺道生》16章，页 628。

2《宋书》卷 27《谢灵运传》（新校本），页 1753。

3 谢灵运著，顾绍柏校注：《谢灵运集校注》，《谢灵运生平事迹及作品系年》，（郑州：中州古籍出版社，1987 年）附录 2，页 424。

有新论道士，以为寂鉴微妙，不容阶级，积学无限，何为自绝？今去释氏之渐悟，而取其能至，去孔氏之殆庶，而取其一极。一极异渐悟，能至非殆庶。故理之所去，虽合各取，然其离孔、释矣。余谓，二谈救物之言，道家之唱，得意之说，敢以折中自许，窃谓新论为然。……(接前引文，页225a)

由于新论道士[竺道生]以"去释氏之渐悟，而取其能至，去孔氏之殆庶，而取其一极"方式，各取其长，各去其短，终成"离孔、释"（超越孔、释）的"顿悟、成佛"新观点。

谢灵运所认识的乃是"玄学化的儒学"

《孟子》赞同"圣人与我同类者"、"人皆可以为尧舜"[1]之观点，《荀子》亦有所谓"涂之人可以为禹"[2]之说，顺此而推，儒家（孔氏）并非仅能"殆庶"，而且可以"能至"。如此，为何谢灵运还说"虽颜[颜回]殆庶"？

究其实，谢灵运当时所认知的儒家，并非先秦原本面貌的儒家；观其"体无鉴周"[3]之语，便可知这是从道家视角看到的儒家、经过玄学化的儒家，其孔子也是高挂在玄远之处而"不能至"的孔子。而《辨宗论》所言，其价值即在于仅用了简单的概念便区别当时魏晋玄学、印度佛学观念的不同。有见于此，汤用彤《谢灵运"辨宗论"书后》（1946）一文，开宗明义虽然说"谢康乐[谢灵运]具文学上之天才，而于哲理则不过依傍道生[竺道生]，实无任何'孤明先发'之处"，但是思及：这种从玄学歧出的思维方式竟然可以透过佛学的"成佛"观点回复到先秦儒家原本

---

1 [清]焦循撰，沈文倬点校：《孟子正义》，《告子章句 上》、《告子章句 下》，（北京：中华书局，1987年），页763、810。

2 引自梁启雄：《荀子简释·性恶》，（台北：木铎出版社，1983年），页334。

3 参见《三国志·魏书》卷28《锺会传》裴松之注："何劭为其[王弼]传曰：……时裴徽（？—？）为吏部郎，弼[王弼]未弱冠，往造焉。徽[裴徽]一见而异之，问弼[王弼]曰：'夫无者诚万物之所资也，然圣人莫肯致言，而老子申之无已者何？'弼[王弼]曰：'圣人体无，无又不可以训，故不说也。老子是有者也，故恒言无所不足。'寻亦为傅嘏（209—255）所知。"页795。

《世说新语·文学》：王辅嗣[王弼]弱冠诣裴徽（？—？），徽问曰："夫无者，诚万物之所资，圣人莫肯致言，而老子申之无已，何邪？"弼[王弼]曰："圣人体无，无又不可以训，故言必及有；老、庄未免于有，恒训其所不足。"（余嘉锡：《世说新语笺疏》，台北：仁爱书局，1984年），页199。

的观点，故而，其结语遂不得不指出谢灵运《辨宗论》一文于中国思想史上的重要意义：

> 康乐承生公[竺道生]之说作《辨宗论》，提示当时学说二大传统之不同，而指明新论乃二说之调和。其作用不啻在宣告圣人之可至，而为伊川[程颐]谓"学"乃以至圣人学说之先河。则此论在历史上有甚重要之意义盖可知矣。

对谢灵运《辨宗论》而言，汤用彤这一段结语文字，盖可谓知言矣！然而，倘再观其前段文字，可知这一段文字实另有所指：

> 生公去二方之非，取二方之是，而立顿悟之说，谓圣人可至，但非由积学所成要在顿得自悟也。自此以后，成圣成佛乃不仅为一永不可至之理想，而为众生均可企及之人格。神会和尚曰："世间不思议事为布衣登九五，出世间不思议事为立地成佛。"实则成佛之事，在魏晋玄谈几不可能，非徒不可思议也。自生公以后，超凡入圣，当下即是，不须远求，因而玄远之学乃转一新方向，由禅宗而下接宋明理学，此中虽经过久长，然生公立此新义实此变迁之大关键也。[1]

所谓"自生公以后，超凡入圣，当下即是，不须远求，因而玄远之学乃转一新方向，由禅宗而下接宋明理学"，汤用彤真正肯定者，乃是竺道生"去二方之非，取二方之是，而立顿悟之说"。至于《辨宗论》一文，纵然是"有甚重要之意义"，其所肯定的，似乎仅限这篇文章在文献上、史料上的价值，而不在于其佛学上、思想史上的重要意义。然而，岂其然乎？

竺道生、谢灵运观点之歧异

谢灵运《辨宗论》是否确实转述竺道生"顿悟"的观点，历史上也

---

1 首刊《大公报》之《文史周刊》2 期（1946 年 10 月 23 日）。引自汤用彤：《汤用彤全集》卷 4（石家庄：河北人民出版社，2000 年），页 96、101、102。

确实留下了几则关键性、权威性的资料。首先，《广弘明集》记载了《竺道生答王卫军书》一文，其云：

> 究寻谢永嘉[谢灵运]论，都无间然。有同似若妙善，不能不以为欣。檀越难旨甚要切，想寻必佳通耳。且聊试略取论意，以伸欣悦之怀。以为苟若不知，焉能有信？然则由教而信，非不知也。但资彼之知，理在我表，资彼可以至我，庸得无功于日进？未是我知，何由有分于入照？岂不以见理于外，非复全昧。知不自中，未为能照耶？[1]

所谓"都无间然"，表示竺道生自己都认可谢灵运所言已能忠实地呈现自己的想法。于此，《出三藏记集》所转载宋明帝（439—472）敕陆澄（423—494）所撰《法论目录序》亦云：

> 沙门竺道生执顿悟。

> 谢康乐灵运《辩宗》述顿悟。[2]

也显示当时的看法都认为谢灵运《辨宗论》内容即可代表竺道生本人的观点。

由于从当事人竺道生至陆澄《法论》，均显示当时均认为谢灵运《辨宗论》的论述内容已经精准地转述了竺道生的观点；后世学者既非耳目相接，亦非同时代，当然难以置喙。不过，"都无间然"之后，竺道生却又"聊试略取论意，以伸欣悦之怀"，观其后文"由教而信，非不知也"所指即是针对王弘（？—433）所问"暂知为假知者，则非不知矣，但见理尚浅，未能常用耳"（页 227b）而修正了谢灵运观点的回答。于此，倘若依循着竺道生本身"忘筌取鱼"的思维顺序，其真正本意则应该是"仍稍有间然"，所谓的"都无间然"不过是面对信众的礼貌性话语罢了。此中之差异，汤用彤《汉魏两晋南北朝佛教史》指出：

---

1 [唐]释道宣：《广弘明集》卷18；《大正新修大藏经》册52，页228a。
2 参见《出三藏记集》卷12，《宋明帝敕中书侍郎陆澄撰"法论目录"序 第八帙》，页440。

总而言之，生公顿悟，大义有二。（一）宗极妙一，理超象外。符理证体，自不容阶级。支道林等谓悟理在七住，自是支离之谈。（二）佛性本有，见性成佛，即反本之谓。众生禀此本以生，故阐提有性。反本者真性之自发自显，故悟者自悟。因悟者乃自悟，故与闻教而有信修者不同。谢灵运分辨顿悟与信修多用生公之第一义。于第二义则无多发挥。谢答王弘问难中，言及顿悟与信修之别，谓渐修者知假，亦可谓不知。……

以为苟若不知，焉能有信？然则由教而信，非不知也。渐修亦非不知，此驳谢氏之答。……

知若自中，则豁然贯通，见性成佛。见解名悟。由教而信，则理在我表，尚不能见性。闻解名信。顿悟渐修之分，生公以为应如此说。竺道生于读谢[谢灵运]论之后，而特补充此一义。可见其认康乐[谢灵运]所言，尚未圆到，而反本为性之义，则自认其非常重要也。[1]

竺道生、谢灵运的观点存有差异，自不待言。不过，我们先不顺着汤用彤观点指责谢灵运圆到不圆到，暂且从陆澄《法论》所谓"谢康乐灵运《辩宗》述顿悟"一语析论之。

究其实，竺道生、谢灵运的观点虽然存有差异，大部分仍同。从"寂鉴微妙，不容阶级，积学无限，何为自绝"至"由教而信，则有日进之功；非渐所明，则无入照之分。……至夫一悟，万滞同尽耳"（页225b），谢灵运可以说是完全服膺竺道生之观点，二者不但肯定信教、积学之功能，亦且俱均严判渐修、顿悟之分别。不过，谢灵运对"由教而信是否为'知'"这个议题似乎判别的更为严苛。其回答王弘所问即云：

---

1 汤用彤：《汉魏两晋南北朝佛教史》第16章《谢灵运述竺道生顿悟义》，页668。按：有关《竺道生答王卫军书》一文，汤用彤《竺道生与涅槃学》（1932）、《汉魏两晋南北朝佛教史》（1938）之第16章《竺道生/谢灵运述道生顿悟义》所论，前后稍有差异。《竺道生与涅槃学》指出该文亦具"渐不可废，且其有用"之意（页58）；《汉魏两晋南北朝佛教史》则转谓该文所云乃在"渐修亦非不知，此驳谢氏之答"（页669）。依照惯例，今取后出之论以为代表。

不知而称知者，政以假知得名耳。假者为名，非暂知如何？不恒其用，岂常之谓？既非常用，所以交赊相倾。故谏人则言政理，悦已则犯所知。若以谏时为照，岂有悦时之犯！故知言理者浮谈，犯知者沈惑。推此而判，自圣已下，无浅深之照，然中人之性，有崇替之心矣！（页227b）

就谢灵运而言，唯有"真知"才算是"知"，其余则均仅能谓之"假知"。这些"假知"，如同"暂知"而"不恒其用……既非常用，所以交赊相倾"，变成了完全不稳定的状态，"谏人则言政理，悦已则犯所知"。顺此，当劝谏别人时就是"照"，当顺情纵欲时又变成了"犯"，"故知言理者浮谈，犯知者沈惑"，这个"理"、这个"知"，根本就与"无理、无知"没什么不同，故而，"推此而判，自圣已下，无浅深之照，然中人之性，有崇替之心矣"。

倘若我们稍作追寻，即可知王弘乃是再次重问了僧维（？—422—？）、慧驎（？—422—？）先前之问。而先前谢灵运答僧维之问时便说：

……假知无常，常知无假。今岂可以假知之暂，而侵常知之真哉？今暂合贤于不合，诚如来言，窃有微证。巫臣谏庄王之言，物赊于己，故理为情先；及纳夏姬之时，己交于物，故情居理上。情理云互，物己相倾，亦中智之率任也。若以谏日为悟，岂容纳时之惑耶？且南为圣也，北为愚也。背北向南，非停北之谓；向南背北，非至南之称。然向南可以至南，背北非是停北。非是停北，故愚可去矣；可以至南，故悟可得矣。（页225c）

所谓"假知无常，常知无假"，二者乃不相混，故接下来便立即反问"今岂可以假知之暂，而侵常知之真哉？"纵然"暂合贤于不合"，但正如《左传》所记屈申[巫臣]谏楚庄王娶夏姬故事，遂质疑"若以谏日为悟，岂容纳时之惑耶？"或许是"南圣北愚"之论并未能准确的回答假知、真悟之差异，故慧驎又续追问，谢灵运便再次清楚地回答：

假知者累伏，故理暂为用；用暂在理，不恒其知。真知者照寂，故理常为用；用常在理，故永为真知。（页225c）

……伏累弥久，至于灭累，然灭之时，在累伏之后也。伏累灭累，貌同实异，不可不察。灭累之体，物我同忘，有无壹观。伏累之状，他己异情，空实殊见。殊实空、异己他者，入于滞矣；壹有无、同我物者，出于照也。（页225c）

以"常"与"暂"来区别"真知"、"假知"，虽然清晰，但不若"灭累"、"伏累"更能明确判分。毕竟"灭累之体，物我同忘，有无壹观"才是"出于照也"，而"伏累之状，他己异情，空实殊见"还是"入于滞矣"！

不过，竺道生更重视的似乎不是"照"与"不照"的判分，而是"信"与"不信"差别。其所言"由教而信，非不知也"、"见理于外，非复全昧"，这个"知"纵然算不得"真知"，但仍与"无理、无知"不同而存有一定程度的差别。毕竟，"知不自中"，虽然不是"照"（悟、见性），但还是有"照"的可能性，其与完全不可能"照"亦不太相同。

试以《六祖坛经》思维方式来比较竺道生、谢灵运二者之观点

竺道生、谢灵运对"由教而信是否为'知'"这个议题的主张虽然不同，但是与其说是二者"主张"不同，倒不如言其二者对"知"存有不同的"认知"。就竺道生而言，"由教而信，非不知也"所说的"知"乃是单纯的"认知"，由于"由教而信"虽然不是"悟"，但必定产生一定的"认知"，故可说"见理于外，非复全昧"。虽然谢灵运于此亦能理解"暂合贤于不合"，不过，其所言的"知"乃限定于"真知"而言，因为"假知之论旨……非悟道之谓"，如此，这个"真知"已经近似于《六祖坛经》所云"般若智"，而不是单纯的"认知"。

何谓"般若智"？《六祖大师法宝坛经》云：

……一切般若智，皆从自性而生，不从外入。……

> ……何名般若？般若者，唐言智慧也。……世人愚迷，不见般若；口说般若，心中常愚，常自言我修般若，念念说空，不识真空。般若无形相，智慧心即是。若作如是解，即名般若智。……[1]

"口说般若，心中常愚"、"念念说空，不识真空"，虽然"说般若"、"说空"不是真正的"识空"，不能等同于"照"、"悟"、"见性"，但此时对空仍有一些"认知"。否则，其必然不会以"口说般若"、"念念说空"来标榜，正如竺道生所言"非不知也"。至于"般若智"，正如惠能（638—713）所说"一切般若智，皆从自性而生，不从外入"，纵然众生皆具般若智，但是"不悟，即佛是众生；一念若悟，众生是佛"[2]，正如谢灵运所言"自圣已下，无浅深之照"，只有"悟／照"与"不悟／不照"的差别。

由于身份的差别，具有佛教比丘身份的竺道生，自然会特别强调"由教而信"的价值性，毕竟如此才能试着接引一般信众走入成佛境地；不过，对于诚心钻研佛学思想的谢灵运而言，反而必须特别强调"真知顿悟"的重要性，毕竟佛法如此"至精之理，岂可径接至粗之人？"（页225b）而且唯有如此才能显现其本身与一般信众不同之价值。不可否认，由于这种不懂得谦卑的自信，无论是"自圣已下，无浅深之照"之口气，或者是《宋书》本传所言"得道应须慧业文人，生天当在灵运前，成佛必在灵运后"[3]不可一世的挑衅、狂妄态度，都会让阅读者感觉极度的不舒服，而这些却都常常成为中国后来禅宗佛学思想所显露出来类似"狂禅"的面貌。如果我们执意顺着汤用彤的说法来指责谢灵运佛学观点圆到不圆到，根本不可能理解谢灵运佛学思想之细微处，亦不可能了解其于中国佛学发展之价值所在。

四、结论

就中国佛教思想的发展进程而论，"顿悟成佛"无疑是"佛教中国化"

---

1 [元]宗宝编：《六祖大师法宝坛经》卷1《般若品》；《大正新修大藏经》册48，页350b。
2 [元]宗宝编：《六祖大师法宝坛经》卷1《般若品》；《大正新修大藏经》册48，页351a。
3 引自《宋书》卷27《谢灵运传》（新校本），页1775。

非常关键的重要特征。于此，"众生皆有佛性"观点即保障了"成佛"的可能性；然而，如何从"渐修"进入"顿悟"，亦是佛教史上关键的一大步。

或许"众生皆有佛性"于中国流行乃历史之必然，但是在这个必然性的历史发展洪流里，无论是法显西行求法、竺道生透过另一种"言意之辨"来突破《佛说大般泥洹经》译文而提出"一阐提皆有佛性"观点，或是从"般若学"流行到"涅槃学"，其过程不但带有戏剧色彩，亦到处显露出历史发展的偶然性。而中国佛学从"渐修"进入"顿悟"，无论谢灵运《辨宗论》对"知"提出了比竺道生更具前卫性的观点，或是如汤用彤所言"其作用不啻在宣告圣人之可至，而为伊川[程颐]谓'学'乃以至圣人学说之先河"，相较竺道生被冠以"涅槃圣"的称号，谢灵运后来未被重视的特殊现象实又再一次显露出的历史发展偶然性。至此，二种偶然性彼此共振，让我们不得不讶异中国佛学发展路径真是充满"偶然"！

"本源—本体"论的建构

——论隋唐重玄学对道家思想的承续与建设

刘雪梅

作为道家思想自先秦道家和魏晋玄学之后的第三期发展，昌隆于隋唐时期的重玄学无疑代表了这一时期道家哲学的主流。在目前学界的共识中，隋唐重玄学以其借鉴于佛教中观学"非有非无"的双遣双非而迥异于先秦道家和魏晋玄学，那么在此我们需要追问的是：经历了道家学说从先秦原始道家的本源说到魏晋玄学本体论的转变、并同时导入了与道家学说的"崇本论"截然相反的反本质主义的佛教中观以后，隋唐重玄学最后的理论形态对于道家思想的发展来说究竟是一种理论建构上的全面颠覆还是一种终究未能偏离原旨的因循沿袭？如果隋唐重玄学并未能偏离道家思想的基本立场，那么它又将以何种面目承续道家学说？

一

如所周知，道家学说自先秦原始道家至魏晋玄学，有一条基本的理论脉络贯穿始终，这就是崇本论。虽然先秦道家的"本源"与魏晋玄学的"本体"在内涵上已不尽相同，但是不可否认的是，道家学说自《道德经》以来，从未放弃过对万物之"本"的探寻和追问，而这正是道家思想的特出之处。那么，在借鉴了与之相反的反本质主义的佛教中观以后，隋唐重玄学是否就此放弃了道家思想这一"崇本"的基本立场呢？

在回答这一问题以前，或许我们应该首先回溯到原始道家的道论，以此作为探究这个问题的开始。

道论是道家得以立足之本，道家的一切理论都奠基于其道论之上，原始道家道论的显著特征之一就是一再强调道的无可规制性。据此，《道德经》以"无"释道：

> 天下万物生于有，有生于无。[1]

> 视之不见名曰夷，听之不闻名曰希，搏之不得名曰微。此三者不可致诘，故混而为一。其上不缴，其下不昧，绳绳不可名，复归于无物。是谓无状之状，无物之象，是谓恍惚。迎之不见其首，随之不见其后。[2]

然而正如黑格尔在《哲学史讲演录》中所指出的，这个"无"并非与俗常的"有"决然对立的空无一物的"无"，而是超越于具象的"有"、"无"等二元对立之上的无可确定性：

> 在道家以及中国的佛教徒看来，绝对的原则，一切事物的起源、最后者、最高者乃是"无"，并可以说，他们否认世界的存在。而这本来不过是说，统一在这里是完全无规定性的，是自在之有，因此表现在"无"的方式里。这种"无"并不是人们通常所说的无或无物，而是被认做远离一切观念、一切现象，——也就是单纯的、自身同一的、无规定性的、抽象的同一。因此这种"无"同时也是肯定的，这就是我们所叫的本质。[3]

虽然原始道家的道（"无"）并非如黑格尔所说已成为一种抽象的"本质"，毋宁说，它只是"本源"，而这一对"道"的进一步本质化是由魏晋玄学

1《老子·四十章》。
2《老子·十四章》。
3 贺麟、王太庆译《哲学史讲演录·中国哲学》，第131页，北京：商务印书馆1995年。

完成的。但在《道德经》对于"道无"的一再强调中至少可以见出："道"的这种无可感知和视听的"无状之状"、"无象之象"是其最为显著的特征。然而自《庄子》以降,《道德经》中的这个"无"却一再被误读为具象的、与俗常的"有"相对的空无。据此,在《庄子》中,对"无"提出了质疑,《庄子·知北游》中说:

> 光耀问乎无有曰:"夫子有乎?其无有乎?"光耀不得问,而孰视其状貌,窅然空然,终日视之而不见,听之而不闻,搏之而不得也。光耀曰:"至矣,其孰能至此乎?予能有无矣,而不能无无也。及为无有矣,何从至此哉!"

在《庄子》看来,所谓"无"只是与"有"相对的俗常的"无",并未达到无为之最高境界,因而更以"无无"进一步否定"无"。而对于"无"的这一缺憾,在魏晋玄学中同样亦被发掘了出来,在何劭的《晋书·王弼传》中记载了王弼对《道德经》之"无"的置疑:

> 时裴徽为吏部郎,弼未弱冠往造焉。徽一见而异之,问弼曰:"夫无者,诚万物之所资也。然圣人莫肯致言,而老子申之无已者何?"弼曰:"圣人体无,无又不可以训,故不说也。老子是有者也,故恒言其所不足。"

据此,王弼将其最高本体称之为"至无",而这一似乎更高于"无"的"至无",其实不过仍是为了表达"道"的无可规制性而已。于是从《庄子》中的"无无"到王弼的"至无",道家思想一直试图沿着遣执去滞的理论进路推展道的这种无可确定性,在这一条似乎是漫漫无尽的遣执去滞的道路上,隋唐重玄学由于导入了佛学中的双遣双非而走得似乎更为彻底。初唐的重玄大家成玄英在其《道德经》疏中说:

> 有欲之人,惟滞于有;无欲之士,又滞于无,故说一玄,以遣双执,又恐学者滞于此玄,今说又玄,更祛后病。既而,非但不滞,

亦不滞于不滞，此则遣之又遣，故曰玄之又玄。[1]

从初唐的成玄英李荣到唐末五代的杜光庭，无不将这种双遣双非的双重否定运用得出神入化、炉火纯青，在这些重玄学的著作中，诸如"非……非……""不……不……"等的语义模式所处可见。隋唐重玄学正是在运用了这种看似圆通的双遣双非、不落两边而使得其"道"更为无所滞碍，因为在隋唐重玄学的双遣双非中，"道"不但超越了有无，更超越于诸如阴阳、刚柔、因果、本迹、本末等一切的二元对立：

> 道性者即真实空、非空，不空亦不不空，非法非非法，非物非非物，非人非非人，非因非非因，非果非非果，非始非非始，非终非非终，非本非末，而为一切根本。[2]

> 道之为物，非阴非阳，非柔非刚，泛然无系，能应众象，可左可右，无所偏名，故庄子曰："夫道未始有封。"[3]

> 是知道德为正体，非果非因，非本非迹。[4]

按照隋唐重玄学的解读，魏晋玄学的崇有说当然是滞于有了，而王弼等的贵无说虽然是对于"有"的否定，但是却同样落入了"无"的局障之中，那么这个"无"同样也要被坚决地否弃。在此需要指出的是：与《庄子》的"无无"说是对《道德经》"道无"论的误解相类似，隋唐重玄学的"非有非无"对王弼的"至无"说亦作出了历史重演式的误解。正是基于这种误读，隋唐重玄学方才得以用"非有非无"进一步否弃王弼等的"至无"。然而隋唐重玄学在这条否定的理论进路上似乎走得还有些意犹未尽，因为他们以为这种中道仍然是一种执着，因而连这"非有非无"的中道亦要遣去，于是就是"玄之又玄"的重玄。

1《道德真经玄德纂疏》卷一引，《道藏》第十三册，第三六一页。

2《本际经》卷四，《道性品》。

3《道德真经疏》卷四，《道藏》第十一册，第七七五页。

4《道藏》第十四册，第三三八页。

毋庸讳言，在对"道"的无规定性的铺展中，隋唐重玄学运用了"非有非无"的双遣法，而这一方法正是源于佛教的中观学。如所周知，佛教的中观是奠基于缘起性空的教义之上的，亦即：中观学意义上的"非有非无"指向的是万物的空无自性。正如印顺法师所说："中观者的二谛中道观：缘起即是性空，因为诸法空无自性，所以是缘起法，要由众缘而现前……中观则说无自性与缘起相即相成，彼此有深切的关系……然这里要郑重指出的，性空即缘起本相，不应作形而上的实体看，也不应作原理而为诸法的依托看；这是形上形下或理事差别者的拟想，而非缘起性空的实相。"[1]由此，我们需要追问的是：在导入了佛教反本质主义的中观学以后，隋唐重玄学的"道体"是否就此化约在这"非有非无"的双遣双非之中了呢？答案是否定的。因为在隋唐重玄学中，无论道是"非有非无"还是"非古非今"，甚至是"非非有非无"，"非非古非今"等，这种有鉴于中观学的双遣双非所要导出的却绝非是"道"的空无自性，恰恰相反，它要成立的乃是作为万物最高之本体的"道"的真实存在，而所谓"双遣"的表述，正如我们在前文中所指出的，仅仅是为了彰显"道"的无有规定性，"双遣"本身决不是自反性地指向自身的。正如成玄英在《道德经》疏中所说：

> 至道微妙，体非五色，不可以眼识求……故夷然平等也，无色无声无形……明至道虽言无色，不遂绝无，若绝无者，遂同太虚，即成断见。今明不色而色，不声而声，不形而形，故云希夷微也，所谓三一者也。[2]

道虽然无色无声无形，然而却并非象太虚一样地"绝无"，只不过因为道的微妙玄通，无法以常人的耳目感觉罢了，所以决不可将道视为虚无，否则将堕入断见。不但如此，隋唐重玄学还一再肯定了道作为超然物外的最高本体的存在：

---

1 印顺：《中观今论》第199～200页，台北：正闻出版社，1992修订1版。
2 《道德真经玄德纂疏》卷四，《道藏》第十三册，第四零七页。

　　重玄之道，本自无名，从本降迹，称谓斯起。[1]

　　恍惚中有象，恍惚中有物。非有非无之真，极玄极奥之道，剖
一元而开三象，和二气而生万物。[2]

　　道之为物，非阴非阳，非柔非刚，泛然无系，能应众象，可左
可右，无所偏名，故庄子曰："夫道未始有封。"[3]

　　在隋唐重玄学中，佛教的中观之道显然已经失却了般若空观的原意，它不过是作为最高实有本体之道的修饰语而被使用着，而这种旨在指向"道"之无可规定性的双遣双非反而更证明了"道本"的实存——这一运思结果显然是与佛教中观的反本质主义背道而驰的。由此我们似乎可以得出结论：在借用了佛教中观的双遣法之后，隋唐重玄学并未偏离自先秦道家和魏晋玄学以来道家思想"崇本论"的基本立场。当然，与前代的道家思想有所不同的是：由于隋唐重玄学借用了佛教中观的双遣法而使得其理论构架变得更为精巧和圆融无碍。

<h2 style="text-align:center">二</h2>

　　如前所述，隋唐重玄学对于佛教中观的导入并非一场极具颠覆性的范式革命，恰恰相反的是，由于隋唐重玄学对于"道本"的无有规定性的进一步推展更为确凿地证明了"道本"的实存，因而这种变革在道家思想的发展中依然延循了其"崇本论"的基本理路。那么接下来使我们感兴趣的是：隋唐重玄学的所谓"道本"究竟成立于何种意义之上？或者说，在历经了自先秦的"本源"到魏晋玄学的"本体"的嬗变后，隋唐重玄学将以何种面目承续和建设道家的"道本论"？
　　首先，继魏晋玄学将《道德经》中的"道"由本源说抽象为本体说

---

1 《道德真经玄德纂疏》卷一，《道藏》第十三册，第三六零页。
2 《道德真经玄德纂疏》卷一二，《道藏》第十三册，第四五七页。
3 《道德真经疏》卷四，《道藏》第十一册，第七七五页。

后，隋唐重玄学将魏晋玄学的这一抽象本体进一步推展。在这一推进的过程中，隋唐重玄学不但借鉴了佛教中观的双遣法将其"道"的无可规制性进一步推进（这一点我们在前文中已详细论及），而且径直将"道"等同于"理"。成玄英可谓隋唐重玄学家中言"理"最为频繁的一位。在他的著作中，道即是理、是"无为之妙理"、"自然之正理"、"玄理"、"真理"等的表述随处可见：

> 道者，虚通之妙理，众生之正性也。[1]

> 至理无塞，恣物往来，同行万物，故曰道也。[2]

> 真理既绝于言象，至教亦超于声说，理既常道不可道，教亦可名非常名。[3]

紧跟其后的李荣也基于道的抽象本质将其等同于"理"：（道是）"虚极之理体，不可以有无分其象，不可以上下极其真。"[4]而后代的唐玄宗、杜光庭则无不是沿着这一"道理"说的思路继续前进的：

> 夫至理精微，玄宗隐奥，虽假言以诠理，终理契而忘言，故了悟者得理而忘言辩说也。[5]

> 穷极万物深妙之理，究尽生灵所禀之性，物理既穷，生性又尽，以至于一也。[6]

从以上引文可以见出，隋唐重玄学的这个等同于"道"的"理"的一大

1《道德经义疏》卷下，蒙文通著《道书辑校十种》，第五零二页，成都：巴蜀书社 2001 年。
2《庄子·天地》疏，郭庆藩撰《庄子集释》第二册，第四零五页。
3《道德经义疏》卷上，《道书集校十种》，第三六七页。
4《道德真经玄德纂疏》卷三，《道藏》》第十三册，第三五八页。
5《御疏道德经》卷八，《道藏》第十一册，第七九三页。
6《道德真经广圣义》卷一，《道藏》第十四册，第三一一页。

要义在于其虚通无碍、超绝言相的无有规定性，正如孟安排《道教义枢·道德义》中所说："道者，理也。……言理者，理实虚无。"[1]而正由于"理"的这种无有规定性，使得它能够遍在于万物之中。正如成玄英所说："理不逃于物，教亦普遍无偏矣。"[2]在隋唐重玄学的"道理"说中，道与物决不可能仅仅像先秦原始道家那样如母子般血肉相连，因为"理"将不再作为万物的最高生化本源而是一种抽象普遍的存在。不但如此，由于其导入了佛教的本迹说，因而道物之间的关系比起魏晋玄学来说显然更为精致圆融。因为在所谓本迹说中，本既高于迹又不离于迹，本在迹中，迹中现本，本迹不二。运用本迹说阐发作为"理"的道本与万物之间的关系，显然是最合适不过的。成玄英可谓重玄家中援用本迹说最多的：

> 有名，迹也。重玄之道，本自无名，从本降迹，称谓斯起。[3]

> 无物者，妙本也。夫应机降迹，即可见可闻，复本归根，即无名无相。[4]

在《庄子疏·序》中，他甚至将《庄子》的内外篇分判为本迹之别："《内》则谈于理本，《外》则语其事迹。"[5]而本迹说自成玄英的一再使用，似乎成为隋唐重玄学描述道物关系的固定用法了。如李荣在《道德真经注》中也说："顺理则契于妙本，顺俗则同尘降迹。"[6]而唐玄宗则说："摄迹归本，谓之深妙，若住斯妙，其迹复存，与彼异名等无差别，故寄又玄以遣玄，欲令不滞于玄，本迹两忘，是名无住，无住则了出矣。"[7]在隋唐重玄学的理论识度中，"迹"是显而易见的，而将"迹"与"本"对举的意义就在于：由可识可见的万物之"迹"中更见出妙本理体的微妙难识，则当然隋唐重玄学的道理说比起魏晋玄学的本体说来是更为精致圆融了。

1《道藏》第二十四册，第八零四页。
2《庄子·知北游》疏，郭庆藩撰《庄子集释》第三册，第七五一页。
3《道德经义疏》卷上，《道书辑校十种》，第三七六页。
4《道德经义疏》卷上，《道书辑校十种》，第四零三页。
5 郭庆藩撰《庄子集释》第一册，第六页。
6《道德真经注》，《道藏》的十四册，第三八零页。
7《御疏道德真经》卷一，《道藏》第十一册，第七五零页。

隋唐重玄学将道等同于理并非毫无意义的语言游戏，其意义首先在于：理作为道的无可规制性和普适遍在性从道作为生化之本的本源性中剥离出来并成为了万物的最高本体，不但表明隋唐重玄学的"道本论"区别于原始道家的"本源论"，更意味着其在延循魏晋玄学的本体论时的确发生了某种程度上的理论转换。因为这个作为万物的最高本体的"理"将不会再像重玄学家们所指摘的魏晋玄学那样陷落于"有"或"无"的拘禁之中，正如成玄英所说："理归无滞，既不滞有，亦不滞无。"[1]它将取代任何"有"或"无"的偏执而成为万物之最高本体。尽管如此，我们仍需要一再强调的是：隋唐重玄学的"理"虽然似乎超越了所谓"有""无"的禁制，但是它仍然是作为万物的最高本体而存在的，虽然隋唐重玄学一再宣称破滞去碍，然而这种似乎颇具革命性的口号却并没有带来对最高本体（道或理）的全面颠覆，亦即：那个自先秦《道德经》以来所一直被道家思想所延循的道本说即使是在借用了佛教中观的双遣双非以后，也仍然在隋唐重玄学的理论建构中贯穿始终。隋唐重玄学将道等同于理的另一种意义在于：如果说隋唐重玄学以前的道教一直将修命作为成仙了道的唯一途径，那么在隋唐重玄学将"理"导入了其道本论以后，所谓的智慧解脱也随之成为了道教修仙论的重要内容。因为既然道就是理，那么修道不单只是命功那样简单，由悟理而契道必将也成为道教修道论的不可或缺的一种途径。

如前所述，隋唐重玄学的"理"是沿着魏晋玄学的本质主义而向前推进的。与魏晋玄学将"道"抽象本质化相区别的是，在先秦道家的《道德经》中，万物之"母"的最高本源——"道"是一种流动的、极富生命力的活象，这个作为万物生化之本源的"道"与万物有着母子般的血肉联系。而自魏晋玄学将道抽象本体化以来，这个作为万物之本的道却似乎在这种纯粹概念的形上标举中流于偏枯和空疏。那么，沿着魏晋玄学本质主义向前发展的隋唐重玄学是否也因其"玄之又玄"的遣滞去执而将其道论最终抽象为一个毫无生气的、干瘪空疏的理体呢？值得庆幸的是，由于道气论的引进，隋唐重玄学留给我们的是一个正好相反的回

1《道德经义疏》卷上，《道书辑校十种》，第三七七页。

答。

在《道德经》中早有"专气致柔"的表述，但是老子对此并未进一步发挥。而相比之下，《庄子》倒是对气要有兴趣得多。在《庄子》中，"气"不但是一般具象的物质，而且还有阴阳之别，如在《秋水》中他说："自以此形于天地而受气于阴阳。"在《天运》中他说："阴阳者，气之大也。""受去气而养乎阴阳。"不但如此，《庄子》更有将气视为万物之本源的倾向：

> 万物一也，是其所美者为神奇，其所恶者为臭腐，臭腐复化为神奇，神奇复化为臭腐，故曰，通天下一气耳，故圣人贵一。[1]

> 察其始而本无生，非徒无生也而本无形，非徒无形也而本无气。杂乎芒芴之间，变而有气，气变而有形，形变而有生。[2]

> 人之生，气之聚也。聚则为生，散则为死。[3]

在《庄子》看来，万物包括人都是气之所化，人之生则气聚，人之死则气散。他甚至认为："通天下一气耳。"在《大宗师》中庄子称："伏戏得之（道）以袭气母。"以气为母，则其中的本源意味不言自明。关于气与道的关系在《庄子》中尚未被揭橥出来，这不能不说是一种遗憾，而将气等同于道，却是自隋唐重玄学肇始的。

如前所述，成玄英是隋唐重玄学家中对"道理"说推举最力的，但是即便是成玄英的道本论也未曾否弃过道气说。在注《老子》"专气致柔，能如婴儿乎？"中他说："专，精专也。炁，道也。致，得也。柔，和也。只为专精道，致得柔和之理，如婴儿之无欲。"[4]在这里，成玄英明确指出道即是炁；而在疏《老子》"道之为物，惟恍惟惚，惚兮恍兮，其中有象"时他说：

---

1 《庄子·知北游》。
2 《庄子·至乐篇》。
3 《庄子·知北游》。
4 《道德经义疏》卷上，《道书辑校十种》，第三九四页。

> 恍惚中有象，惚恍中有物，中有物即是神，神妙物为名也，虽复非无非有，而有而无，故是妙也。中有象即是炁，虽复非象，非色而为色为象；故是炁也，言道种种变见（现），故不物而物，不象而象也。[1]

虽然成玄英的"道"非有非无，非象非色，但是道却决非一个空疏之"理"所能全部囊括，因为这个即使是被成玄英名之为"妙理"、"玄理"、"理境"的"道"中还是蕴涵着万物之生化本源的炁的。唐玄宗在《御疏道德真经》中，更是径直将道气并称为万物之生化本源："人既知身是道炁之子，从冲炁而生也，当守道清净，不染妄尘，爱炁养神，使不离散。"[2]其后的杜光庭则干脆说："道者，虚无之炁也，混浊之宗，乾坤之祖，能有能无，包罗天地。道本无形，莫之能名。无形之形，是谓真形；无象之象，是谓真象。先天地而不为老，无形而自彰，无象而自立，无为而自化，故曰大道。"[3]

隋唐的重玄学不但基于元气作为万物质料的意义将其视为万物之本源，更将"气"等同于一种推动"大道"运行的动力或作用力。而这种"气"的意义在司马承祯的道气论中得到了最为充分的开展，在《服气精义论》中他说：

> 夫气者，道之几微也。几而动之，微而用之，乃生一焉，故混元全乎太易。夫一者，道之冲凝也。冲而化之，凝而造之，乃生二焉，故天地分乎太极。是以形体立焉，万物与之同禀；精神着焉，万物与之齐受。[4]

司马承祯认为气是道的极微妙的内核与动力之所在，而当这个作为道的内核与动力的气运动起来，道也随之成了一种动态，这样道便在气的推动之下生出太极，然后生化天地和万物。而不论气是作为万物的质料还

1 《道德经义疏》卷上，《道书辑校十种》，第四一八页。
2 《御疏道德真经》卷七，《道藏》第十一册，第七八九页。
3 《太上老君说常清静经》注，《道藏》第十七册，第一八三页。
4 《道藏》第十八册，第四四七页。

是生成万物的动力，在隋唐的重玄学中都几乎受到了相当的重视。正是基于此道气同位同体的理论识度，所以隋唐重玄学在将道"理"化的同时，也从来不曾否弃过这个至道妙本的生化之用，于是，这个在魏晋玄学纯粹概念的形上推举中曾被一度干瘪化和空疏化的"道"又在隋唐重玄学的道气论中被重新激活而流动起来，从某种程度上来说，这不可不谓是对原始道家道论的一种回归：

> 恍惚中有象，恍惚中有物。非有非无之真，极玄极奥之道，剖一元而开三象，和二气而生万物。[1]

> 道本包于元炁，元炁分为二仪，二仪分为三才，三才分为五行，五行化生万物。[2]

> 道动，出冲和之气，而用生成。有生成之道，曾不盈满。[3]

然而隋唐重玄学毕竟已不全同于原始道家，因为在原始道家那里，"道"作为生化之本源的意义是道的全部内容。而如前所述，隋唐重玄学是在历经了魏晋玄学的本体说以后再重新导入其道气论的。这就是说，在隋唐重玄学的道体论中，本源论和本体论是同时并存的。这样，隋唐重玄学就将必然遭遇到无论是先秦道家还是魏晋玄学都不曾有过的理论困境，这就是：这两种道本论究竟是谁更为至高无上？抑或两者同样重要？基于重玄学的立场，成玄英以本迹说解决了这一问题：

> 至道妙本，体绝形名，从本降迹，肇生元气。又从元气变生阴阳，于是阳气清浮升而为天，阴气沉浊降而为地。二气升降，和气为人，有三才，次生万物。[4]

---

1 《道德真经玄德纂疏》卷一二，《道藏》第十三册，第四五七页。
2 《太上老君说常清静经注》，《道藏》第十七册，第一八四页。
3 《御疏道德真经》卷一，《道藏》第十一册，第七一七页。
4 《道德真经玄德纂疏》卷一二，《道藏》第十三册，第四五七页。

在成玄英看来，虽然道在生化万物时可等同于元气，但是这毕竟是有迹可寻的，因而相对于那个超言绝象的"理"化了的道本，这种生化功能只能是迹。在这个关于本和迹的分判中，道理说与道气论的高下之分已不言自明，而集重玄学之大成的杜光庭在他的《道德真经广圣义》中则更为明白地阐发了这一点：

> 其一生化之域，二气之内，阴阳所陶之所也；其二妙有之域，在二气之外，妙无之间也；其三妙无之域，居妙有之外，氤氲始凝，将化于有也；其四妙无之外，谓之道域，非有非无，不穷不极也。[1]

虽然隋唐重玄学并不拒斥道气论，但是本着其遣滞去执的重玄立场，隋唐重玄学是很难将这一似乎落于"有"执的道气说升格为究竟之境的，于是运用本迹说或是四分法将道气说纳入其重玄体系而与道理说同时并存倒也不失为一种两全其美的方便法门，而这种基于重玄立场的圆融和会通使得隋唐重玄学的道本论在延循道家崇本论的基本理路后，最终成为了一种与先秦道家和魏晋玄学既有区别又有联系的崭新的"本源—本体"论。而在此我们需要再一次强调的是：从先秦道家的"本源说"到魏晋玄学的"本质说"，最后再到隋唐重玄学的"本源—本体"论，道家思想中崇本的基本立场是从来不曾被否弃的，而这种道家思想的基本立场无疑是与佛教、特别是中观思想的反本质主义的基本精神背道而驰的。

1《道德真经广圣义》卷二一，《道藏》第十四册，第四一五页。

唐代"致拜君亲"论争中沉默的道团

吴 真

佛教实行出家修行制度,教理规定,僧侣除了佛陀之外,不拜俗人。这与强调天地君亲等级秩序的儒家伦理产生了极大的冲突,因此早在东晋僧人慧远撰写《沙门不敬王者论》时,国家皇权在拜不拜君主与父母双亲的问题上,就同佛教教团发生过数次争论,最后以国家作出让步、允许沙门不拜君亲为结局。到了唐代,唐高祖、唐太宗、唐高宗及至唐玄宗诸位君王,在拜不拜君亲问题上,同佛教教团发生了数次相持与争论。可以说,所谓僧尼是否应该拜父母以及拜君主,是涉及整个中国佛教史的重大问题。在以往佛教研究者尤其是日本学者的相关论述中,已经基本梳理了唐代的佛教教团从抗拒到顺从的这一历史过程。[1]然而论者甚少注意到,在唐代历次朝廷要求僧尼致拜君亲的诏令中,皆是道士、女冠与僧尼并提。如果说作为李氏本家之教的道教拜见李氏君主是理所当然的,为何朝廷每次强迫僧尼拜见君亲,又要强调道士女冠也应遵守?这些佛道二教一视同仁的诏令,是否说明初唐时期的道教教团也与佛教一样不拜君亲?

砺波护先生《隋唐佛教文化》第四章利用《广弘明集》等佛教文献与《唐大诏令集》等政府条文,详细考证了唐代贯彻僧尼拜君亲政策始末,然而他也承认,"我们有必要探讨从隋朝到唐朝中期,道士、女冠是如何应对拜君亲问题的。遗憾的是道教方面完全没有这方面的资料,所

---

1 砺波护:《唐代贯彻僧尼拜君亲政策始末》,《隋唐佛教文化》(上海:上海古籍出版社,2004年,页87～95)对于日本相关研究进行了文献回顾,可参。Stanley Weinstein, *Buddhism under the T'ang* (Cambridge: Cambridge University Press, 1987)第3章也有讨论。

以不得不放弃"。[1]

佛教僧团反应激烈，留下大量反抗政府诏令的文字记载，故其反对致拜君亲的态度较为后人所知。道团态度的相对沉默，揭示了初唐道教在国家宗教政策中的微妙地位及其与佛教的微妙关系。砺波护从法制史和制度史的角度，对僧尼致拜君亲从抵抗到顺从的发展过程进行追踪，他认为："法制史研究、制度史研究中容易迷惑的陷阱，如名与实、原则与现实看似乖离而实际一致等问题，尚待今后进一步认证。"[2]笔者认为，朝廷历次敕令强制要求道团致拜君亲，即是法制史与制度史的一个小陷阱。如果我们单凭敕令的字面理解，可能会作出片面的判断。借助于唐代道教内部经典，尤其是《洞玄灵宝道学科仪》、《洞玄灵宝三洞奉道科戒营始》等道团日常行为规范，才能洞悉道团微弱的主体声音。

在隋朝到唐朝中期的道教典籍和官方文献中，道教教团对于致拜君亲问题确实比较沉默，但也并非如砺波护氏所言，完全找不到表明道团态度的文献。本文在梳理道内文献之后，将之与同时期的官方诏令及佛教文献进行对读，从而指出，道团对于政府强行要求致拜君亲问题的沉默，从一个侧面说明忠孝君亲的儒家伦理早已在道教教义中得到融合与体现。道教在致拜君亲问题上的"讷于言而敏于行"，恰恰反映了道教在唐代不辩自明的国家宗教之身份认同。

一、致拜君亲——仙道与孝道的融合

作为中国本土宗教的道教根植于儒家社会中，理所当然地具有了适应儒家伦理的教义信条。东晋时期葛洪的《抱朴子内篇·对俗》即已强调"欲求仙者要当以忠孝、和顺、仁信为本"，也就是说，"人"在成为

1《隋唐佛教文化》页104。

2《隋唐佛教文化》页113。楠山春树：《河上公说话の形成》，《老子传说の研究》（东京：创文社，1979年，页171～198）一文讨论了道教河上公传说的"不敬王者论"，并以唐代几次道士女冠僧尼致拜君亲的诏令为例，说明初唐道团也有此思想的余绪。本文认为，道教河上公传说是佛教传入中国之后道教受到佛教"不敬王者论"影响之下形成的，但这一义理并非道教本来的教义，接受面不广，而且在后世的道教戒令与行为规范中也未见具体执行。就此道教教义与道团宗教实践背离的情况，笔者将另文讨论，本文暂不展开。楠山氏引用唐代诏令也有文献误读的问题，见砺波护《隋唐佛教文化》页104～105的辨析。

"仙"之前，首先要遵守世俗社会中人与人的伦理准则。早期道教多有忠君、孝亲及仁义礼智信等与俗世价值观念相合的要求，如六朝天师道经典《正一法文天师教戒科经》记："臣忠、子孝、夫信、妇贞、兄敬、弟顺，内无二心，便可为善，得种民矣。"[1]这里强调遵守世俗社会的儒家三纲五常，是天师道教民（种民）确认其宗教身份的必要条件。东晋至唐代的众多道经都一致强调孝道对修仙者的重要性。北周时期道教类书《无上秘要》卷十五明言："父母之命，不可不从，宜先从之。人道既备，余可投身。违父之教，仙无由成。"修炼成仙的首要之务仍是遵守和实践儒家之孝。

《孝经》曰："在家以孝事亲，出则以忠事君。"儒家的伦理道德从家庭的孝道引申出社会层面的忠君，以达到封建家长制与君主制的一致性。道教伦理既然已经承认了孝在宗教伦理中的合理性，对于"忠"自然也遵循。《正一法文天师教戒科经》提出"奉道不可不勤，事师不可不敬，事亲不可不孝，事君不可不忠"[2]，道教在儒家"孝—忠"的基础上进一步引申到敬师与奉道，从而令宗教伦理与世俗政权制度融合为一体。唐开元年间道士朱法满《要修科仪戒律钞》卷五要求道士"若见帝王，当愿一切奉仰王道，孝如父母；若见宰相，当愿一切受其教制，四方归仁"。[3]

公元 5 世纪以后，道教模仿佛教出家制度，逐渐建立起驻观修道的道观制度。[4]虽然道士女冠的日常宗教生活必须"内除俗念、外息俗缘"，但在伦理原则上，道士女冠并不能完全与家庭隔绝。北周以降，道团内部针对道士女冠日常修行制度的各种清规戒律，如"初真十戒"、"洞玄十戒"，第一戒即是不得不忠君，第二戒是不得不孝亲。[5]大约作于 4 世纪至中唐之间的《洞玄灵宝道学科仪》是唐代道士女冠日常驻道观修持

---

1 《正一法文天师教戒科经·大道家令戒》，《正统道藏》（台北：新文丰出版公司，1985 年）第 18 册，页 237。

2 《正一法文天师教戒科经》，《正统道藏》第 18 册，页 232。

3 朱法满：《要修科仪戒律钞》卷五，收入《正统道藏》第 11 册，页 928。

4 道教道观常住制度的形成，据 Livia Kohn, *Monastic Life in Medieval Daoism: a cross-cultural Perspective* (Honolulu: University of Hawai'i Press, 2003) 一书的考证，不会早于公元 5 世纪。至隋末唐初，道教道观与驻观道士女冠才开始大量出现。

5 楠山春树：《道教和儒教》一文着重讨论了道教戒律与儒教五伦之关系，载于[日]福井康顺等监修：《道教》第二卷（上海：上海古籍出版社，1992 年），页 39～70。

生活所遵循的手册。[1]其中卷下规定道士女冠有十条居山制度修道之要，第十即是"当念己身，父母长育之恩勿忘"。在此经"父母品"中有科条曰："出家之人，若道士、女冠，身心依道，俗化全一隔，然于鞠养，有殊常俗。若在远，随四时省间；若在近，随月朔省间；在寒在热，在凉在暄，定省之时。"[2]由此可以看到道士女冠虽不住家，但在归省双亲的问题上仍与世俗人并无二样，平常也要经常归省家里，向父母请安问候。[3]

既然生活于神圣空间中的道士女冠仍需谨记孝敬世俗空间中的双亲与君主，那么道士女冠向君亲致敬礼拜，也是题中之义。或许因为道教伦理与儒家伦理的调和过于圆融，以至于唐代道团的各种科条戒律经书中均无需强调道士女冠致拜君亲的礼节行为。笔者唯一能够找到证明道士女冠见到君亲必须礼拜的唐代道内文献，是初唐道士金明七真《洞玄灵宝三洞奉道科戒营始》的这一段：[4]

> 度人仪斋时未至，应度人列阶下，西面辞父母，谢九玄，合十二拜。次北面拜天子，四拜。所以者，冠带天尊法服，<u>更不复拜父母、国君故也</u>，于此入道之际，须辞谢耳。[5]

《三洞奉道科诫仪范》敦煌本也记："科曰：凡道士女冠经法其身，或未其法，但天尊法服在身，虽父母帝王之亲严，皆当别位则席，不得匀同座，及居出家人上倚立。达五帝伐魂，灭算一千二百。"[6]这两条文献都强调，道士在主持度人斋法事中，冠带天尊法服后，从凡俗之身（human body）变成天尊的神圣身体（sacred body）。在道教科仪的神学结构中，

---

1 唐初道观的宗教生活，在 Florian Reiter, *The Aspirations and Standards of Taoist Priests in the Early T'ang Period*（Wiesbaden: Harrassowitz, 1998）一书中有较详细的分析，但未注意到道士是否需向父母君王致敬的问题。

2《洞玄灵宝道学科仪》卷下，《正统道藏》第 24 册，页 777。

3 张培锋：《宋代僧人省亲作品的省亲观念初探》一文认为佛僧归省省亲行为是始于唐代，载于《世界宗教研究》2007 年第 1 期，页 35～40。道士女冠的省亲行为目前学界尚无专文探讨。

4 20 世纪 70 年代以来，西方与日本学界关于《洞玄灵宝三洞奉道科戒营始》的内容与年代有过多篇论文讨论，大致同意此书完成于 7 世纪中期。可参 Livia Kohn, "The Date and Compilation of the *Fengdao kejie*, the First Handbook of Monistic Taoism." *East Asian History* 13/14(1997):91-118。

5《洞玄灵宝三洞奉道科戒营始》卷 6，《正统道藏》第 24 册，页 765。

6《三洞奉道科诫仪范》敦煌本，《中华道藏》第 42 册，页 40。此敦煌本比现行《正统道藏》本保留了更原始的唐代记录。关于二版本内容的比较，见吉冈义丰：《三洞奉道科诫仪范の成立について》，载于吉冈义丰、苏远鸣合编：《道教研究》第 1 辑（东京：明森社，1965），页 5～108。

天尊作为天界主神是不能向世俗空间中的父母、国君致拜的，因此道士须于法事开始之前向父母和天子辞拜。这从侧面说明法事之外的日常生活，当道士女冠只是作为凡俗的个人时，致拜君亲乃是常情。

二、"致拜君亲"论争中沉默的道团

佛教僧尼不拜俗人，这是一个宗教信仰的原则问题，进入中国以后，这一教理与中国强调忠孝的儒家伦理发生极大冲突。唐代数次致拜君亲的争论，便是这一冲突的激烈化表现。

太宗贞观五年（631年）下月，"诏僧尼道士，致拜父母"。[1]虽然只是要求致拜父母，仍遭到佛教徒猛烈的反对。两年后，太宗撤销了这道敕令。高宗执政后仍谋划将宗教置于政治权力之下，显庆二年（657年），高宗重新提出致拜君亲的问题。朝廷发布诏书命令僧尼不得受其父母及尊长的礼拜。[2]这一诏令禁止父母尊长等世俗人向僧尼礼拜，为接下来朝廷命令僧尼反过来要致拜父母，投石问路。果然，诏敕没有遭遇佛教教团的强烈反应，被平静地接受了。到了龙朔二年（662年），高宗颁布"命有司议沙门等致拜君亲敕"，命令有司研讨有关"令道士女冠僧尼，于君皇后及皇太子其父母所致拜"，也就是道士女冠僧尼是否应该致拜君王与双亲的问题。[3]佛教方面立即掀起猛烈的反对运动，派高僧上表向武后的母亲杨氏陈情，又聚集京城僧侣上表。在此压力下，高宗撤回了原意，"前欲令道士女冠僧尼等致拜，将恐振骇恒心，爰俾详定"，但强调道士女冠僧尼仍须致拜自己的父母。[4]在佛教顽强的坚持之下，没过多久，朝廷连拜父母诏也都撤销了。

662年，唐高宗诏令佛道二教致拜君亲时，佛教的道宣、威秀等僧人曾对此进行激烈的反抗。当事人道宣和尚编著的《广弘明集》卷二十

1《资治通鉴》卷193。详细内容记载在《贞观提要》卷7《礼乐》。

2《全唐文》卷12，页147"僧尼不得受父母及尊者礼拜诏"。《唐大诏令集》卷113、《唐会要》卷47和《通典》卷68所提显庆二年诏与此相同。

3《广弘明集》卷25，《大正藏经》第52册，页284和《集沙门不应拜俗等事》卷3，页455，都记载了此诏的全文。

4《全唐文》卷12，页148"令僧道致拜父母诏"，《广弘明集》，页289和《集沙门不应拜俗等事》，页472皆称此诏为"今上停沙门拜君诏"，题目更为维护和突出佛教立场。

五和弘福寺彦悰和尚编纂的《集沙门不应拜俗等事》六卷，记载了高宗朝僧尼反对拜君亲的斗争过程。[1]而同样被强制要求致拜君亲的道教教团却鲜见表态。我们在同时期的高道潘师正以及稍晚的司马承祯、张万福、朱法满等道士的著述中，乃至后来《册府元龟》、《旧唐书》等官方史书中，看不到道团对此问题发出赞成或者反对的声音。那么道教教团内部对于致拜君亲的朝廷诏令，持何种态度？

正如上文所论述的，道教的宗教伦理观从六朝以来就接纳了儒家的忠孝伦理。致拜君亲的行为在佛教看来是宗教伦理向世俗社会屈服的表现，但在道教教义与伦理来说，却从来不成为问题，尤其是致拜父母的孝行本身也是道士日常应持的修行。我们需要追问的是，在朝廷与佛教就"致拜君亲"问题的角力中，道教究竟是无辜的连坐者，还是朝廷强制致拜的对象？

释家《集沙门不应拜俗等事》显然不认为道教是并肩作战的战友，其卷二记载了隋代在致拜君王的争论中，道教立场不坚定的事迹：隋炀帝大业三年（607年）颁布的《大业律令》条文规定"诸僧道士等，有所启请者，并先须致敬，然后陈理"。过了两年，炀帝在长安南郊接见群臣，佛教僧尼和道教道士女冠"依前跱立"，并未致拜炀帝。于是炀帝责问："条式久行，何因不拜？"结果"黄老士女闻便致礼，唯僧尼俨然"。[2]"黄老"即道士女冠的另一称呼，他们一受炀帝责问便屈服致礼，这反映出道团在致拜帝王的态度摇摆性。

道团对于致拜君王在隋代如果说还有犹豫，那么到了以道教教主老子为李氏先祖的唐代，向君王礼拜大概已经不成为问题。唐太宗贞观十一年（637年）发布"令道士在僧前诏"，称皇室李氏本源出自老子李聃，故令道士、女冠今后居于僧、尼之前，以敦返本之俗，尊祖之风。[3]显庆元年（656年）高宗为太宗追福祭祀而设立昊天观，由道士们举行例行的追荐法事。昊天观中设立太宗塑像，道士向其塑像礼拜，意味着也是向国家王权致敬，正如 Timothy H. Barrett 所言，昊天观的设立象征着李

1 均收载于《大正藏经》第 52 册《史传部四》。

2 《隋炀帝敕沙门致拜事一首(并兴善寺沙门明赡答)》，见《集沙门不应拜俗等事》卷 2。

3 《全唐文》卷 6，页 73 "令道士在僧前诏"。太宗以后的朝廷诏令一直遵循此精神，将道士女冠排名于僧尼之前。

氏皇朝将道观、国家祭祀以及皇家帝系联系起来。¹仪凤四年（679年）高宗又下敕令道士女冠隶于负责皇室宗族事务的宗正寺管理，即确认道团中人为李氏本家的族人。太宗历高宗朝，道教在享受着作为"本家家教"尊崇地位的同时，向本家天子致拜，应当也不与教义相违背。

唐初道士修持所遵循的道经，如《洞玄灵宝三洞奉道科戒营始》规定，道士女冠须向父母请安、致敬，并向天子致拜，这大概是当时道团中人惯行的行为。因此在显庆二年（657年）高宗不顾佛教教团反对，颁布"僧尼不得受父母拜诏"，以僧尼受父母礼拜，"有伤名教，因命僧尼不得受父母及尊者礼拜"。条文只针对僧尼不得接受父母的礼拜，并未提及道士女冠。²此乃因为当时道士女冠不仅没有接受父母和尊长的礼拜，而且平时还常向双亲礼拜，故而朝廷无需下令禁止。

龙朔二年（662年）在佛门掀起反对致拜君亲的运动中，即有亲佛的大臣指出，朝廷不应该要求僧尼如道士女冠一般致拜君王，甚至于道士"同俗致拜"也是违反道教教义的。《缮工监大监刘审礼监作上官突厥等议状》即明言："道士等身披老君之法服，口传老君之法言，同俗致拜（百王），恐乖其礼，谨议。"³这一记载显示了当时高宗虽然"令道士女冠僧尼，于君皇后及皇太子其父母所致拜"，其实道士女冠早已身体力行着这个政策精神，高宗诏令所要面对的是顽强抵抗的僧团，而非"同俗致拜"的道团。

高宗朝以数术见宠的大臣李淳风（602—670）在龙朔二年（662年）这场论争中也写有一表状以附和朝廷意旨。《兰台秘阁局郎中李淳风议状》"今令道士女官僧尼恭拜君亲，于道佛无亏，复从国王正法，大革前弊，深废浇讹"。⁴官至太史令的李淳风出身道教世家，父亲李播曾为隋

1 Timothy H. Barrett, *Taoism under the T'ang*. London: The Wellsweep Press, 1996, pp. 29-30. 关于唐代国家祭祀与道教仪式之间的关系，Howard J. Wechsler, *Offerings of Jade and Silk: Ritual and Symbol in the Legitimation of the T'ang Dynasty*（New Haven: Yale University Press, 1985）专门讨论郊祀、宗庙、陵寝、巡狩、封禅、明堂等唐代礼仪制度，对道教仪式涉及较少；另见丁煌《唐代道教太清宫制度考》（上、下篇），分载台湾省《成功大学历史系历史学报》第六、七号，1979~1980年，页275~314、页177~220。

2《全唐文》卷12，页147"僧尼不得受父母及尊者礼拜诏"。

3《缮工监大监刘审礼监作上官突厥等议状》收入《集沙门不应拜俗等事》卷4。《全唐文》卷188据此收入"刘审礼"条，唯篇名改为"议僧道不应拜俗状"。

4《兰台秘阁局郎中李淳风议状》，收入《集沙门不应拜俗等事》卷5。《全唐文》卷159据此收入"李淳风"条，唯篇名改为"议僧道不应拜俗状"。

143

末道士，李淳风虽无正式入道的文献记载，但唐代道书《黄帝宅经》、《太上赤文洞神三箓》、《金锁流珠》皆托名为其所著述和做注。[1]在这封议状中李淳风提出道士女官僧尼恭拜君亲并不会违背道教佛教的教义（"于道佛无亏"），如此鲜明的赞成态度大概也代表了当时道团附和朝廷的姿态。太常寺博士吕才也进议状表示同样的立场"又案道经云，道士一人得道乃追荣七叶父母。此则立身成道，贵于追显前叶……今令僧尼道士女官拜敬父母，亦是不违本教"。[2]

高宗朝遭遇佛教强烈反对而搁置的致拜君亲问题，到了玄宗执政之伊始重新被提出。714 年，玄宗颁布《令道士女冠僧尼拜父母敕》，命令"自今以后，道士、女冠、僧尼等，并令拜父母。丧纪变除，亦依月数"。[3]开元二十一年（733 年），玄宗再次下令僧尼必须跟随道士女冠之例，致拜君王，并重申要一并致拜父母。《唐大诏令集》"僧尼兼拜父母诏"曰：

> 道教释教，其来一体，都忘彼我，不自贵高。<u>近者道士女冠，称臣子之礼</u>，僧尼企踵，勤诚请之仪。以为佛初灭度，付嘱国王，猥当负荷，愿在宣布，盖欲崇其教而先于朕者也。<u>自今已后，僧尼一依道士女冠例，兼拜其父母</u>，宜增修戒行，无违僧律，兴行至道，俾在于此。[4]

诏书透露出道教教团早已依臣子之礼拜君王、拜父母，僧尼理应仿效。道教在这里是作为佛教的榜样而被提及的。这也从官方诏书的角度肯定了道教遵循政府所倡行的儒家伦理之积极态度。在玄宗强大的封建

---

1 Timothy H. Barrett, "Towards a Date for the Chin - So Liu - Chu Yin"（*Bulletin of the School of Oriental and African Studies* 53. 2(1990)：292-294）考证了《金锁流珠》的年代应该不早于安史之乱，李淳风做注当是伪托。不过托名李淳风的道书在中唐以来流行，也说明李淳风与道团的亲密关系。

2《太常寺博士吕才等议状》，收入《集沙门不应拜俗等事》卷 5。《全唐文》卷 160 据此收入"吕才"条，唯篇名改为"议僧道不应拜俗状"。

3《唐大诏令集》卷 113，页 588。

4《唐大诏令集》卷 113，页 588。《全唐文》卷 30 收入内文大致相同的诏敕，唯题为"令僧尼无拜父母诏"，意思完全相反。砺波护《唐代贯彻僧尼拜君亲政策始末》页 80～81，页 103～104 追究《全唐文》这道诏敕的史料来源，将之与《册府元龟》的静嘉堂文库藏本及京都大学内藤湖南旧藏的两部明钞本作文献的校勘订正，又确认了其发布时间，认为"令僧尼无拜父母诏"的"无"字为笔误，应以《唐大诏令集》的"兼"字为是。

王权之下，佛教教团改变了近五百年传统，顺从地拜见父母与君王，"佛教在开元末年终于屈服于王法"。[1]

综上所述，我们大致可以理解道教在唐代历次致拜君亲事件一直保持沉默。沉默，表示一种默许。早在政府颁布佛道致拜君亲之前，道团中人早已在日常行为规范中，遵循着儒家礼教的忠与孝。

余论：沉默之下的身份认同

虽然道团在致拜君亲问题上保持沉默，在日常宗教生活中却实践着朝廷的政策精神。但朝廷并未因此而将道教划出强制致拜君亲的行列中，多次诏令将顺从的道团与反抗的僧团相提并论。这种看似对二教平等看待的态度，在佛教看来是对其教义的干涉，在道教来说却是宣布其一直以来致拜君亲行为的政治正确性。因此我们不能单凭诏令的字面表述，便判断道士女冠当时与僧尼一样也是反对致拜君亲的。

事实上，唐政府这种表面平等、实际崇道抑佛的宗教政策倾向，早在唐高祖时候即已显现。唐高祖武德四年（621 年）开始，道士傅奕（554—639）前后七次上疏主张废佛毁佛，本来就同情道教的唐高祖有意废佛。但在武德九年（626 年）四月所颁布的诏令中，高祖却宣布淘汰"诸僧尼、道士、女冠"，而且在天下诸州各留寺院、道观一所，其余全部罢废。[2]本来由道教徒发动的废佛，到头来却是各打五十大板，佛道二教同遭沙汰。

显庆二年（657 年）高宗不顾佛教教团反对，颁布"僧尼不得受父母拜诏"，初唐时期，道观数量远远少于佛教寺庙，道观在全国地方州县的普及度尚未达到一州一观的规模。一直到高宗乾封元年（666 年）令天下各州置立一官立道观和佛寺，道教方在政府的政策支持下建立起全国的道观网络。[3]因此高祖武德九年（626 年）诏令表面看似公平，但实

---

1 砺波护：《唐代贯彻僧尼拜君亲政策始末》，页 112。

2 《唐大诏令集》"诸僧尼、道士、女冠等，其不能精进，戒行有阙，不堪供养者，并令罢遣，各还桑梓"。《旧唐书》卷 1《高祖纪》"武德九年五（四）月辛巳"条也载录此诏书。

3 Timothy H. Barrett, *Taoism under the T'ang* 指出高宗在封禅大典之后于天下诸州各置观、寺一所，对于道教尤其意义非常，这是道教首次在全国范围内有了国家支持的道观网络。对于佛教而言，全国官立寺院的网络早在隋代就已建立。开元二十六年完成的《大唐六典》卷四《礼部·祠部郎中员外郎》记载，当时天下道观有 1687 所，佛寺 5358 所，可见经过玄宗的崇道政策，道观与佛寺的比例为 1:3，道教的宫观规模仍远不及佛教。

际矛头却是指向大张旗鼓营造寺塔的佛教。[1]

　　道教受到国家政权如此的优待，但却屡屡在朝廷"三教论衡"中败北。[2]与法琳、道宣等高僧屡屡撰写饱含宗教热情与宗教操守的护教文集以澄明教义的积极行为相比，道团在"三教论衡"这种尤其需要护教文论的论争中沉默着，无为着。正如 Kristofer Schipper（施舟人）在"Purity and Strangers: Shifting Boundaries in Medieval Taoism"一文所指出的，道团在初唐数次论争中的沉默，乃是道教从来是中国土生土长的宗教，无须对中国社会与统治者辩明自己的文化身份，也没有外来宗教身份认同的危机。而且由于李氏王朝将道教尊为国教，道教在唐代已然成为国家身份的文化符号。[3]相形之下，致拜君亲论争中的佛教，却始终在国家权力的强压之下申诉着、抗争着，直至最后的屈服，于是形成了卷轶甚多的护教文字。如果说僧尼致拜君亲是外来的佛教与儒家礼教秩序的冲突与妥协，那么道教在致拜君亲问题上的"讷于言而敏于行"，恰恰反映了道教在唐代不辩自明的国家宗教之身份认同。

---

　　1 道端良秀：《唐朝にける道教对策--特に官道观设置と道举に就いて》，《支那佛教史学》1.4 (1940):30～56。

　　2 罗香林：《唐代三教讲论考》，载于《唐代文化史》（台北：商务印书馆，1955 年），页 159～176。

　　3 Kristofer Schipper, "Purity and Strangers: Shifting Boundaries in Medieval Taoism," *T'oung Pao* V.80 (1994): 61-81.

试论皎然饮茶诗在茶禅发展史上的地位

萧丽华

一、茶禅发展历史概述

中国茶文化的发展近两千年，累积古典茶书至少有 124 种[1]，可以说是结合雅俗，熔冶儒道释文化精髓于一炉的，民族生活与精神思想的表征。

茶文化的发展从药用、饮食，演进到生活艺术与思想表征，有其漫长的历史，但茶与思想结合的过程是先道后禅，有其文化演变的轨迹，但究竟茶禅起始于何时何人？这是值得探究的第一个问题。

相传神农尝百草，即知茶有解毒药效[2]。饮茶的起源，据清人顾炎武《日知录》云："自秦人取蜀而后，始有茗饮之事。"推测饮茶始于战国末期，但缺乏直接、有力的证据。到西汉王褒《僮约》有"烹茶尽道"、"武阳买茶"等记载[3]，足以证明西汉饮茶有史可据。《僮约》写定于公元前 59 年，算起来中国的饮茶历史已逾二千年。[4]

---

1 据余悦《让茶文化的恩惠洒满人间——中国茶文化典籍文献综论》一文的统计。见陈彬藩主编《中国茶文化经典》（北京：光明日报出版社，1999 年）页 5。

2 成书于东汉的《神农本草经》记载："神农尝百草，日遇七十二毒，得荼而解之。"收于陈彬藩主编《中国茶文化经典》（北京：光明日报出版社，1999 年）页 5。布目潮渢《中国喫茶文化史》则提出"喫茶は中国少数民族起源か"、"喫茶は神農から始まつたか―茶の藥用起源說"两种说法。（东京都：岩波书店，2001 年）页 29、43。

3 王褒之前可能已有茶文献如《尔雅·释木》、司马相如《凡将篇》等，但其原书资料散佚，今人所见都从唐陆德明《尔雅释文》中辑出，故王褒《僮约》可能是现存最早的茶文献，其文见《汉魏六朝百三家集》卷六，收于陈彬藩主编《中国茶文化经典》（北京：光明日报出版社，1999 年）页 3～4。

4 茶的别名有"荼"、"槚"、"蔎"、"茗"、"荈"等，见《陆羽〈茶经〉一之源》（上海：上海文化出版社，2003 年）页 6。据吴智和的考察，"荼"前缀见于《诗经》、"槚"前缀见于《尔雅》、"蔎"前缀见于《方言》、"茗"前缀见于《晏子春秋》、"荈"前缀见于《凡将篇》，从这些书的年代推测茶的起源逾两千年。见吴智和撰述、陆羽《茶经》（台北：金枫，1986 年）页 3。

六朝时，饮茶文化开始发展出文人的生活美学与道家辅助修道的观念。杜育《荈赋》云："沫沉华浮，焕如积雪、烨若春敷。"张载《登成都楼诗》云："芳**茶**冠六清，溢味播九区。人生苟安乐，兹土聊可娱。"[1]茶味芬芳清雅，茶色如雪积、春敷，已经成为文人赏爱之乐。至于陶宏景《名医别录》云："**茗茶**轻身换骨，昔丹丘子、黄山君服之。"[2]《神异记》云："余姚人虞洪，入山采茗，遇一道士迁三青牛，引洪至瀑布山，曰：'吾，丹丘子也。闻子善具饮，常思见惠。山中有大茗可以相给，祈子他日有瓯牺之余，乞相遗也。'因立奠祀，后常令家人入山，获大茗焉。"壶居士《食忌》云："苦茶久食，羽化。"[3]由此，可以看出南朝道士将茶视为换骨神方。

佛教坐禅饮茶最早可追溯至晋代，据吴立民《中国的茶禅文化与中国佛教的茶道》[4]一文考证，饮茶生活进入僧人禅坐世界的记录，最早见于《晋书·艺术传》[5]，内容记载敦煌行者单道开在后赵都城邺城昭德寺修行，藉由"茶苏"以防止睡眠，颇具精神。可见晋代僧人已经认为"茶"有助于参"禅"。释道悦《续高僧传》也记载南朝宋僧人法瑶入山寺，遇年纪垂老的沈台真，于饭所饮茶。[6]晋高僧慧远还曾于江西庐山东林寺与陶渊明，话茶吟诗，叙事谈经。这都可看出晋代僧人的饮茶之风。

然而，茶禅文化之真正确立与普及，应是从唐代开始。唐封演《封氏闻见记》卷六《饮茶》载："开元中，泰山灵岩寺有降魔师，大兴禅教。学禅务于不寐，又不夕食，皆许其饮茶，人自怀挟，到处举饮，从此转

---

1 杜育《荈赋》见于《艺文类聚》卷八六、张载《登成都楼诗》见逯钦立《先秦汉魏南北朝诗》，均收于陈彬藩主编《中国茶文化经典》（北京：光明日报出版社，1999 年）页 4。

2 陶宏景《名医别录》见《太平御览》卷八六七，收于陈彬藩主编《中国茶文化经典》（北京：光明日报出版社，1999 年）页 6。

3 《茶经》七之事载录《神异记》《食忌》等文字，见程启坤、杨招棣、姚国坤合著《陆羽"茶经"解读与点校》（上海：上海文化，2004 年），页 146。

4 吴立民《中国的茶禅文化与中国佛教的茶道》，《法音》2000 年第 9 期。

5 《晋书》卷九十五《艺术传》云："单道开，敦煌人也。常衣粗褐，或赠以缯服，皆不着。不畏寒暑，昼夜不卧。……于房内造重阁，高八九尺，上编管为禅室，常坐其中……日服镇守药数丸，大如梧子，药有松蜜姜桂伏苓之气，时复饮茶苏一二升而已，自云能疗目疾，就疗者颇验，视其行动，状若有神。"（台北：鼎文书局，1987 年出版），页 2492。

6 《茶经》七之事载《续高僧传》云："宋释法瑶，姓杨氏，河东人。永嘉中过江，遇沈台真，请真君武康小山寺，年垂悬东，饭所饮茶。"见《陆羽"茶经"解读与点校》（上海：上海文化，2004 年），页 146。

相仿效，遂成风俗。"[1]从这里可以看到唐开元时期（713年至742年），由僧人坐禅、饮茶助修，以致形成民间转相仿效的饮茶风俗。唐代饮茶文化迅速广泛地流传于各僧院中，僧人不只饮茶参禅，也以茶供佛[2]，寺庙中更设有"茶堂"，作为招待宾客品茗、讨论禅佛之理，同时亦设置"茶鼓"，以击鼓召集寺院僧人饮茶，还有专门煮茶的"茶头"与为游客惠施茶水的"施茶僧"。[3]僧人与文人之间，除了以诗文会友之外，也因此产生了"茶宴"。[4]

中国第一部茶经因此产生。《封氏闻见记》卷六《饮茶》云："楚人陆鸿渐为茶论，说茶之功效，并煎茶炙茶之法，造茶具二十四事，以都统笼贮之，远近倾慕，好事者家藏一副。有常伯熊者，又因鸿渐之论广润色之，于是**茶道**大行。"[5]陆鸿渐指陆羽（733—804），《茶经》一书的完成（765年）[6]代表茶文化的的奠立，从此茶的功效更为世人所了解，茶禅文化也在僧俗往来中更形规模。[7]禅宗宗门因此将坐禅饮茶列为规制，写入《百丈清规》中。佛教丛林制度，由唐百丈禅师立《百丈清规》

---

1 唐封演《封氏闻见记》，见《钦定四库全书》子部十（台北：新文丰出版公司，1983年）。

2 《佛祖历代通载》卷十四记载："羽字鸿渐，初为沙门得之水滨，畜之既长，以易自筮，得蹇之渐，曰'鸿渐于陆，其羽可用以为仪'，乃以陆为姓氏，名而字之。……天宝中，太守李齐物异之，授以书。貌侻陋，口吃而辨。上元中隐苕溪，与沙门道标皎然善。自号桑苎翁。阖门著书，自拜太子文学，不就。嗜茶，著茶经三卷，言茶之原之法之具尤备，天下益知饮茶矣。时鬻茶者至陆羽形置突间，祀之茶神。初开元中有逸人王休者，居太白山。每至冬取溪冰敲其精莹者煮，茗共客饮之。时觉林寺僧志崇取茶三等，以惊雷笑自奉，以萱草带供佛，以紫茸香待客，赴茶者至以油囊盛余滴以归。"《大正新修大藏经》第49册，页611中。又《大慧普觉禅师语录》云："所以今日作一分供养，点一盏茶，烧此一炷香。"《大正新修大藏经》第47册，页844下。可见以茶供佛在唐代早已成为风气。

3 方立天《中国佛教与传统文化》一书中，提及寺院种茶和饮茶风气，促进民间饮茶习俗之普及，并说明寺院如何将品茗制度化。唐代禅宗盛行，寺院开始专设"茶堂"，成为禅僧讨论佛理招待宾客品茗的好地方，同时设置"茶鼓"，击鼓以召集众僧饮茶。上有"茶头"，专事烧水煮茶，献茶待客。又有"施茶僧"，为游客惠施茶水。饮茶后礼佛，成为禅僧每日的功课。（上海：人民出版社，1994年），页404～406。

4 唐人李嘉佑《秋晓招隐寺东峰"茶宴"送内弟阎伯均归江州》诗云："万畦新稻傍山村，数里深松到寺门。幸有香茶留释子，不堪秋草送王孙。烟尘怨别唯愁隔，井邑萧条谁忍论。莫怪临歧独垂泪，魏舒偏念外家恩。"《全唐诗》卷二〇七，页2165。

5 唐封演《封氏闻见记》，见《钦定四库全书》子部十（台北：新文丰出版公司，1983年）。

6 据梁子《中国唐宋茶道》所考，（陕西：人民出版社，1997年）页44。关于《茶经》成书时间众说不一，约为公元765前后，此处不拟赘论。

7 陆羽自幼被智积禅师收养，智积禅师对于种茶、制茶、煮茶、品茶颇有研究，陆羽受此陶冶，完成世界历史上第一部茶叶专书《茶经》。此书的出现，也可视为茶与禅的结合，因陆羽不仅生长于寺院，对于僧人饮茶之传统与僧人饮茶的心境均十分了解，同时陆羽好与文士僧人交游，在互动的过程中，也促成茶禅的流布。（程启坤、杨招棣、姚国坤合著《陆羽〈茶经〉解读与点校》，上海：上海文化，2004年，页63）。

而创定，《百丈清规·住持章第五》有"新命茶汤"、"受两序勤旧煎点"、"挂真举哀奠茶汤"、"对灵小参奠茶汤"；《百丈清规·节腊章第八》有"赴茶"、"旦望巡堂茶"、"方丈点行堂茶"等条文[1]，此后宋代宗颐的《禅苑清规》中更明文规定丛林茶禅及其次第茶礼。[2]

从历史看来，茶禅文化酝酿于晋代僧人的饮茶之风，建立相关的制度与礼仪于唐代的佛教丛林，重要的茶禅美学也成就于唐代的僧俗往来之间。[3]本文即从唐代僧人皎然的诗文入手，进一步观察唐人饮茶诗从何时开始大量注入禅思？而诗僧皎然在此中扮演何种地位？

二、皎然饮茶诗纪录唐代茶会

从《全唐诗》检索可知，茶诗的大量创作从中唐开始，诗僧皎然（720—805）[4]显然是其中重要角色。[5]皎然饮茶诗现存 25 首，不但纪录不少唐代饮茶风尚与"茶宴"，表达出茶与禅结合的思想，更可看出他帮助陆羽完成《茶经》，是奠定唐代茶禅文化的第一个功臣。

皎然诗中写到茶会、茶宴者不少，如《答裴集阳伯明二贤各垂赠二十韵，今以一章用酬两作》云："清宵集我寺，烹茗开禅牖。发论教可垂，正文言不朽。"《陪卢判官水堂夜宴》云："久是栖林客，初逢佐幕贤。爱君高野意，烹茗钓沦涟。"《晦夜李侍御萼宅集，招潘述、汤衡、海上人饮茶赋》："茗爱传花饮，诗看卷素裁。风流高此会，晓景屡裴回。"[6]可

---

1 南怀瑾《禅宗丛林制度与中国社会》一文指出，百丈禅师建立禅宗丛林，体现中国传统文化"礼"的表现，它具有相似于宗教性的、人情味的人类文化精神之升华。其中茶礼的建立有：嗣法人煎点、受嗣法人煎点、受请人煎点、受两序勋旧煎点等，尤其对比丘圆寂的礼仪特别隆重，从"入龛，请主丧，请丧司执事，孝服，佛事，移龛，挂真举哀茶汤。对灵小参奠茶汤念诵致祭。祭次，出丧挂真奠茶汤……"仪式繁复。见《现代佛教学术丛刊》第 90 期（1980.10）页 317～374。

2 见孔令敬《禅清规に於ける礼の表现形式と喫茶》《大正大学大学院研究论集》19 卷（1995年），页 117～127；刘淑芬《〈禅苑清规〉中所见的茶礼与汤礼》，京都大学人文科学研究所创立七十五周年纪念"中国宗教文献研究国际研讨会"（2004 年 11 月 18～21 日）。

3 关于茶文化的渊源与美学，笔者已经有《中日茶禅的美学渊源》一文发表于《法鼓人文学报》第三期，2006 年 12 月。

4 有关皎然生平详参贾晋华《皎然年谱》（厦门：厦门大学出版社，1992 年）。

5 笔者从《全唐诗》检索唐代的茶诗，得到诗僧灵澈 1 首、皎然 25 首、寒山 7 首、拾得 5 首、丰干 2 首、灵一 3 首、齐己 26 首、贯休 25 首。以上诗僧依时间排列，可知中唐以皎然为首，晚唐以齐己与贯休为重要人物。

6 诗见《全唐诗》卷 816、817，第 23 册（北京：中华书局，1960 年）页 9188、9205、9207。

以看出唐代文会饮茶之风的兴盛。似乎唐人茶会、茶宴都半在清宵夜集，或在山寺禅院，或在高官家宅，也有在茶山的茶亭或清雅的郊野[1]。宴中主要是烹茗、发论、传花饮、看诗卷，共赏高会风流[2]。

湖州是唐代贡茶最大的产地，刺史颜真卿自然成为湖州一带茶会的中心人物。颜真卿用来招待茶客、诗僧、文士的场所，称为"水堂"，其诗集《水堂集》中收有许多茶会中的联句，皎然与其《晦夜李侍御萼宅集，招潘述、汤衡、海上人饮茶赋》一诗中提到的李萼、潘述等人都曾是座上宾。《水堂集》中的联句颇能观察出唐人茶会的气氛，如《五言月夜啜茶联句》：

> 泛花邀座客，代饮引情言。（陆士修）
>
> 醒酒宜华席，留僧想独园。（张荐）
>
> 不须攀月桂，何假树庭萱。（李萼）
>
> 御史秋风劲，尚书北斗尊。（崔万）
>
> 流华净肌骨，疏瀹涤心原。（颜真卿）
>
> 不似春醪醉，何辞绿菽繁。（皎然）
>
> 素瓷传静夜，芳气满闲轩。（士修）[3]

这首联句中"泛花"、"流华"、"素瓷"、"芳气"可以看出当时品茶活动重在观沫花、讲器具、重茶香等茶艺活动；而诗中表现唐人茶会中宾主相敬、和诗相亲的和谐与清雅气氛[4]，则显出茶礼的庄严；"华席"、"闲轩"等场所是为茶境；颜真卿诗句"流华净肌骨，疏瀹涤心原"，则为以茶禅修道的思想。这首诗可说是充分重现唐人茶会现场，保有完整茶道美学的作品。《水堂集》中还有许多联句，可以看出小型茶会只有宾主二人，大型茶会还有多到十九人的。联句主要可作为唐人茶会之茶艺、茶礼、

---

1 如白居易《夜闻贾常州崔湖州茶山境会亭欢宴》、朱庆余《凤翔西池与贾岛纳凉》二诗的茶会，一在茶山、一在西池。见《全唐诗》卷 447、514（北京：中华书局，1960 年）页 5028、5866。

2 如果是文人茶，所赏的内容非常丰富，包括 1.歌舞 2.调琴 3.弈棋 4.观画 5.赏月听钟 6.书法 7.写诗绘画 8.鉴水 9.茶器。这只是梁子《中国唐宋茶道》粗略的归纳，其实还有其他。（陕西：人民出版社，1997 年）页 93～104。

3 见《全唐诗》卷 788，第 22 册，（北京：中华书局，1960 年）页 8882。

4 根据梁子《中国唐宋茶道》的考察，（陕西：人民出版社，1997 年）页 50。

茶境与修道的观察[1]，但每人两句的联句作品，除了记录场面、抒发杂感之外，很难提出系统的理念，因此其中浮现的茶禅思想远不及皎然诗丰富。

三、皎然饮茶诗的禅思

禅宗进入中唐时期已经创造出"茶禅一味"的饮茶之道，赵州和尚"吃茶去"的公案即可证明，赵州曾问新到僧："曾到此间否？"僧曰："曾到。"师曰："吃茶去。"又问僧，僧曰："不曾到。"师曰："吃茶去"。后院主问曰："为什么曾到也云吃茶去，不曾到也云吃茶去？"赵州招院主，院主应诺。师曰："吃茶去。"[2]这则公案指出赵州禅师以茶示道的路径。皎然早于赵州禅师，已经以茶诗示道，现存的皎然饮茶诗中出现禅思者有六首：

《对陆迅饮天目山茶因寄元居士晟》："喜见幽人会，初开夜客茶。日成东井叶，露采北山芽。文火香偏胜，寒泉味转嘉。投铛涌作沫，着碗聚生花。稍与禅经近，聊将睡网赊。知君在天目，此意日无涯。"（《全唐诗》卷818）

《饮茶歌诮崔石使君》："越人遗我剡溪茗，采得金牙爨金鼎。素瓷雪色缥沫香，何似诸仙琼蕊浆。一饮涤昏寐，情思爽朗满天地。再饮清我神，忽如飞雨洒轻尘。三饮便得道，何须苦心破烦恼。此物清高世莫知，世人饮酒徒自欺。好看毕卓瓮间夜，笑向陶潜篱下时。崔侯啜之意不已，狂歌一曲惊人耳。孰知茶道全尔真，唯有丹丘得如此。"（《全唐诗》卷821）

《饮茶歌送郑容》："丹丘羽人轻玉食，采茶饮之生羽翼。（天台记云：丹丘出大茗，服之羽化。）名藏仙府世莫知，骨化云宫人不识。雪山童子调金铛，楚人茶经虚得名。霜天半夜芳草折，烂漫缃花啜又生。常说此茶祛我疾，使人胸中荡忧栗。日上香炉情未毕，

---

1 《水堂集》联句尚有《水堂送诸文士戏赠攀丞联句》、《与耿湋水亭咏风联句》、《五言夜宴咏灯联句》、《七言乐语联句》等，可以看出当时的茶会联句诗也加入许多文人游戏，如以诗戏赠，或同咏一"乐"字作为主题。见《全唐诗》卷788～790，第22册，（北京：中华书局，1960年）页8881～8888。

2 《五灯会元》卷四，（台北，文津出版社，1986年）页204。

乱踏虎溪云。高歌送君出。"（《全唐诗》卷821）

《山居示灵澈上人》："晴明路出山初暖，行踏春芜看茗归。乍削柳枝聊代札，时窥云影学裁衣。身闲始觉骧名是，心了方知苦行非。外物寂中谁似我，松声草色共忘机。"（《全唐诗》卷815）

《白云上人精舍寻杼山禅师兼示崔子向何山道上人》："望远涉寒水，怀人在幽境。为高皎皎姿，及爱苍苍岭。果见栖禅子，溽湲灌真顶。积疑一念破，澄息万缘静。世事花上尘，惠心空中境。清闲诱我性，逐使肠（一作烦）虑屏。许共林客游，欲从山王（一作主）请。木栖无名树，水汲忘机井。持此一日高，未肯谢箕颍。夕霁山态好，空月生俄顷。识妙聆细泉，悟深涤清茗。此心谁得失，笑向西林永。"（《全唐诗》卷816）

《七言日曜上人还润州》："送君何处最堪思，孤月停空欲别时。露茗犹芳邀重会，寒花落尽不成期。鹤令先去看山近，云爱初飞到寺迟。莫倚禅功放心定，萧家陵树误人悲。"（《全唐诗》卷819）

从以上引诗，可以看出皎然将禅与茶事结合的种种比论，如《对陆迅饮天目山茶因寄元居士晟》一诗提出茶道"稍与禅经近，聊将睡网赊"；《白云上人精舍》一诗从栖禅子的幽境说起，谈茶沫花尘、细泉清茗，能澄息、空心、清性、屏虑；《九日与陆处士羽茶》谈茶香能助逍遥适性；《饮茶歌诮崔石使君》谈不破烦恼能清神得道之妙法——饮茶；《饮茶歌送郑容》谈以茶祛疾荡忧，等等。皎然可以说是现存文献中，最早提出茶禅理论者，他将茶道比附为禅经，说明饮茶之听泉、观沫、闻香、辨色中的禅境，呈现禅者涤心静虑的精神意义。

唐人的饮茶诗多半只有抒发情志，如白居易[1]；皎然前后唐代僧人的饮茶诗也很少论禅，如灵一饮茶诗只有两首[2]，这两首诗中虽然提到茶，

---

[1] 白居易饮茶诗的作品共计六十四首，可堪称是中唐时代文人写茶诗之冠。他在饮茶诗中寄托的思想内涵，主要是从"兼济天下"的大志转入"独善其身"的"中隐"生活，并流露出唐人的生活美学。见王宏仁《白居易茶诗的文化内涵与生活美学》，南华大学文学研究所1995年硕士论文。

[2] 《与亢居士青山潭饮茶》诗云："野泉烟火白云间，坐饮香茶爱此山。岩下缚舟不忍去，清溪水流暮潺潺。"《题王乔观傅道士所居》诗云："王乔已去空山观，白云只今凝不散。坛场月路几千年，往往笙歌下天半。瀑布西行过石桥，黄精采根还采苗。忽见一人擎茶椀，蓼花昨夜风吹满。自言住处在东坡，白犬相随邀我过。松间石上有棋局，能使樵人烂斧柯。"见《天台前集》卷下。

但只是将饮茶融入自然生活情境中，并未谈禅。寒山饮茶诗只有《诗三百三首》中的第191首一首，诗云："久住寒山凡几秋，独吟歌曲绝无忧。蓬扉不掩常幽寂，泉涌甘浆长自流。石室地炉砂鼎沸，松黄柏茗乳香瓯。饥餐一粒伽陀药，心地调和倚石头。"[1]诗中烹茗之余，饮茶闻香，以伽陀为药，也未特意表达禅法；因此我们可以确定，从皎然开始饮茶诗才大量出现禅思痕迹。

从茶与禅的结合来说，皎然饮茶诗提供许多助禅的参考法门。他指出茶事"与禅经近"，饮茶能澄息、空心、清性、屏虑，"使人胸中荡忧栗"，又可以"一饮涤昏寐"、"再饮清我神"、"三饮便得道"，进入"外物寂中"。从以上的诗例可知其中隐然已现的禅法，涵盖着色、身、香、味等根尘清境的意义。

目前学者提出茶禅法门的文献极少。笔者只看到吴立民提出的"如来禅、秘密禅、祖师禅"，吴静宜提出的"天台禅"和游祥洲的"如来禅"说法。吴立民认为：

> 人体有色息心三大要素之分支，生活有饮食、呼吸、睡眠三大活动之需要（佛家谓为色息心），禅定有种种分类，从色息心上分，色息心三者相互联系，不可分割，但修持有所侧重。如来禅着重息法，断惑证真，转识成智；秘密禅着重色法，入我我入，即身成佛；祖师禅着重心法，明心见性，即心成佛。禅定亦因三大法系而展开。茶与佛家这三种禅定都结下不解之缘，赋予了茶禅文化极为丰富的内涵，使世俗间的饮茶活动逐步升华为佛门的茶道。

又说：

> 中国佛教最先推行的禅定大都是四禅八定的如来禅，如来禅是坐禅，讲究安般守意的息法息道，与后来祖师禅的参禅、行住坐卧都是禅是不同的。坐禅需要静虑专注，心一境性，而茶本具的"降

1《全唐诗》卷806，页9087。

火、提神、消食、解毒、不发"等等药性药效，其功用正好有助于摄心入定，所以茶与禅修结合，乃极自然而必然之事。[1]

吴静宜则从智者禅师的天台禅入手，说：

> 智者大师（538—597）于天台山华峰顶降魔大悟，证悟法华圆顿中道实相。其将三谛思想与法华圆意融合应用，建立天台一心三观、一境三谛的理论基础。天台"止观"，又称为定慧，藉由止观相辅以完成佛道。……《修习止观坐禅法要》指出调五事是指调食、调眠、调身、调息、调心。一般人认为品茗对于此五事皆有帮助，刚开始品茗有助于调眠，预防坐禅的过程中昏睡。后来发现藉由茶还可以调食、调眠、调身、调息、调心，使行者达到乐欲，达到禅定之境。智者认为修行者"善调五事，必使和适，则三昧易生；有所不调，多诸防难，善根难发"。

又说：

> 智者自证法华三昧，"三昧"即正定，指善心住于一处，寂然不动。修行的方式包括常坐、常行、半行半坐、非行非坐四种三昧，《文殊说摩诃般若经》指常坐三昧又称一行三昧，心专于一行而修习的正定，以达到三谛三观之妙境。……换句话说，也就是在品茶的过程中，同时实践对境修止观，眼观茶色，耳听水沸，鼻闻茶香，舌品茶味，自能身体轻灵，自在得法。如《大般涅槃经》所云："如来一根，亦能见色、闻声、嗅香、别味、觉触、知法。"此亦六根互用之旨。[2]

我们如果从智者大师的《释禅波罗蜜次第法门》来看也可知。《释禅波罗蜜次第法门》卷八云："所言通者，谓从初修习即通观三事，若观息时即

---

1 吴立民《中国的茶禅文化与中国佛教的茶道》，《法音》2000 年第 9 期（总第 193 期）。
2 吴静宜《天台宗与茶禅的关系》，《台北大学中文学报》创刊号，2006 年 7 月，页 259～286。

通照色、心，若观色乃至心亦如是。此法明净，能开心眼，无诸暗蔽。既观一达三，彻见无阂，故名通明。复次善修此禅，必定能发六通、三明故。……入禅已欲得身通，系心鼻端观息入出。"[1]这是天台的"通明观"。对照茶禅来看，品茗的过程中通照色、心，"通明观"讲求"观一达三"：观息、观色、观心，三事通观。饮茶也是如此，品茗闻香藉以调息、观茶色清澈透明，藉以观心。通明观中初禅观息，辨息相"如心"。"云何观息？谓摄心静坐，调和气息，一心谛观息想遍身出入。若慧心明利，即觉息入无积聚，出无分散，来无所经由，去无所履涉。虽复明觉息入出遍身如空中风，性无所有。复次，行者若观息时，既不得息，即达色心空寂。何以故？三法不相离故。"[2]由此可知"通明观"之"观一达三"，是天台禅法可与品茗之间密合无间的入道途径。

游祥洲认为："基本上，'禅茶'在汉传佛教体系里，有两个主要的传承。一是以浙江天台山为代表的'如来禅'体系，一是以河北石家庄柏林禅寺为代表的'祖师禅'体系。……就目前的文献来看，汉传佛教最早把'禅'与'茶'结合在一起的是天台山的智者大师。"[3]游氏此文并未申明文献根据何在，但他视"天台禅法"为"如来禅"体系的说法颇值得参考。

依照皎然生平与上列三家文献的分说来看，皎然茶禅的路数应属于天台禅法。皎然，俗姓谢，字清昼，湖州长城卞山（今浙江偿兴县）人，曾入天台山为僧，是个遍参天台宗、密宗、华严宗、禅宗南北宗诸家义谛的高僧。[4]因此皎然诗中有一股直觉观照的禅风[5]，饮茶诗也不例外。永嘉禅师云："行亦禅、坐亦禅，语默动静体安然"[6]，禅僧所欲追求的是清净、修心、静虑、智慧、悟道等修行，而品茗有助于坐禅之调食、

---

1 《释禅波罗蜜次第法门》卷八，《大正新修大藏经》第 46 册，页 529 上～页 534 上。

2 《释禅波罗蜜次第法门》卷八，《大正新修大藏经》第 46 册，页 529 上。

3 游祥洲《禅茶与生命教育》，万能科技大学 2007 年 5 月 26 日《第五届生命关怀教育学术研讨会》页 179～216。

4 见王家琪《皎然诗研究》，收入《中国佛教学术论典》第 107 册（台北：佛光文教基金会，2004年）页 299～300。

5 王家琪《皎然诗研究》指出："皎然因为有'无心应物'的禅观修行经验，所以当他驾轻就熟地运用诗的方式来表现禅时，禅的直观观照方式就体现在他的诗歌创作里。"见《中国佛教学术论典》第 107 册（台北：佛光文教基金会，2004 年）页 303。

6 《永嘉证道歌》卷 1，《大正新修大藏经》第 48 册，页 0396a。

调睡眠、调身、调息与调心。皎然茶诗明显开始出现品茗与参禅的直观对应，从茶禅发展历史来说，皎然饮茶诗居于开风气的地位。

再从"茶道"的角度来说，吕维新《唐朝禅宗对茶文化的杰出贡献》提出一个观察："皎然创造性率先提出了茶道这个词，……我国茶道一词就是他在《饮茶诗·诮石使君》一诗中创造性率先提出来。……（《饮茶诗·诮石使君》）是一首浪漫主义和现实主义相结合的佳作。三饮神韵相连，层层深入扣紧，把禅宗静心、自悟的宗旨以涤昏寐、清我神、便得道贯穿到茶道之中。茶中有道，悟茶也有悟道，把饮茶从技艺欣赏提高到精神享受做了最完美的歌颂，是诗化结合起来，是他的一大贡献。"[1]由此可说，皎然是"茶道"的创始人，皎然饮茶诗使"诗"、"茶"与"禅"作了微妙的结合，对后来禅宗教法、唐宋茶禅乃至于日本茶道[2]，都具有启发性。

四、皎然对陆羽的影响

所谓"茶道"是以修行"道"为宗旨的饮茶艺术，是饮茶之道和饮茶修道的统一。据丁以寿的归纳，"茶道包括茶艺、茶礼、茶境、修道四大要素。所谓茶艺是指备器、选水、取火、候汤、习茶的一套技艺；所谓茶礼，是指茶事活动中的礼仪、法则；所谓茶境，是指茶事活动的场所、环境；所谓修道，是指通过茶事活动来怡情修性、悟道体道"。[3]

如前所引，"茶道"一词以皎然《饮茶诗·诮石使君》为最早文献，但"茶道"一词则大量出现在《封氏闻见记》卷六论陆羽的文字中。这

---

1 见吕维新《唐朝禅宗对茶文化的杰出贡献》一文，收于韩金科主编《第三届法门寺茶文化国际学术讨论会论文集》（西安：陕西人民出版社，2005 年 10 月）页 101～102。

2 日本茶道圣典—千利休《南方録》説："佗の本意は、清淨無垢の仏世界を表わしたものだ"見久松眞一校訂《南方録》（京都市：淡交社，昭和 52[1977]年）頁 264。又如《叶隐》卷二说："茶道之本意，在清淨六根（眼、耳、鼻、舌、身、意）。眼之所见，挂轴插花。鼻之所闻，袅袅幽香。耳之所听，釜之沸声。举止端庄，五根清净，心自清净，直至意净。二六时中，不离茶道之心。无所凭借，道具，唯有相应之物。"[《葉隠》第二巻に次のごとく説いている。"茶の湯の本意は、六根（眼耳鼻舌身意）を清くする為なり。眼に掛物、生花を見、鼻に香をかぎ、耳に湯音を聽き、口に茶を味い、手足格を正し、五根清净なる時、意自ら清淨なり。畢竟、意を清くする所なり。我は二六時中、茶の湯の心離れず、全く慰み事にあらず。又、道具は、たけだけ相応にするものなり。"]轉引自伊藤古鑑《茶と禅》（東京都：春秋社，2004 年）頁 67。

3 丁以寿《中国茶道发展史纲》，《农业考古》1999 年第 2 期。

显现出一个耐人寻味的问题：皎然茶诗蕴含茶禅思想的"茶道"（藉茶事活动修禅悟道），《茶经》则具备茶道四要素之三——茶艺、茶礼、茶境，修道部分较显贫弱。《茶经》一书只是综述茶源、茶具、造茶、茶器、煮茶、饮茶、茶事等，涉及茶汤美学与精神修养的文字只有一、二，如：

> 茶之为用，味至寒，为饮，最宜精行俭德之人。……聊四五啜，与醍醐、甘露相抗衡。（一之源）
>
> 其沸，如鱼目；微有声，为一沸；缘边如涌泉连珠，为二沸；腾波鼓浪，为三沸。……有顷，势若奔涛溅沫，以所出水止之，而育其华也。
>
> 汤之华也，华之薄者曰沫，厚者曰饽，细轻者曰花。如枣花漂漂然于环池之上，又如环潭曲渚青萍之始生，又如晴天爽朗有浮云鳞然。其沫者，若绿钱浮于水湄，又如菊英堕于鐏俎中。饽者，以滓煮之，及沸则重华累沫，皤皤然若积雪耳。（五之煮）

从这些文字可以看出陆羽的茶道思想是儒道释合一的，这与唐代文化思想的背景一致。以"最宜精行俭德之人"一语来说，梁子《中国唐宋茶道》指出，《茶经》通书凡用 8 个精字，是"完美的原则""精美上乘"、"精气饱满"，植基于"屋精极""衣精极"的向上追求一种崇高的精神境界；"俭德"则反应出儒家思想底蕴[1]。笔者认为精还有道、释的思想，道家之"窈兮冥兮，其中有精"（《老子》二十一章），佛家之"精舍"、"精室"、"精进"，也是追求超越之意；而俭为道家三宝之一[2]，也是禅宗丛林生活美德，禅僧苦行清修，衣不过三衣，食只日中一食，其俭更胜于儒者[3]。可见陆羽的茶道思想是融合式的，尚未发展出具体的茶禅概念。但他已经诠释出茶汤美学，"五之煮"中一大段譬喻形容，成为文人饮茶向往的境界。

《茶经》中唯一明确用宗门语言的只有"与醍醐、甘露相抗衡"一

---

1 梁子《中国唐宋茶道》（陕西：人民出版社，1997 年）页 37～39。

2《老子》六十七章云："我有三宝，持而保之，一曰慈、二曰俭、三曰不敢为天下先。"

3《释氏要览》的"四欢喜法"第一就是"俭素欢喜"，见《大正新修大藏经》第 54 册，页 296 下。

语，严格说起来，陆羽为唐人整理出茶事文献，提供茶道美学，但尚未臻于茶禅境界。不过茶道的理论化却起始于陆羽，而陆羽又曾当过小沙弥，受寺院茶事熏陶，也算是佛教对茶文化的间接贡献。我们如果从皎然与陆羽唱酬的诗歌更可看出皎然是陆羽完成《茶经》的幕后功臣。

皎然是陆羽至交，陆羽于唐至德元年（756 年）避安史之乱流落湖州时才 24 岁，就是栖身于皎然的草堂别业，当时皎然已是 37 岁的著名诗僧，不仅"昼（皎然）以陆鸿渐（羽）为莫逆之交"[1]，且常常接陆羽到湖州杼山妙喜寺"清谈终日"，还留有诗篇为证。[2]陆羽后来得到湖州刺史颜真卿的支助，买得青塘别业，此别业也是陆羽与皎然、李萼等文人茶客聚会、吟诗、品茶的处所。[3]皎然《杼山集》留有宴集诗 6 首，其中两首的地点就是在陆羽的青塘别业。如《同李侍御萼、李判官集陆处士羽新宅》云：

> 素风千户敌，新语陆生能。借宅心常远，移篱力更弘。钓丝初种竹，衣带近栽藤。戎佐推兄弟，诗流得友朋。柳阴容过客，花径许招僧。不为墙东隐，人家到未曾。（《全唐诗》卷 817）

又如《喜义兴权明府自君山至，集陆处士羽青塘别业》云：

> 应难久辞秩，暂寄君阳隐。已见县名花，会逢闱是粉。本自寻人至，宁因看竹引。身关白云多，门占春山尽。最赏无事心，篱边钓溪近。（《全唐诗》卷 817）

这些诗中皎然不忘以"素风"、"借宅"、"身关"等隐喻禅语来提点陆羽。甚至在饮茶诗方面也可看到两人相切磋的痕迹，皎然《九日与陆处士羽饮茶》诗云：

---

1 释福琳《唐湖州杼山然传》，《全唐文》卷九一九。
2 皎然《奉和颜使君真卿与陆处士羽登妙喜寺三癸亭》说："秋意西山多，列岑萦左次。缮亭历三癸（三癸以癸丑岁、癸卯朔、癸亥日立），疏趾邻忏寺。元化隐灵踪，始君启高致。诛榛养翘楚，鞭草理芳穗。俯砌披水容，逼天扫峰翠。境新耳目换，物远风烟异。倚石忘世情，援云得真意。嘉林幸勿剪，禅侣欣可庇。卫法护大臣过，佐游群英萃。龙池护清澈，虎节到深邃。从想嵊顶期，于今没遗记。"（《全唐诗》卷 817）
3 梁子《中国唐宋茶道》（西安：陕西人民出版社，1997 年）页 45。

九日山僧院，东篱菊也黄。俗人多泛酒，谁解助茶香。（《全唐诗》卷817）

皎然在重九节时与陆羽饮茶，提到菊花可助茶香，根据李新玲的考察，这首诗很可能是"菊花茶"最早的来源。[1]

有时陆羽到无锡龙山考察茶事，皎然还曾相陪。《同李司直题武丘寺兼留诸公，与陆羽之无锡》："陵寝成香阜，禅枝出白杨。剑池留故事，月树即他方。应世缘须别，栖心趣不忘。还将陆居士，晨发泛归航。"（《全唐诗》卷818）这首诗中皎然纪录自己陪陆羽到无锡，还与大理寺司直李纵在苏州虎丘（武丘）的寺墙上题诗。不能相陪的时候，皎然也会以欢宴送别陆羽，《赋得夜雨滴空阶送陆羽归龙山》说："闲阶雨夜滴，偏入别情中。断续清猿应，淋漓后馆空。气领烦虑散，时与早秋同。归客龙山道，东来杂好风。"皎然送陆羽赴龙山的深厚祝福，流露在诗中。

但陆羽终究止是文士茶客，只关心茶艺活动而已，不像皎然对以茶寓禅的用心，因此皎然对陆羽《茶经》仍有微词，《饮茶歌送郑容》："雪山童子调金铛，楚人茶经虚得名。"（《全唐诗》卷821）"雪山童子"寓佛陀，"楚人"指陆羽，陆羽曾是僧家（智积和尚）长养的童子，如今虽完成《茶经》，却未能托显佛陀禅智，只是浪得虚名而已。由此可见皎然不仅帮助陆羽完成《茶经》，还是《茶经》最早的评人。

五、结论

从禅宗的角度来说，释迦牟尼佛拈花示众，迦叶微笑，遂有以心传心之教外别传，南北朝时由达摩传来中国；传说达摩少林面壁，揭眼皮堕地而成茶树，其事近诞，而其所寓禅茶不离生活之旨，则有甚深意义；嗣后马祖创丛林，百丈立清规，禅僧以茶当饭，资养清修，以茶飨客，广结善缘，渐修顿悟，明心见性，形成具有中国特色的佛教禅宗，演至唐代，而禅文化兴起。在这样共时同轨的禅文化进展中，学者多数已经

---

1 李新玲《从皎然的茶诗看皎然与陆羽的关系》，《农业考古》2004 年 4 期。

能看出茶与禅的关联性。[1]

茶禅文化酝酿于晋，建立于唐。唐代陆羽完成了从制茶、煮茶到品茶、别茶的茶道美学；僧人的茶诗中则已有以茶参禅、以茶供佛、以茶悟道等茶禅的初步理念；尤其是皎然的饮茶诗，可以说是大量提供以茶修禅的茶禅理念之起点。综合皎然饮茶诗在茶禅发展方面的贡献，可分为：（一）纪录唐代茶会文化，看出唐代茶宴与禅的初步结合；（二）以茶诗示道，揭示茶能澄息、空心、清性、屏虑、清神的种种直觉观照之禅风，最早表现出"茶禅一味"的如来禅思，融"天台禅法"于茶道中；（三）帮助陆羽完成《茶经》，对《茶经》作出最早的评价。

---

1 "一茶一禅，两种文化，有同有别，非一非异。一物一心，两种法数，有相无相，不即不离。茶文化与禅文化同兴于唐，其使茶由饮而艺而道，融茶禅一味者，则始自唐代禅僧抚养、禅寺成长之茶圣陆羽。其所著《茶经》，开演一代茶艺新风。佛教禅寺多在高山丛林，得天独厚，云里雾里，极宜茶树生长。农禅并重为佛教优良传统。禅僧务农，大都植树造林，种地栽茶。制茶饮茶，相沿成习。许多名茶，最初皆出于禅僧之手。如佛茶、铁观音，即禅僧所命名。其于茶之种植、采撷、焙制、煎泡、品酌之法，多有创造。中国佛教不仅开创了自身特有的禅文化，而且成熟了中国本有的茶文化，且使茶禅融为一体而成为中国的茶禅文化。茶不仅为助修之资、养生之术，而且成为悟禅之机，显道表法之具。盖水为天下至清之物，茶为水中至清之味，其"本色滋味"，与禅家之淡泊自然、远离执着之"平常心境"相契相符。一啜一饮，甘露润心，一酬一和，心心相印。茶禅文化之潜移默化，其增益于世道人心者多矣。"吴立民《中国的茶禅文化与中国佛教的茶道》，《法音》2000年第9期（总第193期）。

明代无为教与其教义思想简论

濮文起

明中叶无为教的出现与其教义思想的流传，曾对明清时期的宗教信仰世界造成了巨大而深远的影响，因而在中国民间宗教思想发展史上具有划时代的意义。

一

无为教的创立者为罗清，又名因，亦名梦鸿，法名普仁，法号悟空，后世信徒尊称罗祖、罗大士、无为教祖、无为居士、无为道人等[1]。

罗清生于明正统七年（1442 年）十二月初一日[2]，山东莱州府即墨县（今山东省即墨市）[3]。家境贫寒，世代隶属军籍[4]，即祖祖辈辈当兵。他三岁丧母，七岁丧父，跟随叔婶长大[5]。十四岁时，代叔从军，戍守北直密云卫（今北京市密云县）[6]。明代卫所军人过着比一般农民更为凄苦

---

1 郑志明：《无生老母信仰溯源》，台北：文史哲出版社，1985 年，第 16～17 页。

2 "老古佛，来托化，以罗为姓；为众生，降山东，普度众生。仗父母，恩德重，怀胎持戒；正统时，七年间，处世为人。十二月，初一日，子时出现；离母胎，不食荤，菩萨临凡。"《苦功悟道卷》附兰风作《祖师行脚十字妙颂》，明万历二十四年注本。

3 "罗祖家，在山东，莱州人氏；我住在，即墨县，一里离城。"《三祖行脚因由宝卷·山东初度》，收入濮文起主编《民间宝卷》第二册，黄山书社，2005 年。

4 "祖倍（辈）当军，密云卫古北口司马台悟（雾）灵山江茅峪居住。"《巍巍不动泰山深根结果宝卷》卷尾。

5 "生下祖，三岁时，丧了父亲；七岁上，又丧母，撇下单身。可怜儿，无父母，多亏叔婶；蒙抬举，养育祖，长大成人。"《苦功悟道卷》附兰风作《祖师行脚十字妙颂》，明万历二十四年注本。

6 明万历年间密藏道开撰《藏逸经书》"五部六册"记载："正德中，山东即墨县有运粮军人姓罗名静者，早年持斋，一日遇邪师，授以法门口诀，静坐十三年，忽见东南一光，遂以为得道，妄引诸经语作证，说卷五部，曰苦功悟道、曰叹世无为、曰破邪显正钥匙、曰泰山巍巍不动，其一则余忘之矣，破邪卷有上下二册，故曰六册。"此说认为罗清是运粮军人，不是戍守兵士，姑存一说。

的生活，乃至"弊衣菲食，病无药，死无棺"[1]。幼小失怙和艰辛的军旅生涯，使罗清饱尝了人间苦难，时常思考着人生苦难之迷，极需精神上的慰藉。为了寻找答案，他于成化六年（1470 年），将"军丁退了"，让"子孙顶当"[2]，开始了参师访友，自创教派的艰难历程。

罗清自修习佛教净土与南禅始，进而杂糅道教清净无为和宋明理学思想，经过十三载的"苦功悟道"，终于成化十八年（1482 年）"悟道明心"，参悟出"无为法"，并因此将其所创教派称为无为教[3]。

罗清创教后，首先在密云卫古北口司马台建造经堂，传法布道，并将家眷移居附近石匣城[4]。他的最初信徒，多为戍边、运粮军丁与漕运水手及驻军下层军官乃至高级将领[5]。接着，又到北京传教度人[6]，因而引起官府注意，于正德初年，被逮入狱[7]。羁入"天牢"期间，罗清决心将自己的悟道所得写成经卷，"流通天下，普度群迷"。是时，恰有太监张永皈依了无为教，罗清便命张永差人赶赴五台山，把他的两个弟子福恩、福报接到牢中，"书写五部经文"[8]，这就是由罗清口授，福恩、福报笔录整理的《罗祖五部经》[9]。其后，经门徒奔走，通过张永、党尚书等权势协助，罗清得以出狱。

罗清获释后，仍在密云一带传教。后来，又曾回山东老家传教收徒[10]。其信徒成分，也由最初的的下层军丁、水手扩展到社会各个阶层。其中，既有权势太监，也有著名僧人；既有生员，也有官吏。当然，下层农民、手工艺者占据大多数。嘉靖六年（1527 年）正月二十九日，罗清"坐化

1 《明史·张鹏传》。

2 《三祖行脚因由宝卷·山东初度》。

3 "到成化，六年间，参师访友；朝不眠，夜不睡，猛进前功。茶不茶，饭不饭，一十三载；到成化，十八年，始觉明心。"《苦功悟道卷》附兰风作《祖师行脚十字妙颂》，明万历二十四年注本。《苦功悟道卷》附周如砥"北檀州罗祖部卷追思记"，清康熙九年重刊本。

4 《军机处录副奏折》，嘉庆二十一年三月二十一日直隶总督那彦成奏折。

5 马西沙：《罗教的演变与青帮的形成》，王见川、蒋竹山编：《明清以来民间宗教的探索》，台北：商鼎文化出版社，1996 年。

6 王见川：《台湾的斋教与鸾堂·龙华教源流探索》，台北：南天书局，1996 年。

7 《三祖行脚因由宝卷·山东初度》。

8 同上注。

9 《罗祖五部经》，又称《罗祖五部六册》，即《苦功悟道卷》、《叹世无为卷》、《破邪显正钥匙卷》、《正信除疑无修自在宝卷》、《巍巍不动泰山深根结果宝卷》，均收入濮文起主编《民间宝卷》第一册，黄山书社，2005 年。

10 王见川：《台湾的斋教与鸾堂·龙华教源流探索》，台北：南天书局，1996 年。

归天"，享年八十有五[1]，安葬在北京檀州附近[2]。他的葬礼相当隆重，门下释大宁为其举行法会，京城著名人物，如翰林院中书鹿成王秉忠，尚衣监太监单玉，僧录寺左善世文奈，武当山灵应观道士抱一子首阳、灵应观道士冲虚子，腾骧左卫左所正千户李敬祖，府学生员何仲仁等都前来赴会，诵念祭文，极尽赞颂[3]；密云卫总兵官杨都司还助板捐棺，并在墓地建塔树碑，塔高十三层，名"无为塔"，碑书"无为境"[4]。由此可见，罗清与其宗教思想通过无为教的流传，已在当时的社会各界拥有相当高的威望和相当大的影响。

罗清的宗教思想，集中体现在由他口授，弟子福恩、福报笔录整理的《罗祖五部经》中。

目前见到的最早的《罗祖五部经》，是正德四年（1509 年）刊本[5]。

第一部经《苦功悟道卷》一卷一册，不分品，计 8867 字。该部经卷详细地叙述了罗清十三年"昼夜不停"参悟无为大道的十八个过程，故又称"十八参"。

第二部经《叹世无为卷》一卷一册，不分品，计 11754 字。该部经卷叹息世间三灾八难，师徒面色不常，父子恩爱不久等，反复讲述"虚空"道理，宣扬世人要想脱离苦海，只有赶快参拜"明师"，加入无为教一途。

第三部经《破邪显正钥匙卷》一卷上下两册，二十四品，计 23487 字。该部经卷认为"一切有为之法"，均属邪见偏执，必须破除，同时弘扬罗清参悟出来的"无为正法"，以此作为一把打开通向悟道明心大门的钥匙，交给信奉者。

第四部经《正信除疑无修正自在宝卷》一卷一册，二十五品，计 13959 字。该部经卷从正面阐述了无为教教义，以坚定信奉者的信心，并批判了白莲、弥勒等害人邪法，告诫信徒不可轻信上当。

第五部经《巍巍不动泰山深根结果宝卷》一卷一册，二十四品，计

1《三祖行脚因由宝卷·山东初度》。
2《苦功悟道卷》，附周如砥"北檀州罗祖部卷追思记"，清康熙九年重刊本。
3《苦功悟道卷》，附"北京众士赞祖塔之文"，清康熙九年重刊本。
4《军机处录副奏折》，乾隆三十三年九月二十一日直隶总督杨廷璋奏折。
5 李世瑜：《民间秘密宗教史发凡》，《世界宗教研究》，1989 年第 1 期。

14298 字。该部经卷探讨了宇宙本原、世界生成，教导人们要"识得本来面目"，要求信徒崇奉"无为教主"与"无为大道"，要像泰山那样巍巍不动，坚定不移。

《罗祖五部经》共计五部六册，故又称《五部六册》，计 72365 字[1]。从以上介绍中，人们可以看出，《罗祖五部经》阐扬的是一套有内在逻辑联系的宗教思想体系。它从罗清苦功悟道，明心见性开始；接着痛述世间无穷苦难，感叹人生苦短，不可留恋，盼望早得解脱，快入正道；继之历数各种邪见杂法骗人害人，障道败法，并一一加以批驳；在破除邪见的同时，阐明无为大法、无极正道；最后劝导世人坚定信仰，"顿悟成真"，与无边的虚空合为一体，像泰山那样巍然不动，才能彻底解脱，纵横自在，安享极乐。

在这套宗教思想体系中，最为闪光耀目的则是罗清提出的宇宙观与创世说。

罗清认为，"真空"（又称"无边虚空"、"本来面目"等）是宇宙的最高本体，世界万物是由它派生出来的，即由原始本原的"真空"幻化出宇宙的万有——大千世界："老君夫子何处出？本是真空能变化；山河大地何处出？本是真空能变化；五谷田苗何处出？本是真空能变化；三千诸佛何处出？本是真空能变化……盘古初分何处出？本是真空能变化；春秋四季何处出？本是真空能变化。"[2]显而易见，罗清是把"真空"当作宇宙的根本和永恒的真理。

在此基础上，罗清提出，人们只要"晓得真空法"，悟通"无为大道"，就可以回到出身之地——"家乡"（亦称"自在天空"），一座温暖如家的天堂。人们一旦回家还乡，就会享受天堂胜景，无生无死，安然快乐[3]。然而，世人为什么不知回归"家乡"呢？罗清认为，原来他们从家乡坠落尘世以后，被世间"虚花景象"所迷惑，失掉了本性，再也找不到出身之路，因而沉沦苦海，困入六道轮回，受尽各种磨难[4]。因此，罗清将人们受苦受难的世间称为"流浪家乡"，奉劝世人切莫留恋这个家乡，为转瞬

---

1 据《罗祖五部经》明万历四十三年罗清嫡孙罗文举校正本统计。
2 《苦功悟道卷》。
3 《巍巍不动泰山深根结果宝卷·流浪家乡受苦品第二十二》。
4 《苦功悟道卷》，《巍巍不动泰山深根结果宝卷·不知家乡无边好事退道品第二十》。

即逝的享乐和荣华所诱惑，应该赶紧参修"无为大道"，"晓得真空法"，回归人们本来的"家乡"。罗清在这里借用了中国传统观念中的"思乡"情结，把他的宇宙观生动地讲给群众。值得注意的是，罗清在他的宇宙观中，还没有把"真空"与"家乡"作为一个宗教概念——"真空家乡"提出来，他这里所说的"家乡"并不在彼岸天国，而是仍在人的心性之中，真正把"真空家乡"作为民间宗教梦寐以求的理想境界，是其后世信徒[1]。

那么，谁是"真空"的真正主宰？罗清则为人们塑造了一个前所未有的至上神——"无极圣祖"。他认为"无极圣祖"既是"无边虚空"的真正主宰，也是万能的造物主："大千界，天和地，无极执掌……五湖海，大洋江，无极变化……天和地，森罗象，无极神力……日月转，天河转，无极神力"[2]；同时又是尘世众生的救世主："无极圣祖大慈大悲，恐怕众生作下业障，又转四生六道，不得翻身，故化显昭阳宝莲宫主太子，叹退浮云、一切杂心，显出真心参道，究这本来面目，出离轮回生死苦海，又化现鹿王善友恶友金牛太子，劝化众生。"[3]但是，罗清并没有到此打住，而是进一步提出"母即是祖，祖即是母"[4]，即母与祖为一义，祖与母集一身，于是一位慈祥如母的至尊女神也就呼之欲出了。罗清在这里又借用了中国传统观念中的"恋母"情愫，把他的创世说形象地宣示于群众。同时也可以看出，罗清显然是吸收与改造了明初以来流传于民间宗教世界的老母信仰，如明初宣德五年（1430年）刊行的《佛说皇极结果宝卷》[5]中就有"老母"信仰的演述，该部宝卷比《罗祖五部经》面世（正德四年[1509年]）要早近八十年。罗清的异姓传人正是在《罗祖五部经》基础上，正式提出了"无生老母"信仰。

纵观罗清的宗教思想，可以说是融主观唯心论与客观唯心论为一体的混合物。他之所以这样进行理论思维，是基于建构一套完整的宗教思想体系的需要。罗清在阐述自己的"悟道"经验时，推崇与弘扬的是佛教南禅的"我心我佛"的顿悟法，即成佛了道，不必坐禅，不必苦行，也

---

1 濮文起：《弓长论》，《中国文化研究》，1998年冬之卷。
2 《正信除疑无修正自在宝卷·执相修行落顽空品第九》。
3 《正信除疑无修正自在宝卷·无极化现度众生品第五》。
4 《巍巍不动泰山深根结果宝卷·一字流出万物的母品第四》。
5 《佛说皇极结果宝卷》，收入濮文起主编《民间宝卷》第一册，黄山书社，2005年。

不必念佛念经，只要主观觉悟即可，这是一种典型的主观唯心主义。但是，当他阐述自己的宇宙观与创世说时，则又撷拾与彰显儒、道、佛的"无极"、"太极"、"道"与"虚空"理论："无极是太极，太极是无极"；"太极生两仪，两仪生四象，四象生八卦，八卦为乾坤世界；理即是道，道即是理；理即是善，善即是理；理即是太极，太极即是理；太极即是善，善即是太极；未有天地，先有太极"；"大道无边是无极，虚空本是无极身；未有天地先有道，大道本是无极身"[1]。不仅如此，罗清又由此引出了一位创造世界万物的至上神——"无极圣祖"，掌管宇宙本原和最高本体。这种把"无极"、"太极"、"道"与"虚空"以及"无极圣祖"外在化、客体化的宇宙观与创世说，证明罗清又是一位十足的客观唯心主义者。

然而，罗清又如何将这两种世界观合而为一呢？他宣称："想当初，无天地，先有本体；想当初，无日月，先有吾身。想当初，无仙佛，先有本体；想当初，无菩萨，先有吾身。想当初，无僧俗，先有本体；想当初，无男女，先有吾身。……未曾初分先有我，今朝因何不承当；未有天地先有我，今朝因何不承当。"[2]这就明确地告诉人们，罗清是将"本体"和"吾身"同等看待的，即把二者都看成宇宙万物的本原和"先天"就存在的绝对神秘体，于是唯心主义的两种世界观便如此这般地被罗清合而为一了，从而为他建构一套完整的宗教思想体系作了自圆其说的理论论证。

正如恩格斯所说："创立宗教的人，必须本身感到宗教的需要，并且懂得群众对宗教的需要。"[3]罗清正是这样一位以毕生精力寻找自我解脱之路和助人解脱之路的民间宗教家。他在《罗祖五部经》中所表现出来的宗教思想，既是时代的产物，也是佛教、道教日益世俗化的结果，更是对明初以来民间宗教信仰的整合与改造。他以一位民间宗教改革家的气魄，将佛、道、儒玄妙的哲学思想通俗化，又把明初以来的民间宗教信仰理论化，从而建构起一套更符合下层民众迫切需要的新的宗教思想体系，并采用一种群众喜闻乐见的宗教文学形式——宝卷[4]表述出来，因

1《巍巍不动泰山深根结果宝卷·未曾初分无极太极鸡子在先品第十七》。

2《破邪显正钥匙卷·破大道本无一物好心二字品第二十三》。

3 恩格斯：《布鲁诺·鲍威尔和早期基督教》，《马克思恩格斯全集》第 19 卷，人民出版社，1965 年，第 329 页。

4 濮文起：《宝卷学发凡》，《天津社会科学》，1999 年第 2 期。

此使他立即从一个默默无闻的退伍军丁，一跃而成为引领明清两代民间宗教世界潮流的显赫人物。

二

嘉靖六年（1527 年），罗清去世后，其传人有两支。

一支是罗氏世袭传教家族。罗清生有一子一女，子罗佛正，女罗佛广。罗清物故后，罗佛正继承教权。此后，经罗清孙罗文举、重孙罗从善，七传至清雍正、乾隆年间之罗明忠，皆为无为教主。女罗佛广于罗清死后，从密云卫石匣城来到蓟州（今天津市蓟县）境内的盘山怪子峪出家为尼，并建无为庵一座，"前殿供佛家，后殿供罗祖"[1]，自创教派，取名大乘教，继续传播无为大道。罗佛广是继罗清之后无为教的重要领袖，在民间宗教传说中，她的地位比其同胞兄弟罗佛正要高，被后世信众尊为"机留女"。从目前掌握的史料来看，罗氏子孙只是在传播罗清宗教思想方面发挥了重要作用。但是，在诠释与发展罗清宗教思想方面，则无法与罗清的另一支传人即异姓弟子相比。

据罗清七代传人明空所撰《佛说三皇初分天地叹世宝卷·应科接续传灯人七名品第六》介绍，罗清的另一支传人，即第一代李心安，著有《三乘语录》上中下三卷；第二代秦洞山，著有《无为正宗了义宝卷》上下两卷；第三代宋孤舟，著有《双林宝卷》上下两卷；第四代孙真空，著有《销释真空扫心宝卷》上下两卷[2]；第五代于昆冈，著有《丛林宝卷》；第六代徐玄空，著有《般若莲花宝卷》；第七代明空，著有《佛说大藏显性了义宝卷》上下两卷、《销释童子保命宝卷》上下两卷、《佛说三皇初分天地叹世宝卷》两卷[3]。

---

1 《军机处录副奏折》，嘉庆二十一年三月二十一日直隶总督那彦成奏折。

2 《销释真空宝卷》，收入濮文起主编《民间宝卷》第二册，黄山书社，2005 年。

3 "度传灯，共七位，续祖源根。头一位，心安祖，遗留语录；心安集，共六部，刻本开通。洞山祖，留了义，通传大道；上中下，三册经，印造流通。孤舟祖，十七年，留下宝卷；留双林，上下卷，刻造通行。旧儿峪，孙祖师，受苦无数；留真空，二部经，万载标明。昆冈祖，闻妙法，三十七载；留丛林，上下卷，接续传灯。玄空祖，在山中，苦修数载；留般若，七部经，刻造通行。西天有，四七祖，东土立世；无为门，有七位，续祖传灯。"转引自泽田瑞穗：《增补宝卷研究》，日本国会刊行会，1975 年，第 332 页。

罗清除罗氏家族和异姓弟子这两支传人外，还有一位名叫释大宁的传人。大宁和尚是明中叶著名的佛教僧侣，于正德十三年（1518年）恭遇罗清，为罗清的宗教思想所折服，遂拜罗清为师，皈依无为教。相对于大宁和尚的亲承师教，另有一些佛教僧侣是基于体悟的印证而私淑罗清宗教思想的，如万历年间号称南禅临济宗二十六代传人的兰风和尚与其法嗣王源静，曾对《罗祖五部经》进行评释与补注，因而使《罗祖五部经》增添了更为浓重的佛教南禅色彩。经兰风、王源静整理注释的《罗祖五部经》，更名为《金刚般若经注解全集》，简称《开心法要》，其内容由原来的五部六册扩充为十六册，即《苦功补注开心法要》二卷二册、《叹世补注开心法要》二卷二册、《破邪补注开心法要》四卷四册、《正信补注开心法要》四卷四册、《泰山补注开心法要》四卷四册。

现据仅存释大宁、秦洞山、孙真空、明空所著宝卷，将这些异姓传人对罗清宗教思想的诠释和发展略作分析介绍。

释大宁，籍贯不详。为阐师说，撰写了《明宗孝义达本宝卷》[1]上下两卷，十八品。在该部宝卷中，大宁和尚基本上是继承师说，有些词句乃是一字不差地照抄《罗祖五部经》。但是，大宁和尚在两个方面拓展了罗清的宗教思想。一是更着意地趋奉宋明理学，认为心者有二，即道心与人心，极力将佛儒化，将儒融于佛中。二是正式提出"无生父母"是诸佛之本源，万物之根基，人人之家乡，而东土众生则是"离故乡，在外边，认影随形；真父母，在家中，每日盼望"[2]。所以，无生父母捎出书信给众儿女，苦苦叮咛，及早还乡[3]。在创世说方面，大宁和尚比其师大大向前跨了一步，即明确提出了无生父母信仰。

秦洞山，北直永平府迁安县人，在其所著《无为正宗了义宝卷》中叙述了他的痛苦童年和坎坷经历："洞山思量痛伤情，今得人身苦无穷。自幼不幸亡父母，撇我无靠过光阴。与世无亲谁相顾，只有姐夫大恩人。饥寒苦楚犹嫌可，更有叔婶歹心人。终朝折磨难禁受，担惊受怕无投奔。少吃无穿不打紧，官差催逼不稍停。有心待要逃躲去，怕失家业污祖名。

1《明宗孝义达本宝卷》，收入濮文起主编《民间宝卷》第二册，黄山书社，2005年。

2《明宗孝义达本宝卷·化贤劝愚品第九》。

3《明宗孝义达本宝卷·返妄皈真品第十四》。

无计奈何权住世，安分守己听命行。惧怕生死三涂苦，行住坐卧念道心。夏月耕田为活计，冬月看经把道攻。早办粮草先完粮，后随亲朋应世情。修城垒垛当夫役，不敢失误一时辰。"[1]由此可知，秦洞山自幼父母双亡，孤苦伶仃，务农为业，曾被强征修城垒垛，是一个生活在社会底层的穷苦农民。一次偶然的机会，他遇到传习无为教的赵公师，遂被罗清的宗教思想所吸引，从此皈依了无为教。

秦洞山所著《无为正宗了义宝卷》，现存上卷，二十四品。在该部宝卷中，秦洞山弘扬了罗清主张的"三教合一"思想："夫中国有三教者，儒、释、道是也。自伏羲画卦而儒教始于此，自老子著《道德经》而道教始于此，自汉明帝梦金人而释教始于此。三教者，儒以正设教，道以尊设教，佛以大设教是也。一切天下之人，不过善恶两途。三教圣意，无非教人改恶从善。"[2]在宇宙观方面，秦洞山与罗清的宗教思想一脉相承，推崇真空、无极思想："太真空，无极道，先天之祖；诸佛母，为正大，万物之根。未有天，未有地，先有大道；无山河，无人缘，先有真空。空在前，物在后，真空大道；有天地，和人伦，无极发生。发春秋，并四季，能生万物；玄妙道，无为法，灌满乾坤。尽虚空，遍十方，流通三界；恒沙类，诸世界，普运四生。道无常，理无尽，穿山透海；无极道，为正主，执掌乾坤。从无始，至如今，此为断灭；无生有，有尽无，妙用无穷。"[3]这种真空、无为的宇宙观，决定了秦洞山与罗清一样，对宇宙万物采取虚无的态度，在信仰方面则表现为否定佛像，不立寺院和一切有形的修行。因此，秦洞山在该部宝卷结尾提出了"打破三千界，推倒太须弥"的精辟见解，表现出他蔑视旧世界，并敢于反抗的无畏精神。在修持方面，秦洞山也与罗清一样，反对学仙参玄、吐纳按摩、服饵炼养、采补精气、行气闷息、符箓念咒、炼炉炼丹等道教功夫，而是热衷于儒家伦理纲常的修行与恪守。该部宝卷约有一半内容宣扬人伦五德、安贫乐道、克己复礼、仁义信爱等儒家的基本信条。其中，对忠孝的宣扬尤为着力，认为："孝乃人间宝，行者得固坚。臣忠君无虑，子孝

---

1 转引自喻松青著《明清白莲教研究》，四川人民出版社，1987年，第233－234页。
2《无为正宗了义宝卷·明教品第六》。
3《无为正宗了义宝卷·混源一体品第二十四》。

父心宽。"[1]"事君则忠,事亲则孝,忠孝双全,此乃何不立身之道矣。"[2]

　　孙真空,俗名孙三,混名傻瓜。籍贯不详。从《销释真空扫心宝卷》中介绍,估计也是北直人。半路出家,住在"刚山旧儿峪寺"。孙真空在《销释真空扫心宝卷》中,发展了罗清的宗教思想,编造出无生父母安天立地,生化东土众生,以及普度原人,返本归源的完整神话故事:"起初在家之时,思衣得衣,思食得食,无寒无暑,无烦无恼,又无忧虑。""只(自)从古佛安下乾坤,立就世界,观看东土并无一人住世,因此才将自己本家儿女发到下方,串穀住世。""想当初,未曾起身,无生父母,眼含着痛泪,两手摸顶,重重嘱咐,你到东土,莫要贪尘恋世,迷了真性,不得还乡。"岂料本家儿女"到了东土,改作众生,只贪红尘,男女配合,华花世界,饮酒食肉,贪欢作乐,各赌刚强,认定聪明,夸会夸能,专习琴棋书画,再不思本来家乡也,不肯思想无生的父母"[3]。尽管如此,无生父母不以为忤,反而大发慈悲,委派孙祖师(孙真空自诩无生父母代理人)设立南无教(无为教异名),普度众生,回归家乡。孙真空在编造无生父母创世与救世的神话故事之后,又吸收了佛教龙华三会思想,特别强调龙华三会普度众生的作用,并透露出无生老母信仰的信息:"劝大众,早念佛,修行进步;无生母,龙华会,久等儿孙。"[4]

　　然而,与罗清对炼内丹、修长生等道教功夫一再否定的态度不同,孙真空则强调吸阴阳瑞气,采日月精华、结圣胎、炼内丹的道教方术:"四季花,生长在,无根树上;一季青,一季白,一季鲜红。一根上,发现出,金枝玉叶;除尘病,浊云散,满树都青。只朵花,夺天地,阴阳瑞气;又采着,金乌玉,日月精华。按四时,运周天,坎离八卦;有天龙,合八部,十二宫辰。满宫排,众菩萨,各执音乐;四下里,无量数,护法天真。撒青龙,放白虎,阴阳相配;有龟蛇,相盘绕,借气成真。若有了,只些事,空中显相;花蕊中,结个果,执掌乾坤。只果中,本来是,牟尼宝贝;才是个,主中主,丈六金身。"[5]

1《无为正宗了义宝卷·行孝品第二》。

2《无为正宗了义宝卷·立身品第三》

3《销释真空扫心宝卷》卷上。

4 同上注。

5 同上注。

明空，俗姓陈，名仲智，父名陈敖，母张氏。北直永平府东城卫中所（今河北省卢龙县）人。陈氏隶属军籍，他曾"应役祖差，被本官守备选壮丁为边外尖哨"。万历三十九年（1611 年）二月，移居罗清当年居住过的石匣城，遇到无为教传人徐玄空，受到"玄空祖指点"，皈依了无为教[1]。

明空在《佛说大藏显性了义宝卷》中，将罗清的宗教思想融会贯通，发扬光大，其重要贡献有二：一是将仍处于朦胧状态的无生老母信仰具体化、定型化，通过对无生老母的生动描绘——以慈祥的老婆婆面目出现，终于确立了无生老母在人间的尊贵形象，使她变成了千百万下层民众狂热崇奉的女性最高神。二是正式把佛教的"三佛三会说"纳入无为教教义思想中："过去佛，青阳头会，贤圣劫，执掌乾坤，九十二亿在红尘，阎浮世界迷真性，天宫有分我来寻，我佛九劫功满回宫院；现在佛，红阳二会，庄严劫，独自为尊，升天教主下天宫，花开一转无人惺，九十二亿随佛生，我佛一十八劫圆满回宫殿；未来佛，白阳三会，星宿劫，执掌天宫，九十二亿在红尘，阎浮世界迷真性，厌（燕）南照（赵）北，一粒金丹，我佛八十一劫超凡圣。"[2]此外，明空在该部宝卷中，还进一步阐发了修炼内丹的内容，又特别强调尘世众生必须加入无为教，并为此制定了一套具体入教仪式，因而使无为教更加规范化。

罗清的宗教思想，经过这些异姓传人的继承与发展，到万历年间，逐步形成了一套完整的无为教教义思想体系，这就是以无生老母为最高崇拜，以真空家乡为理想境界，以龙华三会与未来佛即弥勒佛为信仰核心，主张三教归一，注重内丹修炼，以及规范化的入教仪式等。

三

罗清与其宗教思想的出现，为下层民众指明了一条"成佛了道"的捷径——既不必远足深山古刹进香膜拜，也不须家居念经习法，只要皈

---

1 《佛说大藏显性了义宝卷》卷首，转引自马西沙、韩秉方著《中国民间宗教史》，上海人民出版社，1992 年，第 232 页。

2 《佛说大藏显性了义宝卷·正首菩萨治世品第十九》，转引自马西沙、韩秉方著《中国民间宗教史》，上海人民出版社，1992 年，第 234～235 页。

依无为教，一经明师指点，便可"顿悟成真"，回归家乡，伴祖长生，因此得到了下层民众的狂热信奉。

罗清在世时，无为教已由北直传入山东、河南乃至江南。罗清物故后，被其信徒尊称"罗祖"，他所建立的无为教也因此被人们称为"罗祖教"，简称"罗教"，亦称"罗道"。此后，罗清子女及其异姓传人通过传播无为教，使罗清的宗教思想更加深入人心。其结果是，不仅孕育出一批又一批民间宗教理论家与实践家，而且引发了一场空前的民间宗教运动。

嘉靖三十二年（1553 年），一位名叫李宾的退伍军丁，在罗清宗教思想的启迪下，建立了黄天道。不久，"蓟州皮工"王森受罗清之女罗佛广大乘教影响，建立了东大乘教。隆庆年间，年轻尼姑归圆，通过熟读《罗祖五部经》，颇有领悟，建立了西大乘教，并依法撰写了《大乘教五部经》[1]。万历年间，韩太湖自称"罗祖转世"，建立了弘阳教。李宾、王森、归圆、韩太湖都是深受罗清宗教思想影响相继涌现的著名的民间宗教家，由他们先后建立的黄天道、东大乘教、西大乘教、弘阳教都是继无为教之后先后崛起并与无为教不分伯仲的大教派。这些教派与罗清后继者们传习的无为教相互激荡，于明末又衍生出众多的宗支派系，如活跃于江南地区的无为教支派龙华教与黄天道支派长生教，盛行于华北、西北及江南广大地域的东大乘教支派龙天道与大乘天真圆顿教等不下十余种，由此构成了一个异常活跃的民间宗教世界，从而对传统的信仰主义领域与现实统治秩序造成了极大的震动与威胁。

面对罗清与无为教在下层社会的巨大影响，首先是佛教界惊恐万状，大张挞伐。万历初期，名僧憨山德清在山东传教时，得到地方豪强黄氏支持，而无为教在下层民众中广泛流传，与憨山德清分庭抗礼。对此，憨山德清一面攻击无为教为"外道"，"绝不知有三宝（佛、法、僧）"；一面争夺无为教徒，号召"凡为彼师长者，率徒众来归，自此始知有佛法"[2]。南方净土宗大师云栖袾宏指斥罗清与其《罗祖五部经》："有罗姓

---

1 《大乘教五部经》，又称《大乘教五部六册》，即《销释大乘宝卷》、《销释圆通宝卷》、《销释圆觉宝卷》（两册）、《销释收圆行觉宝卷》、《销释显性宝卷》，是了解西大乘教教义思想的重要资料。

2 福征：《憨山大师年谱疏》卷上，万历十三年。

人，造五部六册，号无为卷，愚者多从之，此讹也。彼所谓无为者，不过将万行门悉废置，而不知万行即空，终日为而未尝为者，真无为也。彼口谈清虚，而心图利养，名无为而实有为耳。人见其杂引佛经，更谓亦是正道，不知假正助邪，诳吓聋瞽，凡我释子，宜力攘之！"[1]密藏道开则诬蔑无为教徒"蚊虫鸪集，唱偈和佛，邪淫混杂，贪昧卑污，莫可名状。而愚夫愚妇，率多乐于从事，而恣其贪淫。虽禁之使归向，有不可得。此其教虽非白莲，而为害殆有甚于白莲者乎"[2]！密藏道开还对兰风和尚居然评释《罗祖五部经》，公开为无为教张目恨之入骨，称其为"近代魔种"[3]。

罗清宗教思想与无为教的传播与发展，也引起了明朝统治者的恐惶。万历十五年（1587年）正月庚子，都察院左都御史辛自修上奏朝廷："白莲教、无为教、罗道教，蔓引株连，流传愈广，踪迹诡秘，北直隶、山东、河南颇众。值此凶年，实为隐忧。"[4]万历三十一年（1603年）十一月癸酉，康丕扬奏请禁止"白莲教、无为教、罗道教"[5]。万历四十三年（1615年）六月庚子，又有礼部《请禁左道以正人心》云："有罗祖教、南无净空教、净空教、悟明教、大成无为教，皆讳白莲之名，实演白莲之教。有一教主，便有一教名。愚夫愚妇转相煽惑，宁怯于公赋而乐于私会，宁薄于骨肉而厚于伙党，宁骈首以死而不敢违其教主之令。此在天下处处盛行，而畿辅为甚。不及令严为禁止，恐日新月盛，实烦（繁）有徒，张角、韩山童之祸将在今日。"[6]封建统治阶级的这些描述，足以证明由罗清开创的这场信仰主义领域的变革，已在下层社会形成了一场汹涌澎湃的民间宗教运动，并且随时有可能转化为反抗封建专制统治的农民革命运动[7]，最终导致明朝统治者对无为教的全面查禁。万历四十六年（1618年），明朝统治者严令"再不许私习无为教，自取死罪"，并明

1　莲池祩宏：《莲池大师全集》，正锷集。
2　密藏道开：《藏逸经书》，五部六册条。
3　密藏道开：《藏逸经书》，冰壶集条。
4　《明神宗实录》卷一八二，万历十五年正月庚子。
5　《明神宗实录》卷三九〇，万历三十一年十一月癸酉。
6　《明神宗实录》卷五三三，万历四十三年六月庚子。
7　如万历二十八年（1600年），无为教江苏教团领袖赵一平（又名古元）率领徒众起义，占领淮阴、徐州新河口，驰骋运河两岸。万历三十四年（1606年）冬，无为教江苏教团另一领袖刘天绪率领万余名徒众占领南京等。

令销毁《罗祖五部经》，不准再行翻刻流传[1]。

但是，与封建统治者和正统佛教的主观愿望相反，无为教不仅没有被扫荡殆尽，反而以更顽强的生命力在民间流播，其中，最为典型的事例，就是《罗祖五部经》的一再刊行。据不完全统计，《罗祖五部经》自明正德四年（1509 年）首次刊行始，到万历四十六年（1618 年）公开查禁止，在近一个世纪的时间内，共有十几种刊本在社会上流行。万历四十六年,《罗祖五部经》被明令毁板后，仅仅过了十年,又有崇祯二年(1629年）刊本问世。入清以后，在清朝统治者同样严禁无为教与《罗祖五部经》的情况下，又出现了八九种刊本[2]。一套经卷如此反复刊行，特别是在封建统治者一再严令禁止的形势下，那些罗清宗教思想的信奉者冒着杀头毁家危险，仍然不断集资刻印，这不但在中国民间宗教发展史上是仅见的，即使正统的佛、道二教也是不能望其项背的。这充分说明了罗清宗教思想的深远影响，乃至晚清江西寻邬人寥帝聘受罗清宗教思想启示，模仿《罗祖五部经》，也陆续撰写了《廖祖四部五册》[3]，并据此建立了以戒食鸦片为主旨的真空道。因此可以说，罗清已被明清两代的民间宗教世界奉为共同的精神领袖，而他演述的《罗祖五部经》则成为民间宗教的圣经，被人们竞相翻刻传诵。

1《南宫署牍》卷四。

2 明正德四年（1509 年）刊本、正德九年（1514 年）刊本、正德十三年（1518 年）刊本、嘉靖二十八年（1549 年）刊本、万历元年（1573 年）刊本、万历十四年（1586 年）刊本、万历二十三年（1595 年）刊本、万历二十四年（1596 年）刊本、万历二十五年（1597 年）刊本、万历二十九年（1601 年）刊本、万历四十年（1612 年）刊本、万历四十三年（1615 年）刊本、万历四十六年（1618 年）刊本、万历刊本（未注明年代）、明刊本（一，未注明年代）、明刊本（二，未注明年代）、明刊本（三，未注明年代）、万历二十四年（1596 年）补注本（即《开心法要》本）、崇祯二年（1629 年）会解本，清顺治九年（1652 年）刊本（即《开心法要》本）、康熙九年（1670 年）刊本、康熙十一年（1672 年）刊本、康熙十四年（1675 年）刊本、康熙四十一年（1702 年）刊本、康熙年（未注明年代）、嘉庆元年（1796 年）刊本。马西沙、韩秉方：《中国民间宗教史》，上海人民出版社，1992 年，第 178～180 页。

3《廖祖四部五册》，即《报空宝卷》（又称《真空宝卷》或《首本经卷》）一部一册、《无相宝卷》（又称《无相真经》）一部二册、《三教宝卷》（又称《三教真经》）一部一册、《报恩宝卷》（又称《报恩真经》）一部一册。

论明太祖的宗教思想及其影响

何孝荣

明太祖朱元璋统治期间，秉持君权天授、三教合一、阴翊王度等宗教观念和宗教思想，宣扬其统治的所谓合理性，规定宗教的本质、作用等。明太祖的宗教思想决定了其宗教政策，影响及于有明一代。迄今为止，尚无专著、专文论述明太祖的宗教思想。本文试图论述明太祖宗教思想的内容，剖析其影响。不当之处，请方家指正。

一

君权天授的宗教神学思想在中国起源很早，秦、汉时期基本形成。其后，中国历代封建统治者无不宣扬自己的君权来自"天授"，藉以说明自己统治的合理性[1]。

明太祖朱元璋从一介贫民、穷僧而走上造反道路，最终夺元朝帝位，拥九五之尊，成明朝开国之君，于是他也着力宣扬君权天授。他说："上帝好生，寰宇生民者众，天恐生民自相残害，特生聪者主之，以育黔黎。"[2]明太祖宣扬说，自己就是这"聪者"，就是上天（"上帝"）选定的天下之主。他说："曩者兵争已久，老幼艰辛，少壮奔逼，苦哉甚矣。当是时，贤愚思治，感动昊穹。于是上帝好生，授民以福，命予平祸乱，育黔黎。"[3]他也肯定元朝君权天授，"朕惟中国之君，自宋运既终，天命

---

1 参阅孟广林：《封建时代中西君权神化现象的比较研究》，载《中国史研究》2002年第2期。
2 《明太祖御制文集》卷8《谕琉球山北国王帕尼芝》，黄山书社，1995年版。
3 《明太祖御制文集》卷19《祭岳镇海渎钟山大江旗纛文》。

真人起于沙漠，入中国，为天下主，传及子孙百有余年"。但至元末，元"运亦终，海内土疆，豪杰分争"[1]，天命转移。他为北元幼主作祭文，也说："生死废兴，非一时之偶然，乃天地之定数也"，"朕起寒微，托身缁流，朝暮起居，不过侣影而已，安有三军六师，以威天下？岂料应图谶，有天命，众会云从，代君家而主民"[2]。明太祖要求，天下百姓要顺应"天命"，明于"天理"，遵从自己这位"天子"和明王朝的统治，"知天命者福臻，昧天理者祸至"[3]。

与此相联系，明太祖鼓吹鬼神论，认为人死之后，魂魄存在，是为鬼神。他说："鬼神之事未尝无，甚显而甚寂"，"盖为有不得其死者，有得其死者，有得其时者，有不得其时者。不得其死者何？为壮而夭，屈而灭，斯二者乃不得其死也。盖因人事而未尽，故显。且得其死者，以其人事而尽矣，故寂"，"自秦、汉以来，兵戈相侵，君臣矛盾，日争月夺，杀人蔽野，鳏寡孤独于世，致有生者、死者各无所依。生无所依者，惟仰君而已。死无所依者，惟冤是恨。以至于今，死者既多，故有隐而有现。若有时而隐，以其无为也。若有时而现，以其有为也。然而君子、小人各有所当，以其鬼神不谬"[4]。

二

明太祖提倡三教合一，以儒为主。所谓三教，即儒、释、道。"儒"严格意义上并不是一种宗教，而是崇奉孔子学说的儒家学派。这一学派崇尚"礼乐"和"仁义"，提倡"忠恕"和"中庸"之道，主张"德治"、"仁政"，重视伦常关系。西汉以后，儒家学派逐渐成为中国封建社会占统治地位的学派。历代封建统治者都力图将孔子神圣化，将儒家经典视为维护封建统治的最高教条，因此儒家学派常被视同宗教，与佛教、道教并称为三教。

---

1 《明太祖实录》卷 29，洪武元年正月丙子。
2 《明太祖御制文集》卷 19《祭元幼主文》。
3 《明太祖御制文集》卷 2《谕云南诏》。
4 《明太祖御制文集》卷 11《鬼神有无论》。

明太祖认为，孔子"祖尧、舜，率三王，删诗制典"[1]，"垂教于世，扶植纲常"[2]，儒家学说因此成为历朝的统治思想，"万世永赖"[3]。他说："仲尼之道，上师天子，下教臣民，始汉至今，曾有逾斯道者而久于世者乎？"[4]他极力提高儒家经典的地位，鼓吹四书、五经"载圣人之道者也，譬之菽粟、布帛，家不可无。人非菽粟、布帛则无以为衣食，非五经、四书则无由知道理"[5]。对孔子，明太祖不仅亲自诣国学释奠，行再拜礼，"又诏天下通祀孔子，并颁释奠仪注"[6]。明太祖也神化孔子，称"今朕君天下，敬礼百神，于先师之礼宜加尊崇"[7]，"阙里又启圣降神之地，庙宇废而不修，将何以妥神灵，诏来世？"[8]视孔子为百神之一[9]。

对于佛教、道教，明太祖主张它们与儒学是一致的。明太祖宣扬，佛教为所谓"善世"而产生，与阐发所谓三皇五帝之教而"善世"的儒学是一致的。他说：上古圣贤倡导"三纲五常"之道，"自中古以下，愚顽者出，不循教者广，故天地异生圣人于西方，备神通而博变化，谈虚无之道，动以果报因缘"[10]；"释迦之为道也，惟心善世。其三皇五帝教治于民，不亦善乎？何又释迦而为之？盖世乖俗薄，人从实者少，尚华者众，故瞿昙氏之子异其修，异其教，故天假其灵神之"[11]。明太祖认为，佛教"利济群生"，释迦牟尼与孔子一样是"圣人"。他说："西域生佛，号曰释迦。其为佛也，行深愿重，始终不二，于是出世间，脱苦趣。其为教也，仁慈忍辱，务明心以立命，执此道而为之，意在人皆若此，利济群生。"[12]"佛教兴于西土，善因博被华夷。虽无律以绳顽，惟仁心而是则。大矣哉！妙觉难穷。昔从斯道者，顿悟三空，脱尘轮而出苦趣，

1 《明太祖御制文集》卷 11 《三教论》。
2 《明太祖实录》卷 31，洪武元年三月戊申。
3 《明太祖御制文集》卷 11 《三教论》。
4 《明太祖御制文集》卷 8 《谕太学生》。
5 《明太祖实录》卷 136，洪武十四年三月辛丑。
6 《明史》卷 50 《礼志四》，中华书局，1974 年版。
7 《明太祖御制文集》卷 145，洪武十五年五月壬戌。
8 《明太祖实录》卷 180，洪武二十年正月己未。
9 参阅程志强：《明太祖的三教思想、政策及其影响》，载《史林》2002 年第 1 期。
10 《明太祖御制文集》卷 11 《宦释论》。
11 《明太祖御制文集补·佛教利济说》，黄山书社，1995 年版。
12 《明太祖御制文集补·心经序》。

永离幽冥，使生者怀而死者慕，岂不圣人者欤？"[1]明太祖还继承历代之说，多次引用孔子的"西方有大圣人"之言，并指为佛祖释迦牟尼[2]。

明太祖把道教和道家学说加以区分，认为二者并不是一回事。他说："夫三教之说，自汉历宋至今，人皆称之。故儒以仲尼，佛祖释迦，道宗老聃。于斯三事，误陷老子已有年矣"，"若果必欲称三教者，儒以仲尼，佛以释迦，仙以赤松子辈，则可以为教之名称无瑕疵"[3]。明太祖认为，道教是长生成仙之说，而道家学说则是三纲五常之说，与儒家学说是一致的。他指出："孰知老子之道，非金丹黄冠之术，乃有国有家者日用常行，有不可缺者是也。古今以老子为虚无，实为谬哉！其老子之道，密三皇五帝之仁，法天正己，动以时而举合宜，又非升霞、禅定之机，实与仲尼之志齐，言简而意深。时人不识，故弗用，为前好仙、佛者假之。"[4]明太祖把道教称为神仙之教，指出其始祖为传说中的赤松子、广成子以及天师道的创始人张陵等人。他说："朕闻轩辕时，崆峒有修者（广成子），其教独善其身而已，效之者往往。逮至汉天师张陵，致神倏忽，飞符役剑，转斗移星，其斡旋造化，人莫知其然。今之道士，祖而效之"[5]；"其仙之教，或云始广成子，流传至汉，曰道士"[6]。但是，道教实际上是把古代的神仙思想、道家学说、鬼神祭祀等杂糅起来的产物，或者说道家思想是道教思想的重要来源。明太祖认识到这一点，又把老子作为道教的始祖："道祖老子，神仙继之，或幻而或真，神通盛。"[7]明太祖称赞老子也是"千古圣人"："心渊泉而莫测，志无极而何量？惚恍其精而密，恍惚其智而密，宜乎千古圣人，务晦短而云长。"[8]明太祖指出，从教理上说，儒、佛、道三教是一致的："三教之立，虽持身荣俭之不同，其所济给之理一。"[9]

明太祖还经常对一些佛、道教理加以儒学解释，不断援儒入佛、道。

1《明太祖御制文集补·赐西番国师诏》。
2《明太祖御制文集补·命应天府谕钟山寺僧赦、跋儒僧入仕论》。
3《明太祖御制文集》卷11《三教论》。
4《明太祖御制文集》卷11《三教论》。
5《明太祖御制文集》卷8《神乐观知观赦》。
6《明太祖御制文集》卷8《神乐观提点赦》。
7《明太祖御制文集》卷11《问佛仙》。
8《明太祖御制文集》卷18《老子赞》。
9《明太祖御制文集》卷11《三教论》。

例如，佛教把天堂、地狱看成是死后归宿，明太祖则将现实中遵守封建法度纲常的富足生活说成是天堂，而违犯封建法度伦常遭到惩处则是地狱："今之天堂，若民有贤良方正之士，不干宪章，富有家资，儿女妻妾奴仆满前，若仕以道，佐人主，身名于世，禄及其家，贵为一人之下，居众庶之上，高堂大厦，妻妾朝送暮迎，此非天堂何？""若民有顽恶不悛，及官贪而吏弊，上欺君而下虐善，一人神见怒，法所难容，当此之际，抱三木而坐幽室，欲亲友之见杳然，或时法具临身，苦楚不禁，其号呼动天地亦不能免，必将殒身命而后已，斯非地狱者何？"[1]在明太祖看来，天堂、地狱就在现实中，"不难见也"。而如何进入天堂、修行成佛呢？明太祖摒弃佛教所谓的八正道等修行方法，而代之以儒家"修身"之类的修养论："佛之立教也，惟慈以及众，身先忍辱。所修者，诸恶不作，百善奉行。""凡居是者，必忘憎爱，去贪嗔，却妄想，虽不前知，亦也效佛之宜。"[2]这实际上是儒家的道德修养论，是程、朱理学"存天理、灭人欲"的翻版[3]。再如，老子《道德经·归元第五十二》称："天下有始，以为天下母。既知其母，复知其子；既知其子，复守其母，没身不殆。"对此，明太祖注曰："人能知大道能如是生生不绝，则常守其大道。大道果何？曰仁，曰义，曰礼，曰智，曰信。此五者，道之化而行也。君天下者行此守此，则安天下；臣守此，则贤天下，家乃昌；庶民守此，而邻里穆，六亲和，兴家，不犯刑宪，郡里称良。若天下臣庶坚守此道，则终身不危。"[4]在明太祖看来，老子的"道"即是儒家的仁、义、礼、智、信五常。

明太祖主张三教一致，不断援儒入佛、道，突出地显示出其三教合一的宗教思想。

三

明太祖主张宗教"阴翊王度"，即宗教为维护和巩固王朝统治服务。

---

1 《明太祖御制文集补·跋儒僧入仕论》。
2 《明太祖御制文集补·僧犯宪说》。
3 参阅乐寿朋：《朱元璋与佛教》，载《学术月刊》1983年第4期。
4 明太祖：《御注道德真经》卷下，商务印书馆，1923年版。

明太祖宣扬，儒学着眼于现实社会，为"阳教"、"实"："其圣贤之道为阳教，以目前之事，亦及将来，其应甚速，稽之有不旋踵而验，所以阳之谓也，实之谓也"；而佛教则言鬼神、宿世，是"阴教"、"虚"："所以佛之道云阴者何？举以鬼神，云以宿世，以及将来，其应莫知，所以幽远不测，所以阴之谓也，虚之谓也。"[1]佛教既然为"阴教"，谈空说虚，"何以导君子，训小人"，即如何服务现实社会、"阴翊王度"？明太祖指出，佛教本质上"实而不虚"，"正欲去愚迷之虚，立本性之实"。他为《心经》作序，宣扬"《心经》每言空不言实，所言之空，乃相空耳。除空之外，所存者本性也"[2]。也就是说，佛教宣扬的"空"只是表象，而作为"实"存在的是"本性"。那么，人的"本性"是什么呢？明太祖称，佛祖释迦牟尼"演说者乃三纲五常之性理也"[3]，把佛教教义与儒学主张直接划上等号，则佛教可以"阴翊王度"，维护和巩固封建统治。

明太祖又从佛教教义，来解说其"阴翊王度"的作用。佛教宣扬因缘果报，劝人为善去恶。对此，明太祖发挥说：释迦牟尼"备神通而博变化，谈虚无之道，动以果报因缘。是道流行西土，其愚顽闻之，如流之趋下。渐入中国，阴翊王度，已有年矣"[4]。他认为，佛教的劝化，使"愚民未知国法，先知虑生死之罪，以至于善者多而恶者少，暗理王纲，于国有补无亏"[5]。在谕僧时，他也说：佛教"本苦空，甘寂寞"，流传东西，"虽九夷八蛮，一闻斯道，无不钦崇顶礼"，"若僧善达祖风者，演大乘以觉听，谈因缘以化愚，启聪愚为善于反掌之间。虽有国法，何制乎？缧绁刑具，亦何以施？岂不合乎柳生之言'阴翊王度'，岂小小哉？"[6]"昔释迦之为道，孤处雪岭，于世俗无干。及其道成也，善被两间，灵通上下，使鬼神护卫而听从，故世人良者愈多，顽恶者渐少，所以治世人主每减刑法，而天下治。斯非君减刑法，而由佛化博被之然也。所以柳子厚有云'阴翊王度'，是也"[7]。

1《明太祖御制文集》卷11《宦释论》。
2《明太祖御制文集补·心经序》。
3《明太祖御制文集补·心经序》。
4《明太祖御制文集》卷11《宦释论》。
5《明太祖御制文集补·释道论》。
6《金陵梵刹志》卷1《授了达、德瑄、溥洽僧录司[敕]》，台湾明文书局，1980年版。
7《明太祖御制文集》卷8《谕僧纯一》。

对于道教，明太祖也肯定其"阴翊王度"、维护和巩固封建统治的功效。例如，他评论正一道历代势盛说："昔之能名，名于海内。始汉至今，所以不泯者，盖为御灾捍患之妙，功达于君，利及于民，故有不泯者为此也。"[1]

总之，明太祖认为佛教和道教有"阴翊王度"的作用。他作《释道论》一文，说："释迦与老子，虽玄奇过万世，时人未知其的，每所化处，宫室殿阁与国相齐，人民焚香叩祷，无时不至。二教初显化时，所求必应，飞悟有之，于是乎感动化外蛮夷及中国，假处山薮之愚民，未知国法，先知虑生死之罪，以至于善者多，而恶者少，暗理王纲，于国有补无亏。"[2]他又作《三教论》，其中说："其佛、仙之幽灵，暗助王纲，益世无穷。"[3]

四

明太祖的宗教思想，决定了他的宗教政策，并对后朝皇帝产生了决定性影响，成为明朝宗教政策的思想基础。

首先，明太祖宣扬君权天授，承认鬼神的存在，因此对天地、百神虔恭祭祀，并将其作为"国之先务"、"大事"。他说："朕闻天生民而立君，君为民而立命，所以谨百神之祀，乃国之先务也。"[4]即位前，他首先祭祀天地。据实录记载，太祖"祀天地于南郊，即皇帝位，定有天下之号曰大明，建元洪武"，"服衮冕，先期告祭"[5]即位之初，他"正百神之号，严祭祀之典"[6]，大量的神灵进入国家祀典。明太祖主张，祭祀天地、百神要态度虔恭。他说："传不云乎：'国之大事，在祀与戎。'曩古哲王，谨斯二事，而落上帝皇祇悦赐，天下安和，生民康泰。朕起寒微而君宇内，法古之道，依时以奉上下神祇。其与祀神之道，若或不洁，

1《明太祖御制文集补·谕故真人张正常嗣子宇初敕》。
2《明太祖御制文集补·释道论》。
3《明太祖御制文集》卷11《三教论》。
4《明太祖御制文集》卷5《名功臣祀岳镇海渎敕》。
5《明太祖实录》卷29，洪武元年正月乙亥。
6《明太祖实录》卷257，洪武三十一年四月辛卯。

则非为生民以祈福，而保己命也"，"于斯祀神之道，能者养之以福，不能者败以取祸。是故君子勤礼，小人尽力。勤礼莫如致敬，尽力莫如敦笃。敬在养神，笃在守业。朕观古人之敬神也若是，其验祸福亦若是"，"惟敬之以礼而已"[1]。

明太祖下令，各级地方官也要恭虔祭祀天地、百神。他指出，地方官"为一郡一邑之主，岂止牧民而已？其鬼神必欲依之，阴阳表里，以行人道。故谕之，出则辞于神，入则告于神。官长既敬，民必畏从之。民人既敬，鬼神奠安，一方善恶，灾临福临，必不至于妄加"[2]。洪武前期，"以死肉奉祀于山川社稷之神"的闻喜县丞周荣等人，因"祭祀不敬"遭到太祖严惩，其罪行被录入《大诰》，颁示全国，以为鉴戒[3]。

其次，明太祖主张三教合一，以儒为主，表明他以儒家学说为统治思想和官方哲学，而以佛、道二教为治国之辅助。东汉以来，虽然儒、佛、道三教互相吸收、互相融合是总的趋势，但三教之间排斥和斗争以及互争雄长也一直没有停止。而各朝最高统治者往往加入三教之间的争斗，或抑或扬，使三教主次一直没有确定。如唐朝最高统治者自称为老子后代，因此崇道抑佛，三教间以道教为先，儒教为次，佛教为末。元朝虽然号称"三教兼崇，无所偏重"[4]，但由于最高统治者特别崇奉佛教（尤其是藏传佛教），因此当时佛教势盛，道教也受到推崇，儒学则势衰，"废弃礼教，因循百年，而中国之礼，变易几尽"[5]。

明太祖主张三教合一，以儒为主，确立了儒学的统治思想和独尊地位。他"初定天下，他务未遑，首开礼、乐二局，广征耆儒，分曹究讨"[6]。为了推广儒学教育，他下令上自京城，下自州、县，分别设立国子学、儒学等各级学校，"延师儒，授生徒，讲论圣道，使人日渐月化，以复先王之旧"[7]。程、朱理学是儒学的改造流派，更适合封建社会后期统治者的需要，因此被视为儒学正统，加以尊奉。明太祖"一宗朱氏之学，令

---

1 《明太祖御制文集》卷8《谕神乐观敕》。
2 明太祖：《大诰·祭祀不敬第五十七》，黄山书社，1995年版。
3 明太祖：《大诰·祭祀不敬第五十七》。
4 [元]吴澄：《吴文正集》卷49《净居院记》，景印文渊阁四库全书本。
5 《明太祖实录》卷80，洪武六年三月甲辰。
6 《明史》卷47《礼志一》。
7 《明史》卷69《选举志一》。

学者非五经、孔孟之书不读，非濂洛关闽之学不讲"[1]。佛、道二教，则被置于儒学之下，辅助治理国家。明太祖认为，三教起着不同的社会作用，不可偏废："于斯三教，除仲尼之道祖尧、舜，率三王，删诗制典，万世永赖，其佛、仙之幽灵，暗助王纲，益世无穷，惟常是吉。尝闻天下无二道，圣人无两心。三教之立，虽持身荣俭之不同，其所济给之理一。然于斯世之愚人，于斯三教，有不可缺者"[2]。此后，三教关系和地位基本确定。

第三，明太祖主张宗教的作用是"阴翊王度"，因此对佛教和道教采取既整顿和限制，又保护和提倡的政策，而对白莲教等民间秘密宗教则采取严厉禁绝的政策。

对于佛、道二教，明太祖认为，既要崇尚和提倡，但又不可太过，"若崇尚者从而有之，则世人皆虚无，非时王之治"；也不能一概加以禁绝，"若绝弃之而杳然，则世无鬼神，人无畏天，王纲力用焉？"[3]对佛教和道教崇尚太过，或者一概禁绝，都不能发挥二教"阴翊王度"的功效，达到维护和巩固封建统治的目的。明太祖还举历史上的例子说，梁武帝、陈武帝昧于二教天堂、地狱之说，崇佛至极，导致"社稷移而君亡"，而魏太武帝、周武帝、唐武宗"罔知佛、老之机，辄毁效者"，"非独当时为人唾骂，虽万古亦污"[4]。因此，他认为，对佛教、道教既要保护和提倡，也要整顿和限制，才能更好地维护和巩固封建统治。其具体的政策措施，有不少专文论述[5]，兹不赘言。

白莲教始于南宋白莲宗，最初崇奉阿弥陀佛，提倡五戒，元代渗入明王出世、弥勒下生等其他宗教观念，成为白莲教，在民间广泛流传，并多次组织和发动反抗元朝统治的斗争。元末，白莲教徒又发动了红巾军大起义。虽然明太祖朱元璋最初加入红巾军，依靠红巾军的力量推翻元朝统治，但是白莲教的教义，以及其不断反抗现行统治秩序的特点，

---

1 [清]陈鼎：《东林列传》卷2《高攀龙传》，中国书店，1991年版。
2 《明太祖御制文集》卷11《三教论》。
3 《明太祖御制文集》卷11《三教论》。
4 《明太祖御制文集》卷16《游新庵记》。
5 如，马楚坚：《明太祖对道教之态度及其对三教合一的追求》，载马楚坚：《明清人物史事论析》，江西高校出版社，1996年版；拙文：《论明太祖的佛教政策》，载《明太祖及其治国理念与实践》（香港中文大学主办"明太祖及其时代"国际学术研讨会论文集），香港中文大学，2007年，等等。

使朱元璋认识到，它绝不是"阴翊王度"的宗教。因此，早在元朝至正二十六年（1366 年），朱元璋在应天站稳脚跟以后，就决定与白莲教决裂。在讨伐张士诚的榜文中，他诬蔑白莲教为"妖术"："不幸小民，误中妖术，不解其言之妄诞，酷信弥勒之真有"，"聚为烧香之党"，"凶谋遂逞，焚荡城郭，杀戮士夫，荼毒生灵，无端万状"[1]。建国后，明太祖更是对白莲教等民间秘密宗教加以严厉禁止和血腥镇压。洪武三年（1370 年）六月，明太祖下令"禁淫祠"，"不许塑画天神地祇，及白莲社、明尊教、白云宗、巫觋扶鸾祷圣，书符咒水诸术，并加禁止，庶几左道不兴，民无惑志"[2]。《大明律》中，又以法律形式对白莲教等民间秘密宗教加以严禁："凡师巫假降邪神，书符咒水，扶鸾祷圣，自号端公、太保、师婆，及妄称弥勒佛、白莲社、明尊教、白云宗等会，一应左道乱正之术，或隐藏图像，烧香集众，夜聚晓散，佯修善事，扇惑人民，为首者，绞；为从者，各杖一百，流三千里。"[3]洪武年间，多次对白莲教等民间秘密宗教活动及起义加以镇压。

从上面的论述也可以看出，明太祖虽然曾经出家为僧，又参加过白莲教组织和发动的元末红巾军大起义，即位后也大力提倡和保护佛、道，但他并不是一个虔诚的宗教信徒。他一方面大力宣传冥冥之天的威权以及佛、道的灵通，另一方面他又明确否定天堂、地狱的虚幻，直言神仙方术的妄诞，戳穿白莲教等民间秘密宗教装神弄鬼以惑众的把戏，可见他根本不相信宗教神话。但是，身处经济、文化发展十分落后、宗教盛行的古代社会，为了建立自己的权威，维护和巩固自己的统治，明太祖又不得不借助宗教的力量。对此，时人解缙一针见血地指出："陛下天资至高，合于道微。神怪妄诞，臣知陛下洞瞩之矣，然犹不免所谓神道设教者。"[4]实际上，明太祖对宗教的抑扬取舍，根本出发点在于宗教能否"阴翊王度"，能否服务于明王朝统治。无论是他的君权神授观念，还是三教合一、以儒为主，还是"阴翊王度"，无不渗透着这一思想，明太祖视宗教为维护和巩固其统治的工具。

---

1 [明]王世贞：《弇山堂别集》卷85《诏令杂考一·高帝平伪周榜》，中华书局，1985年版。
2 《明太祖实录》卷53，洪武三年六月甲子。
3 《大明律》卷11《礼律一·祭祀》，法律出版社，1998年版。
4 《明史》卷147《解缙传》。

第四，明太祖的宗教思想也对后朝皇帝产生很大影响，成为明朝宗教政策的思想基础。如，明太祖主张君权天授，明成祖也宣扬自己通过"靖难"夺得帝位是天命所归，"上天眷顾，四海安"[1]。明太祖力倡三教合一，援儒入佛、道，明宪宗则说："朕闻孔子曰：丘闻西方有大圣人，不言而自信，不化而自行，荡荡乎人无能名焉。大哉言乎！深有契于佛之道也。夫佛即西方圣人，其道与儒道往往多同。佛谓为善升天，为恶入渊，作善得福，为恶受殃，其与儒之作善降祥，作不善降殃之言同。佛谓专心为善，子孙长享富贵，专心为恶，子孙俱堕恶业，其与儒之积善之家，必有余庆；积不善之家，必有余殃之言同也。佛谓心为万法之本，儒谓心为万事之本。佛谓见性，儒谓知性。佛道与儒道同者多类此，非直此也。"[2]明太祖主张宗教的作用是"阴翊王度"，明英宗也论佛教说："朕惟佛氏之兴，其来已远，西土之人率多崇信。其教以空寂为宗，以慈悲为用，阴翊王度，化导群迷，良足嘉尚。"[3]需要指出的是，太祖以后，明朝历朝皇帝中很少有人如太祖一样，再就天命观以及佛教、道教等宗教问题加以专门论述，他们对太祖的宗教思想基本是接受而无异词，主要也是沿用太祖时所制定的宗教政策，变更不大，只是执行时稍有异同。总之，明太祖的宗教思想奠定了有明一朝宗教政策的基础。

---

1 明成祖：《圣学心法》序，转引自毛佩琦：《永乐皇帝大传》，辽宁教育出版社，1994 年版，第 268 页。

2 明宪宗：《御制重修灵光寺碑》，见《北京图书馆藏中国历代石刻拓本汇编》第五十二册，中州古籍出版社，1990 年版，第 148 页。

3《明英宗实录》卷 315，天顺四年五月辛丑。

清代广东全真教龙门派的开展

黎志添

一、前言：广东地方道教研究

在过去，道教学者多侧重于历史和经典的研究，而对道教在中国地方社会上不同的形态、传统和历史发展的研究却未见十分重视，因此与之相关的研究成果亦见薄弱。"广东道教研究"的课题也是处于同样薄弱的位置。光绪五年（1879 年），陈铭珪撰《长春道教源流》算是最早的代表著作。[1]

广东道观在唐代时期已见创建。例如在广州及惠州的两座元（玄）妙观都是最古旧的在唐代已创建的广东道观。据《旧唐书·礼仪志》卷二十四记载，开元二十六年（738 年），玄宗诏每州各以郡下定观寺，以"开元"为额。此外，又云："（天宝）三载（744 年）三月，两京及天下诸郡于开元观、开元寺，以金铜铸玄元等身天尊及佛各一躯。"[2]各州的开元观在宋真宗大中祥符二年赐名额改名为天庆观。根据明正统七年（1442 年）《重修玄妙观记》碑文，惠州元妙观"初建于唐天宝七年（748 年），旧号朝元，后改开元，至后唐毁"；至宋代咸平初复修；又至"宋真宗大中祥符九年（1016 年），赐额改名为天庆观"。[3]《重修玄妙观记》

---

1 [清]陈铭珪：《长春道教源流》，卷 7，胡道静等主编：《藏外道书》，全三十六册（成都：巴蜀书社，1992～1994 年）。

2 [后晋]刘昫等撰：《旧唐书·礼仪志》，卷 24（北京：中华书局，1975 年），页 926。

3 [宋]李焘著：《续资治通鉴长编》，卷 72（上海：上海古籍出版社，1986 年），页 635 及[清]徐松辑：《宋会要辑稿》，第 11 册，《礼》5，《天庆观》条（北京：中华书局，1957 年），页 474 皆称"大中祥符二年十月，真宗诏全国诸路、州、府、军、监、关、县择官地，给官钱和出工匠建道观，并赐'天庆'为额，以奉道教三清尊神及玉皇上帝。"

又记云："元真〔贞〕二年，改复玄纱。"[1]出于清室避康熙名"玄烨"讳之故，而把"玄"字改为"元"字，康熙二十七年（1688 年）《惠州府志》已完全改称今名元妙观。[2]与惠州元妙观一样，广州元妙观亦是始于唐开元年间创观并在宋、元以后数度易改观名。[3]因此，若以开元二十六年（738 年），玄宗诏每州建开元观开始，直到清末，广东境内的元妙观经历了唐、宋、元、明、清五朝，共一千多年的悠久历史。[4]

清代以前广东境内的道教主要是以府县里的正一道观、道士及在家道士为主体。在明代，道教虽曰分有正一和全真两大教派，但是由于在清初顺治以前未见全真教在广东境内传播，因此可这样说，在明代或以前，广东道观道士和在家道士又可说皆属正一派的传统。

明《〔成化〕广州志》（1473）卷二十四记广州玄妙观称："洪武十五年（1382 年）开设道纪司，乃设道官，正曰都纪□□副都纪，以理道教。"[5]嘉靖《广州志》（1527）卷二十五云："道纪司在玄妙观。"[6]由于明代广州府道纪司设在玄妙观内，这样可知广州玄妙观于道教内地位的重要性，即是具有管理在广州府（包括南海、番禺二县）各道观和众道士的职责和权力[7]，特别是掌管了度牒的发放及约束道士恪守道规。清代仍设置在中央的道录司，以及在地方各府县的道纪司和道会司[8]，因此，

1 [明]周岐后：《重修玄妙观记》，收入[清]吴骞：《惠阳山水纪胜》，卷 3，《四库全书存目丛书·史部》，第 241 册（台南县柳营乡：庄严文化事业有限公司，1996 年），页 159～160。

2 [清]吕应奎、俞九成修，黄挺华、卫金章纂修：《〔康熙〕惠州府志》，康熙 27 年[1688 年]刻本，香港：香港中文大学图书馆显微数据 mic/f137），卷 17 称："观曰元妙，在城内县治东，旧名天庆。"

3 广州天庆观在唐时名为开元观。见[明]成化九年（1473 年）吴中、王文凤纂修：《〔成化〕广州志》卷 24（现残存 9 卷），《北京图书馆古籍珍本丛刊》38 册（北京：书目文献出版社，1988 年），页 1056；及[明]嘉靖十四年（1535 年）戴璟辑、张岳纂《广东通志初藁》卷 36，收入《北京图书馆古籍珍本丛刊》第 38 册（北京：书目文献出版社，1988 年），页 599。

4 关于广州元妙观的研究，参黎志添：《广州元妙观考释》，《中央研究院历史语言研究所集刊》，第 75 本，第 3 分册，2004 年，页 445～514。

5 [明]吴中、王文凤纂修：《〔成化〕广州志》卷 24，页 1056。另见《明太祖实录》洪武十四年四月辛巳条。

6 [明]嘉靖六年（1527 年）黄佐纂修：《广州志·公署四》卷 25〔残存存卷 4-7, 12-17, 22-48〕，嘉靖六年刻本，广东省中山图书馆藏抄本。

7 [明]吴中、王文凤纂修：《〔成化〕广州志》，卷 24，页 1003～1005 记载有广州府道纪司，其余各县均设道会司，置道会一员，但只有南海县与番禺县不设道会司，因此此两县之道观应隶属由广州府道纪司管辖。

8 [清]赵尔巽等撰：《清史稿·职官三》卷 115（北京：中华书局，1977 年），页 3331；Monica Espostio, "Daoism in the Qing (1644-1911)," in Livia Kohn (ed.), *Daoism Handbook* (Leiden: Brill, 2000), 623-58. 621；Vincent Goossaert, "Counting the Monks: The 1736-1739 Census of the Chinese Clergy," *Late Imperial China*, vol. 21 (2000), 42.

广州元妙观仍如其在宋、明两朝时期的一样，与地方道官机构结合。

至于全真教传入广东境内的时间问题，陈铭珪《长春道教源流》称："酥醪洞主曰：元以后，至于国朝，全真派遍布于江南各行省，惟粤无闻。"[1]虽然陈铭珪说全真教入粤时间并不清楚，但事实却又是，从康熙至乾隆初年，历六十多载，全真教已俨然成为广东境内道观及道士之间新的发展主流。不仅如此，从清中叶迄光绪年间（1875 年至 1908 年），全真教龙门派在广东境内的发展情况即如陈铭珪所称，其时"今粤东罗浮及会城诸道观询其派，又皆全真也"。[2]广东其他道观以罗浮山全真教龙门派为宗的情况，亦延续至民国时期。例如《广东年鉴》（1942）称："此外，散在各县地方之道观亦甚多，其组织皆仿罗浮山诸观，盖亦以罗浮山为其所宗。"[3]不仅广东地方道观皆称自己为"全真演教、龙门正宗"，这种情况同样可见于现今香港大多数的道观和道坛，它们多以"龙门正宗"而自居。例如香港蓬瀛仙馆的道牒便是根据龙门派道牒传统给付其入道弟子，见图片（一）。此外，现时若询问香港道观的道士和善信有关他们的道脉源流，差不多一致的回答是"龙门派"——正如佛教的僧侣信众会回答说"临济宗"一样。[4]

本论文的目的乃是重新考证全真教在清初传入广东的历史经过。新的考证会通过碑刻、地方史志、山志、游记、诗文等数据，以及在整理及继承陈铭珪和陈伯陶等前人基础上而尝试提出我们的研究成果。本论文提出以下的结论：全真教之传入广东境内，乃始于清初顺治至康熙之间的时期；倘若全真教南传江南是与蒙元平定南宋同时，那可以这样说，全真教之传入广东地区，并开启广东道教历史的新一页，这发展大致与满清平定广东是处于同一步调。

二、广东全真教历史的研究

过去，学者对清初全真教龙门派在广东省开展的历史研究相当缺乏，

---

1 [清]陈铭珪：《长春道教源流》，卷 7，《藏外道书》，第 31 册，页 137。
2 [清]陈铭珪：《长春道教源流》，卷 7，《藏外道书》，第 31 册，页 137。
3 广东省政府广东年鉴编纂委员会编：《广东年鉴》（广州，1942 年），页 167。
4 Monica Esposito, "Longmen Taoism in Qing China: Doctrinal Ideal and Local Reality," *Journal of Chinese Religions* 29 (2001), 191.

图片（一）香港蓬瀛仙馆给付入道弟子龙门派道牒（1947）

原因是出于史料不足的问题，导致研究上各种困难和限制。光绪五年（1879 年）陈铭珪的《长春道教源流》可算是最早的代表著作。陈铭珪提出了广东全真教龙门派"其来不知何"的问题，并指出："自余寓居罗浮酥醪观，知观中为龙门派，出于曾山山，其法多有道行。"其著书的目的就是"举其著者汇记于后，使后之来者知所兴起焉"。[1]但是，对于此问题的深入研究，陈铭珪所得的成果其实并不理想，他只是在书中第七卷，非常简略地记述几位清初时期曾协助罗浮山酥醪观复观的道士的生平。[2]缺乏显著研究成果的主要原因，与史料不足有直接的关系。有关《长春道教源流》在史料方面的薄弱，李刚这样评说："但由于明清全真道的史料缺少，故其写作'几不成章'，书中明清部分实在不能令人满意。"[3]陈铭珪在完成《长春道教源流》后二年，再著录及校注《浮山志》（五卷本），并同时在书内附载黄培芳[4]及赖洪禧[5]各自著述的《浮山新志》。[6]除了增补当时酥醪观的一些发展情况之外，陈铭珪《浮山志》对清初以来罗浮山道观的全真教龙门派历史由来，并没有再加增更多新资料。

后来，在 1920 年，陈铭珪的儿子陈伯陶（1855－1930，龙门派名"永焘"）[7]为增补其明朝先祖陈琏《罗浮志》（1410）的内容，出版了《罗浮山志补》，并在全书十五卷之后，增补了由其亲身著述的《罗浮补志述

1　[清]陈铭珪：《长春道教源流》，卷7，《藏外道书》，第31册，页137。

2　[清]陈铭珪：《长春道教源流》卷7收载酥醪观道士的资料有：曾一贯、柯阳桂、童复魁、江本源、赖本华及余明志。

3　李刚：《评陈教友〈长春道教源流〉》，收入黎志添主编：《香港及华南道教研究》（香港：中华书局），页206。

4　[清]黄培芳，字子实，广东香山人，嘉庆九年（1804 年）副贡生，官内阁中书。卒年八十二。见[清]佚名辑：《清代粤人传》（下），全国图书馆文献缩微复制中心：《中国公共图书馆古籍文献珍本汇刊・史部》（北京：中华全国图书馆文献缩微复制中心，2001 年），页1523～1524。

5　[清]赖洪禧，号介生，龙门派名本华，广州府东莞县人，入罗浮酥醪观，礼童复魁为师。参叶觉迈修、陈伯陶总纂：《东莞县志》，卷72，《中国方志丛书》，第 52 号（台北：成文出版社，1967年），页2719。

6　[清]陈铭珪著录注：《浮山志》（光绪七年[1881 年]刻本），《藏外道书》，第32册，页592～668。另参[清]黄培芳：《浮山志》（嘉庆十八年，1813 年）刻本 1 册线装，广东省中山图书馆藏。[清]赖洪禧：《浮山新志》（道光二十五年，1845 年）刻本 2 册线装，广东省中山图书馆藏。

7　陈伯陶生于咸丰五年，1911 年辛亥革命，避于香港，寄居九龙红磡，自号"九龙真逸"，卒于 1930 年，年七十六，清末帝溥仪闻悼，赐谥"文良"。关于其生平，见张学华：《江宁提学使陈文良公传》，收入陈伯陶：《瓜庐诗剩》卷上（1931 年刻本 2 册线装），香港中文大学新亚图书馆藏。

略》。[1]陈伯陶《罗浮补志述略》对清初广东省全真教龙门派的由来，作了较进一步的探索，及提出了他对罗浮山全真教龙门派历史由来的看法。虽然陈伯陶并未清楚说明书中新数据的来源，但比较陈铭珪《长春道教源流》和《浮山志》二书，陈伯陶《罗浮山志补》对清初罗浮山冲虚观和酥醪观龙门派道士的来历和活动资料，作了较多新的补充。对于清代广东省全真教龙门派的由来及其传承的历史，陈伯陶称：

> 道之盛，始杜阳栋、曾一贯，龙门派也。其支分为惠州之玄妙观，会城之三元宫、应元宫、五仙观，番禺之纯阳观，其余庵院分衍不可胜数，要皆以华首冲虚观为归。[2]

陈铭珪言"全真教之居罗浮，实自山山师始"[3]，而陈伯陶则补充说"道之盛，始杜阳栋、曾一贯，龙门派也"。二说虽是近似，但后者又略有补充，并成为历来学者对清初广东全真教龙门派历史由来的主要依据。例如有 Batholomew Tsui（徐佩明）的英文著作 *Taoist Tradition and Change: The Story of the Complete Perfection Sect in Hong Kong*（1991）。徐佩明在追溯香港全真教宫观和道坛的历史渊源时，于第 5 章中简略地探讨了清初罗浮山全真教的历史。但可惜的是，徐氏并没有进一步开拓或发现新的原始资料，只是重复陈伯陶《罗浮补志述略》的原有材料和观点而已。[4]

三、清初广东全真教龙门派的开始

要解决清初全真教传入广东的问题，我们可先从明末清初时期罗浮山各道观的情况考察开始。陈伯陶《罗浮补志述略》言，明末时冲虚观

---

1 [明]陈琏撰：《罗浮志》，明永乐八年（1410 年）修，清道光三十年（1850 年）粤雅堂刻本 2 册线装，广东省中山图书馆藏。另收入《丛书集成初编》（上海：商务印书馆，1936 年）。此外，陈琏撰，陈伯陶补：《罗浮山志补》，民国九年（1920 年）增刻本 4 册线装，香港中文大学崇基图书馆藏。

2 陈伯陶：《罗浮补志述略》，页 25，收入陈琏撰，陈伯陶补：《罗浮山志补》第 4 册。《罗浮补志述略》后亦有单行本刊行，书名为《罗浮指南》。

3 [清]陈铭珪著录注：《浮山志》，《藏外道书》，第 32 册，页 592。

4 Batholomew Tsui (徐佩明), *Taoist Tradition and Change: The Story of the Complete Perfection Sect in Hong Kong* (Hong Kong: Christian Study Center on Chinese Religion and Culture, 1991).

被毁，云："明末群盗啸聚山下，焚掠靡遗。观被毁。惟中殿存。"[1]康熙
二十五年（1686 年），陶敬由举人知博罗县[2]，并与惠州府太守吕应奎（1683
年至 1688 年间守惠州）[3]等曾合力重修罗浮山冲虚观。吕应奎《重修罗
浮冲虚观碑记》（1688 年）称此次重修乃始于康熙二十六年（1687 年）
冬，并于康熙二十七年（1688）仲夏落成。[4]根据陶敬《募修冲虚观疏》，
冲虚观于重修前已毁，甚是荒凉零落：

> 冲虚观……创于唐，名于宋，盛于明洪〔武〕、永〔乐〕、隆〔庆〕、
> 万〔历〕之间。……而见夫福地荒凉零落之状，不胜扼腕，欲首举
> 冲虚而经始之。……用是布告于当事大人，荐绅先生，共弘愿力，
> 同结清缘，或捐俸以资，或解犀而赠，庶几前邪后许，众志成城。……
> 每叹为绀宇璇房琪林瑶室，庄严瑰丽甲天下，而不意其荒凉零落如
> 是。[5]

康熙二十七年（1688 年）四月，潘耒（1646－1708）[6]曾游罗浮山，后写
成《游罗浮记》。根据潘耒于康熙二十七年四月游访时之所见，吕应奎、
陶敬等重修冲虚观的规模只及于御简亭（又称玉简亭）和葛仙祠，观中
只存三清殿，至于蓬来阁、遗履轩则仍废。[7]潘耒称：

> 〔冲虚〕观故葛稚川所居，唐置祠，宋立观。往时宏丽甲一山，

1 陈伯陶：《罗浮补志述略》，页 8。明末崇祯初年（1628 年至 1644 年）冲虚观曾经修葺。见[明]
苏元起修、韩日缵纂：《〔崇祯〕博罗县志》卷 2，页 18，崇祯四年（1631 年）刻本，北京图书馆藏，
云："冲虚观……天启间，观圮，乡荐绅募修，未就。崇祯□年，士民具呈巡按御史吴尚默，捐赎锾
五十缗为倡，今方经始。观有田，见收租谷一千四百一十六石三斗，租银四十五两七钱三分。"
2 陈伯陶：《罗浮补志述略》，页 8，25。
3 [清]刘湘年总裁，邓抡斌等纂：《〔光绪〕惠州府志》（光绪七年〔1881 年〕），卷 19，《中国方
志丛书》第 3 号（台北：成文出版社，1966 年），页 308。
4 [清]刘湘年总裁，邓抡斌等纂：《〔光绪〕惠州府志》（1881 年），卷 24，页 506。
5 [清]陶敬：《募修冲虚观疏》，收入[清]宋广业：《罗浮山志会编》，卷 13，《四库全书存目丛书·史
部》，第 240 册，页 595～596。此外，陶敬在康熙二十八年（1689 年）孟春撰《罗浮山志·序》，收
入《罗浮山志会编》，卷 10，页 538～539。
6 [清]赵尔巽等撰：《清史稿·文苑传》，卷 484，《潘耒传》（北京：中华书局，1977 年），页 13343～
13344。
7 若根据[清]吕应奎《重修罗浮冲虚观碑记》，康熙二十七年冲虚观的修葺规模应是："俾冲虚
观，圮者筑之，欹者搘之，剥蚀者鼎新之，漫灭者，丹□之，金相晶莹，斗坛涓洁，会当砻石纪由，
昭垂永远。"见《〔光绪〕惠州府志》，卷 24，页 506。

今蓬来阁、遗履轩皆废。唯三清殿存。其御简亭、葛仙祠，则提督许公郡守吕侯所新葺也。黄冠皆散处村落。[1]

值得注意的是其时冲虚观"黄冠皆散处村落"的情况。此处所指的"黄冠"并没有特别指称是全真教道士。况且，若谓"黄冠皆散处村落"，则不可能存在全真教道士出家清修及实践十方丛林的制度。潘耒亦称"惜乎，宝积〔寺〕冲虚〔观〕不可栖宿。不得已，寻旧路归下山"。[2]因此可以推断，直至康熙二十七年仲夏，冲虚观在重修落成之前仍然废置，根本更谈不上已建立了全真教十方丛林的制度。

明末全真教龙门派的传播仍未见于广东省境内出现。明朝文人撰有《罗浮山志》者，有陈琏《罗浮志》（永乐八年[1410 年]修）、黄佐《罗浮山志》（嘉靖三十六年[1557 年]）[3]、黎民表《罗浮山志》[4]、韩晃《罗浮野乘》（崇祯十二年[1639 年]）[5]等。除了黎民表《罗浮山志》失佚，上述明代诸《罗浮山志》都没有任何关于全真教或龙门派在罗浮山的记载。相反，根据 Monica Esposito 对明末清初龙门派的研究，此时全真教龙门派已在华山、崂山、青城山、桐柏山（浙江天台）、武当山、茅山等地区形成不同分支派别，并各自传承龙门派的谱系[6]，然而直至明末，全真教龙门派的传播却未见于广东境内。

关于明代以前罗浮山道观情况，黄佐《罗浮山志》卷五称冲虚观左有诸仙祠，云：

---

1 [清]潘耒：《游罗浮记》，收入[清]宋广业编：《罗浮山志会编》，卷 12，页 574～575。

2 [清]潘耒：《游罗浮记》，页 577。

3 [明]黄佐等撰：《〔嘉靖〕罗浮山志》12 卷，嘉靖三十六年（1557 年）刻，香港中文大学图书馆藏 mic 890。

4 [明]黎民表：《罗浮山志》已佚。但根据陈伯陶：《罗浮补志述略》，页 18 云："阮元〔广东〕通志，有黄佐罗浮山志十二卷，谓黎初编，黄修饰之，即一书。图书集成及山志会编所载大都本之黎《志》。"

5 [明]韩晃：《罗浮野乘》6 卷，崇祯十二年（1639 年）刻，收入《四库全书存目丛书·史部》，第 232 册，页 474～580。

6 Monica Esposito, "The Longmen School and Its Controversial History during the Qing Dynasty," pp. 638, 646-647, 653, 674. 例如《天仙正理直论》（1639），《藏外道书》，第 5 册，页 784 收有申兆定撰《伍真人事实及授受源流略》，称：伍守阳（1574—1634）乃据"道德通玄静，真常守太清"的龙门派诗而称自己为"邱真人门下第八派分符领节弟子冲虚伍守阳"，并称在伍守阳以先的从第五代至第七代的龙门派传承谱系是：张静虚（1432?—?）→李真元（1525—1579）→曹常化（1562—1622）。这样，按伍守阳的龙门派谱系便与白云观第七代弟子王常月的正宗龙门派并没有关连。

山志[1]：旧祠中座朱灵芝、华子期，左座鲍靓、苏玄朗、罗万象，右座单道开、轩辕集、黄励。后祠毁，改塑锺离权、吕岩。复毁。宋时，改观云堂，惟祠洞宾。[2]

黄佐记述冲虚观内奉祠锺离权、吕洞宾等仙人。这与罗浮山道观在南宋以来主要流传锺、吕内丹派的南宗传统有关。陈琏《罗浮山志》卷十二保存了内丹派南宗传人留元长[3]所撰的《〔罗浮〕金丹世系记》[4]，陈铭珪《浮山志》卷二亦肯定了罗浮山道观本宗于内丹南宗之说，云："惟罗浮本南宗道宇，自明以前北宗全真无居此山。"[5]

对于明末以后全真教在什么时期传入广东境内的问题，陈铭珪《长春道教源流》认为难以考查，因此说是"其来不知何"：

酥醪洞主曰：元以后，至于国朝，全真派遍布于江南各行省，惟粤无闻。然寰宇访碑录有临桂栖霞洞全真观记，云杨璧撰，至元十七年。是元初全真教已逮粤西矣。今粤东罗浮及会城诸道观询其派，又皆全真也。其来不知何。[6]

康熙二十五年陶敬《募修冲虚观疏》及二十七年潘耒《游罗浮记》两个例子清楚证明直至康熙二十七年前，冲虚观还未改为全真教的道观。但是，其后及至康熙五十六年（1717 年）由宋广业编撰的《罗浮山志会编》就记录了几条属于全真教道士在罗浮山活动的数据，例如：

1. 卷八载杨应琚[7]《忘机石序》，云："游罗山之二日，酥醪院道士

1　《山志》指[宋]郭之美编撰《罗浮山记》。

2　[明]黄佐等撰：《（嘉靖）罗浮山志》，卷 5，页 7。

3　[元]留元长，金丹派南宗五祖白玉蟾弟子，编撰《海琼问道集》，《道藏》，第 33 册（上海：上海书店；北京：文物出版社；天津：天津古籍出版社共同印行，1994），页 140～147。

4　[明]陈琏撰，陈伯陶补《罗浮山志补》，卷 12，页 5～6。另参盖建民：《金丹派南宗内外丹合修思想探微——兼论南宗在罗浮山地域的传播》，收入黎志添主编：《香港及华南道教研究》，页 251～273。

5　[清]陈铭珪著录注：《浮山志》，《藏外道书》，第 32 册，页 592。

6　[清]陈铭珪：《长春道教源流》，卷 7，《藏外道书》，第 31 册，页 137。

7　陈伯陶：《罗浮补志述略》，页 30："杨应琚，字佩之，奉天人，父琳，康熙乙未（五十四年[1715 年]）官广东巡抚。雍正初迁总督，应琚随任，屡游罗浮，与酥醪观道士柯阳桂及僧慧轮修缘，善山中名胜吟咏。"

善智谓余曰，去院八里许，有一境佳绝，盍往观焉。……同游者吴子建中，道士柯善智，慧轮、修缘二长老。"

2. 卷二十载陈阿平（字献孟，康熙六十年卒）[1]撰《冲虚观赠张云先道士》，云："朱明列璇宫，上有餐霞客，黄芽养丹砂，宝鼎煮白石，暄和麾冬春，朱阳笼日夕，石坛谁往还，糜鹿但成迹。"[2]

酥醪院道士柯善智，龙门派名为"阳桂"，拜曾一贯为师，属龙门派第十一代传人（以下对曾一贯和柯阳桂另有详述）。至于冲虚观道士张妙升，号"云先"，乃全真教崂山派道士。陈伯陶《罗浮补志述略》称："康熙中，有崂山派道士张妙升来居。"及云："张妙升，号云仙[3]，山东人，崂山道士，有奇术，与杜阳栋同兴冲虚，为道俗所仰。观中长生井，味甚冽，妙升所凿也。顾嗣立，梁佩兰、陈阿平俱有赠诗，后开创黄龙观，为初祖。"[4]根据这段引文，首先，陈阿平（字献孟，1650—1721）曾赠诗予冲虚观全真教道士张云先。有关赠诗的年份问题，可以追溯至陈阿平与梁佩兰（1630—1705）于康熙三十九年（1700年）十一月同游罗浮山一事。吕永光《梁佩兰年谱简编》记录了此事，云：

> 清康熙三十九年庚辰（1700年）……初冬，发舟东江赴钱以岂游罗浮山之约。十一月，游罗浮山，陈阿平作导游，盘桓吟咏约十日。其后，为陈阿平游罗浮诗作序。[5]

梁佩兰于康熙三十九年十一月赴罗浮山时，不仅有一诗赠予冲虚观道士张云先[6]，更另有一诗赠予其时冲虚观住持杜镇陵（龙门派名"阳栋"），

1 陈伯陶：《陈献孟家传》，收入《陈献孟遗诗》，《丛书集成续编》，第174册（台北：新文丰出版公司，1989年），页672。

2 [清]陈阿平《冲虚观赠张云先道士》，收入《陈献孟遗诗》，《丛书集成续编》，第174册，页678。

3 [清]陈阿平《陈献孟遗诗》及[清]宋广业编《罗浮山志会编》皆称张云先，而陈伯陶《罗浮补志述略》则称张云仙。本文采张云先之名。

4 陈伯陶：《罗浮补志述略》，页6，23。

5 吕永光：《梁佩兰年谱简编》，收入梁佩兰撰、吕永光校点补辑：《六莹堂集》（广州：中山大学出版社，1992年），页480。另见梁佩兰《陈献孟游罗浮诗序》，收入《陈献孟遗诗》，《丛书集成续编》，第174册，页671。

6 [清]梁佩兰：《冲虚观赠张道士》："蒙蒙太古云，留我世上客，红泉映玉沙，朱草络幽石。道人煮香饭，相饷至日夕，明月下西峰，樵归断行迹。"收入《六莹堂二集》，卷2，《四库全书存目丛书·集部》，第255册，页264。

诗题曰《赠杜镇陵炼师》：

> 先生得道者，虚空见清旷，天门开苏林，星辰落方丈。庚申夜常守，子午阳常壮，心凝水火交，骨屹山岳状。丹铅炼时日，药物珍秘藏，为我论养生，引义入元畅，领略在无言，寒梅满坛放。[1]

此诗收录在梁佩兰《六莹堂二集》，并于康熙四十四年（1705 年）刻板印行，是年三月梁佩兰病卒。[2]由于《六莹堂二集》是于康熙四十四年印行，因此，《赠杜镇陵炼师》属于梁佩兰于康熙三十九年游罗浮山后之作，便应无误。张友仁《惠州西湖志》（1937 年）亦记录有梁、杜之交往，云："杜阳栋……康熙间住持罗浮冲虚观，与梁佩兰谈养生，引义玄畅。"[3]

不论是梁佩兰与陈阿平的罗浮山之行，还是由梁佩兰赠与冲虚观道士的诗文，二者都十分清楚地证实，在康熙三十九年时，冲虚观已由全真教道士出掌住持之职。因此，一方面由康熙五十六年宋广业编撰的《罗浮山志会编》可以证明全真教道士已在罗浮山出现和活动，另一方面，梁佩兰与陈阿平游罗浮山冲虚观的诗文，亦可作为有力的证据，把全真教在罗浮山的开始时间推前至康熙三十九年。

进一步而言，比较康熙二十七年四月潘耒之游罗浮山与康熙三十九年十一月梁佩兰与陈阿平之罗浮山游，我们又可推证，在康熙二十七年以后，经过吕应奎、陶敬等地方大吏支持重修，冲虚观立即有了十分明显的改变，从其荒凉零落、不可栖宿的庙观，经修葺后，已成为可供梁佩兰等文人栖宿的全真教道观，并由全真教龙门派道士住持。[4]换而言之，通过考证，我们亦证明了全真教乃是于康熙二十七年至三十九年间（1688 年至1700 年）才开始在广东省境内传播。

---

1 [清]梁佩兰：《赠杜镇陵炼师》，收入《六莹堂二集》，卷 2，《四库全书存目丛书·集部》，第 255 册，页 264。

2 [清]梁佩兰撰、吕永光校点补辑：《六莹堂集》，页 28，482。

3 张友仁编著，麦涛点校，高国杭修订：《惠州西湖志》（广州：广东高等教育出版社，1989 年），页 270。《惠州西湖志》现仍存民国二十六年（1937 年）广州培英印务局铅印本，残存 1 册（存卷 2～8）平装及民国三十六年（1947 年）惠州丰湖图书馆铅印本 2 册平装，广东省中山图书馆藏。

4 [清]梁佩兰：《宿冲虚观》，《六莹堂二集》，《四库全书存目丛书·集部》，第 255 册，页 264 云："不知天地间，何处有此客。逢山便大笑，想卧一片石。银河浸散发，萧爽荐终夕。举头见烧香，仙人下无迹。"

陈伯陶《罗浮补志述略》曾引述清初卢挺《罗浮山囊》,云:"〔冲虚〕观租数千石。黄冠纵恣,互相讦讼,遂为有权力者所侵蚀。"[1]陈伯陶并补加一注,曰:"此当在杜阳栋未住持之前。"[2]卢挺为东莞人,康熙十七年(1678年)举人。[3]康熙五十六年宋广业编撰的《罗浮山志会编》亦收有卢挺《罗浮山囊·序》。[4]比较而言,卢挺描述下的冲虚观,与康熙三十九年梁佩兰与陈阿平游罗浮山时所见的情景确实差别很大。这又可证明了,自从由全真教道士于康熙二十七年至三十九年间担任住持之后,冲虚观确实地起了显著的改变。陈伯陶《罗浮补志述略》增加"此当在杜阳栋未住持之前"一句之补注,目的亦是要突出冲虚观在改变后出现的差异。

四、罗浮山道观易改为全真教龙门派的争议

从罗浮山道教历史的传统而言,罗浮山道观是在康熙二十七年至三十九年间,开始变成全真教道观。此乃一大转易,其间的转易过程不无争议。陈铭珪《浮山志》云"惟罗浮本南宗道宇,自明以前北宗全真无居此山"[5],这正是要说明罗浮山道观旧有根深蒂固的道教历史传统。罗浮山自唐、宋以来,宫观坛宇兴盛,是国家投龙、醮祭的主要地方之一,道教洞天福地体系的第七大洞天,盛行葛洪之祠,以及成为南宋以后陈楠、白玉蟾等内丹派南宗的传播中心。[6]

康熙五十六年,宋广业《罗浮山志会编》收录"冲虚观"资料中,附载了题为由李无无道人所撰的反对"他教道人"住持原来属灵宝法坛的罗浮山道观的文章,云:

> 太上本教清微,汉天师立教正一,葛祖立教灵宝,许祖立教净

---

1 陈伯陶:《罗浮补志述略》,页8。
2 陈伯陶:《罗浮补志述略》,页8。
3 张友仁编著,麦涛点校,高国杭修订:《惠州西湖志》,页267。
4 《四库全书存目丛书·史部》,第240册,页539~540。
5 [清]陈铭珪著录注:《浮山志》,《藏外道书》,第32册,页592。
6 参王承文:《唐五代罗浮山道教宫观考》,收入黎志添主编:《香港及华南道教研究》,页211~231。

明。今清微奉行不善，皆火居道士。正一天师自有后人，灵宝寥寥，净明无几。元初丘处机长春子立全真教。罗浮乃灵宝法坛，他教道人岂可住持。如今江右龙虎山乃天师子孙住持，他教焉能住持也。李无无道人识。[1]

康熙六十一年（1722 年），吴骞编著《罗浮纪胜》二卷，在"冲虚观"的条目里，吴骞同样附载李无无道人反对之言。[2]概括而言，李无无道人坚持以下两点：一是罗浮山道观本来属于灵宝科仪传统，创自葛洪之玄祖葛玄；二是正如龙虎山一直属于张天师世系，他教传人不可当住持，同一道理，罗浮山乃本于灵宝科法坛，他教道人亦不可掌其住持之职。

李无无道人称罗浮山道观本属灵宝科法坛，这说话不应只从奉祠葛玄和葛洪的六朝道教源流来理解。南宋时期，正一、上清、灵宝三派，构成南方道教三大重视符箓、斋醮、祭炼的道派，各以龙虎山、茅山、阁皂山（江西）为其本山。[3]灵宝法坛本长于结合内丹功夫的祭炼科法。李远国称："明成祖时，周思得是灵宝派代表道士，以灵宝法名显京师，行持五雷火府秘法，济幽度人。"[4]在南宋时，著名罗浮山内丹南宗四祖陈楠和五祖白玉蟾，都是精通内丹法而外持雷法以济世度人。[5]卿希泰主编的《中国道教史》第三卷称："白玉蟾创建的以行持雷法为职事的教团，有其教制。"[6]因此，李无无道人言"罗浮乃灵宝法坛"应是指称兼南宗内丹法而外持雷法济炼的灵宝派科仪传统。陈铭珪《浮山志》云："今酥醪观正殿祀雷祖，以〔曾〕山山师通五雷法，其左右祀纯阳、稚川，于全真、灵宝两家亦未偏废也。"[7]此亦是证明了罗浮山酥醪观在曾一贯住持下，虽易改为全真教道观，但仍兼行灵宝五雷法，保持南宗雷法传统。

1 [清]宋广业编：《罗浮山志会编》，卷3，《四库全书存目丛书·史部》，第240册，页466。

2 [清]吴骞：《罗浮纪胜》卷上，收入《四库全书存目丛书·史部》，第241册，页44。

3 卿希泰主编：《中国道教史》，第3卷，修订本（成都：四川人民出版社，1996年），页105，112～114。

4 李远国：《道教灵宝派沿革史》（彰化：中国道教灵宝法师协会，1998年），页53～54。周思得撰有《上清灵宝济度大成金书》40卷，收入《藏外道书》，第16册，页1～806及第17册，页1～833。[明]沈德符编：《万历野获编补遗》卷4（呼和浩特：远方出版社，2001年）载有周思得事迹。

5 李远国：《神霄雷法：道教神霄派沿革与思想》（成都：四川人民出版社，2003年），页67～92；卿希泰主编：《中国道教史》，第3卷，修订本，页119～124。

6 卿希泰主编：《中国道教史》，第3卷，修订本，页123。

7 [清]陈铭珪著录注：《浮山志》，卷2，《藏外道书》，第32册，页592。

李无无道人所谓"他教道人岂可住持"一句的意思，应是指反对邱祖的弟子（全真教道士）来当罗浮山道观住持的意思。后来，光绪七年（1881年）陈铭珪《浮山志》对李无无道人之言的直接响应，亦应是建立在这种意思的理解之上，即是说，李无无道人所反对的罗浮山道观易改由全真教道士出掌住持。陈铭珪更认为李无无道人之言乃"盖有所指"，直接与全真教龙门派第十一代弟子曾一贯（号山山）于康熙五十五年（1716年）被委罗浮山五观住持之事有关。陈铭珪称：

> 李无无系康熙时人（陈注：山志会编刻于康熙丁酉，故知康熙时人）。时大吏命曾山山师住持五观，其言盖有所指。今五观道派皆出长春无南宗道士矣。[1]

当然，站在全真教龙门派的立场，陈铭珪亦反驳了李无无道人之论，直斥后者所论"近于固我"，云：

> 故自元以后，龙门派几遍天下，今灵宝既寥寥，以之管领仙山，尚得焚修之正？李无无所论，近于固我。[2]

从以上的分析，我们以为，虽然迟至康熙五十六年，仍有一些罗浮山旧派道士对罗浮山道观易改为全真教龙门派提出异议，但是，这已几成历史事实，正如陈铭珪所言"今五观道派皆出长春无南宗道士矣"。

五、广东第一位全真教龙门派住持道士：杜阳栋

陈铭珪认为产生李无无道人之论的背景原因，是出于曾一贯于康熙五十五年（1716年）被委罗浮山五观住持一事，陈氏并以曾一贯作为始点，确定"全真教之居罗浮实自山山师始"之说。[3]在《长春道教源流》，

---

1 [清]陈铭珪著录注：《浮山志》，卷2，《藏外道书》，第32册，页592。
2 [清]陈铭珪著录注：《浮山志》，卷2，《藏外道书》，第32册，页592。
3 [清]陈铭珪著录注：《浮山志》，卷2，《藏外道书》，第32册，页592。

陈铭珪以酥醪观作为本位，称："自余寓居罗浮酥醪观，知观中为龙门派，出于曾山山，其法多有道行。"[1]但是"全真教之居罗浮实自山山师始"一论却值得商榷。直接而言，陈铭珪此论与本章对冲虚观于康熙二十七年重修后易改为全真教道观的考证并不符合。从梁佩兰与陈阿平于康熙三十九年游冲虚观并赠诗予全真教道士杜阳栋和张云先，这事亦可证明陈铭珪之论有误。

陈铭珪《长春道教源流》与《浮山志》二书完全没有提及康熙三十九年前后杜阳栋在冲虚观当住持一事，这令后人费解。后来，陈铭珪之子陈伯陶于《罗浮补志述略》不仅纪录了杜阳栋之资料来历及杜氏当上冲虚观住持一事，并且还修正了其父之说。陈伯陶几番重申罗浮山全真教龙门派道观乃始自杜阳栋和曾山山龙门正宗一支：

> 1. 国朝康熙丙辰（1676 年），惠守吕应奎，博罗令陶敬重修〔本章认为此处抄录有误，吕、陶重修冲虚观应是在康熙戊辰（1688年）〕。戊寅（康熙三十七年[1698 年]），龙门派道士杜阳栋来为住持。
> 2. 今白鹤、九天、酥醪皆龙门派，盖其初，并杜、曾徒侣……。罗浮旧为南宗诸仙祖所居（南宗七祖，石泰、陈楠、白玉蟾、彭耜四祖并往来罗浮），其变而为长春道派者，盖自兹始。
> 3. 道之盛，始杜阳栋、曾一贯，龙门派也。[2]

陈伯陶没有详尽说明他引录杜阳栋时的资料出处，实属可惜。但是，其记载杜阳栋住持冲虚观之事实，却已修正了其父之说。陈伯陶同意罗浮山全真教龙门派道观之始，也应包括杜阳栋在内，而非仅始自于曾一贯。若陈伯陶称"戊寅（康熙三十七年[1698 年]），龙门派道士杜阳栋来为住持"属正确，那么清初时期罗浮山全真教历史的开展，便应以康熙三十七年作为起点。

现今有关杜阳栋的生平资料大多出于陈伯陶于 1920 年出版的《罗浮补志述略》，但陈伯陶没有附上他所知的有关杜阳栋资料的出处来源。后

---

1 [清]陈铭珪：《长春道教源流》，卷7，《藏外道书》，第 31 册，页 137。

2 陈伯陶：《罗浮补志述略》，页 8、25。

米，许多学者却不加以考据论证，便直接引用《罗浮补志述略》，并以此作为清初罗浮山全真教的历史事实，这似有不妥之处。[1]据《罗浮补志述略》，杜阳栋的生平如下：

> 字镇陵，潍县人，入道于灵山干元宫。康熙庚午（二十九年[1690年]）来游罗浮。戊寅（康熙三十七年[1698年]）为冲虚观住持。尝与梁佩兰论养生，引义玄畅。佩兰赠诗，有"庚申夜常守，子午阳当壮，心凝水火交，骨屹山岳状"语。乙酉（四十四年[1705年]），惠州旱，官绅请之祷，即雨。西湖玄妙观道士王守拙曰："杜公立玄门柱石也。"遂请为住持。后复创归善之南天观。修广州之三元宫。年七十六，于三元宫内坐化。[2]

以上有关杜阳栋的出身资料大都不可考证了。杜阳栋是潍县人。潍县，即今山东潍县，清代属山东省莱州府。据说，杜阳栋入道于灵山干元宫，但灵山一名，若属山名，则在山东地区，共有四山皆称灵山[3]，至于干元宫，现更无从考证。陈伯陶称杜阳栋于"康熙庚午来游罗浮"。若这属实，杜阳栋应是在冲虚观重修后二年来罗浮山。广东佛山博物馆现藏有一幅"镇陵老炼师像轴"，见图片（二）。画中附有广东惠州知府题字，称"丁酉年（康熙五十六年[1717年]）孟冬望一日法未李士瑜题"。这可证明杜阳栋在康熙五十六年仍未羽化，并见在于惠州。

对于杜阳栋与全真教龙门派的关系，陈伯陶是讨论这个问题的主要代表，陈氏肯定杜阳栋是本于龙门派的道士，云："戊寅（康熙三十七年[1698年]），龙门派道士杜阳栋来为住持。"[4]此说的主要依据，是出于杜

1　例如 Batholomew Tsui, *Taoist Tradition and Change: The Story of the Complete Perfection Sect in Hong Kong*, 68-69。

2　陈伯陶：《罗浮补志述略》，页 23。另见《中国道协会刊》第 15 号引《罗浮山冲虚观碑记》载杜阳栋的生平，但亦是没法考知此碑刻于何年或其所据出自那里，可推测是由后人杜撰出来的，兹引录如下："全真龙门派第十二代玄裔杜公阳栋，字镇陵，山东莱州府潍县人，兼任罗浮冲虚古观、广州三元宫、惠州玄妙观住持。自小出家，并无亲眷，关心道众，乐善好施，施药多有奇效。当时三观道众数百人，业守道规，奉如神明。"

3　刘钧仁原著，盐谷哲编著：《中国历史地名大辞典》第 5 卷（东京：凌云书房，1980 年），页 2100。

4　陈伯陶：《罗浮补志述略》，页 8。

　　图片（二）"镇陵老炼师（杜阳栋）像轴"（1717）。选取自游子安、游学华编：《书斋与道场：道教文物》（香港：香港中文大学道教文化研究中心、香港中文大学文物馆、香港道教联合会，2008 年），页 176。

阳栋的道号乃属全真教龙门法派字辈的第十二代弟子。根据全真教龙门派第十一代传人闵一得（1748—1836）于嘉庆年间所撰《金盖心灯》，由邱处机（1148—1227）所立的二十字龙门派派诗为："道德通玄静，真常守太清，一阳来复本，合教永圆明。"[1]龙门派派诗的形成时间，乃早于清初王常月复兴龙门正宗之前，并在邱祖弟子中流传。但是，若根据Monica Espoito，此派诗也不是由邱处机（1148—1227）所开传的。反之，大约是在明代以后，此派诗才开始在邱祖弟子的教团里采用和流传。[2]后来，大约在 1400 年至 1500 年间，邱祖弟子的教团以此派诗的传承来作为一个全真教的法派称为龙门派的谱系传承的身份。[3]此后，华山、崂山、青城山等地都各自形成龙门派的传承。清初顺治十三年以后，王常月以北京白云观而自居为正宗龙门派的继承者，并凌驾各地其他龙门支派，得到官方的支持，公开为全国道观道士传戒。

在清初王常月正宗龙门派出现的历史背景下，现今学者其实还缺乏资料去研究以下有关杜阳栋的问题：杜阳栋曾否受戒于白云观？杜阳栋是否王常月教团的传戒弟子？在杜阳栋于康熙二十九年来罗浮山以前，杜氏与王常月在北京及江南的传教授戒活动曾否有联系？杜阳栋有否一如其他清初北方龙门派弟子，以王常月龙门派之正统教团自居，并以此道派身份进入广东罗浮山传播正宗龙门派？

杜阳栋来罗浮山后八年，即是自康熙三十七年起，就住持了冲虚观，这年与王常月在北京白云观三次公开传戒的时间上距了大约四十年，而王常月亦于康熙十九年（1680 年）羽化。关于杜阳栋在罗浮山的活动纪录，是缺乏数据的，我们亦很难确定杜阳栋住持冲虚观后对此观的实际影响和贡献。令人感意外的是，康熙五十六年宋广业的《罗浮山志会编》及康熙六十一年吴骞的《罗浮纪胜》，都没有关于杜阳栋的记载。直到道光二十五年（1845 年）赖洪禧所撰《浮山新志》是现存资料中最早记述

1 《金盖心灯》1.2a，《藏外道书》，第 31 册，页 176。《道藏辑要》毕集 4.53 记邱处机在燕京之东龙山掌教时，立下此龙门派诗。又据陈铭珪：《长春道教源流》，卷 6，《藏外道书》，第 31 册，页 114："今龙门派贞作圆，雍正间避庙讳改。"

2 Monica Esposito, "The Longmen School and Its Controversial History during the Qing Dynasty," p. 630.

3 Monica Esposito, "The Longmen School and Its Controversial History during the Qing Dynasty," p. 658.

曾一贯是于康熙五十五年（1716 年）被委管罗浮山五观，并为住持驻在冲虚观。[1]由此数据，可以推论，杜阳栋住持冲虚观的时期，至迟应止于康熙五十五年或以前，即是他住持冲虚观后十八年或以前。

根据康熙三十九年梁佩兰和陈阿平游冲虚观时的诗文，可知与杜阳栋同时在冲虚观的，还有另一位道士张云先。陈伯陶《罗浮补志述略》云：

> 康熙中，有崂山派道士张妙升来居，创建黄龙观，并重新精舍及祠。
>
> 张妙升，号云仙〔先?〕，山东人，崂山道士，有奇术，与杜阳栋同兴冲虚，为道俗所仰。观中长生井，味甚冽，妙升所凿也。顾嗣立、梁佩兰、陈阿平俱有赠诗，后开创黄龙观，为初祖。[2]

虽然陈伯陶称张云先为崂山派道士，但因其派祖孙玄清（1497—1569）亦被立为正宗龙门派第四代开山祖，他只是在崂山另立龙门支岔派，不依龙门正宗法派名而已。[3]既然"与杜阳栋同兴冲虚"，因此之故，张云先理应被看作是与杜阳栋一起，同为广东全真教龙门派的开创者。陈伯陶云：张云先"后开创黄龙观"。张云先离开冲虚观的原因不详，或许可尝试推测这事与曾一贯于康熙五十五年被委住持冲虚观并于观内建立正宗龙门派之改变有关。

现存数据不可证实杜阳栋是在康熙五十五年以前的什么时间离开冲虚观的，但可以肯定的是，杜阳栋在广东境内传播全真教的活动地点当不止于罗浮山冲虚观。根据陈伯陶《罗浮补志述略》，杜阳栋在冲虚观以外的传教活动还伸展至另外三所广东境内的地方道观，包括：1. 康熙乙酉（四十四年[1705 年]），西湖玄妙观道士王守拙请杜阳栋为住持；2. 后复创归善之南天观；3. 修复广州之三元宫，年七十六，于三元宫内坐化。

---

1 [清]赖洪禧：《浮山新志》（1845 年）2 卷本，收入陈铭珪著录注：《浮山志》卷 2，《藏外道书》，第 32 册，页 565～579。

2 陈伯陶：《罗浮补志述略》，页 6，23。

3 Monica Esposito "The Longmen School and Its Controversial History during the Qing Dynasty," pp.637-8. 根据小柳司气太编：《白云观志》，《中国道观志丛刊》，第 1 册，页 137 载《崂山派诗》："复驾云龙去，至教延七真，中元通玄理，福泽自德春。"

杜阳栋曾住持惠州元（玄）妙观[1]一事应属历史事实，并且，杜氏更是将这座始建于唐天宝七年（748 年）的古道观转易成为全真教道观的创始基地。[2]乾隆三十三年（1768 年）惠州元妙观重修，有全真教龙门派弟子陈合琮立碑记，云："康熙三十七年（1698 年），延冲虚大师主持，整饬之。"[3]由于康熙三十九年，杜阳栋仍住持冲虚观，因此，陈合琮碑记所提及的"冲虚大师"便应是指杜阳栋。

陈伯陶《罗浮补志述略》亦记载杜阳栋曾受邀住持惠州元妙观；但陈伯陶记此事的年份，却与陈合琮碑记所云"康熙三十七年"有出入。《罗浮补志述略》云："〔康熙〕乙酉（四十四年[1705 年]），惠州旱，官绅请之祷，即雨。西湖玄妙观道士王守拙曰：'杜公立玄门柱石也。'遂请为住持。"[4]虽然如陈伯陶《罗浮补志述略》所记，杜阳栋于康熙四十四年仍是有可能住持冲虚观，但由于陈合琮立碑的年份是乾隆三十三年，上距杜阳栋在冲虚观活动的时期仅相距数十年，因此，此碑记可被视为较可相信的历史资料。民国二十六年（1937 年）张友仁《惠州西湖记》亦接受此判断，称："康熙三十七年（1698 年），延冲虚大师杜阳栋主持。"[5]

陈合琮碑记提及"整饬之"一语，其意思可从元妙观自此而易改为建立全真教龙门派十方丛林制度的背景来理解。康熙六十一年（1722 年）吴骞《西湖纪胜》收录的《重修景贤祠并祀田碑记》，提及此时有元妙观道士"邓本慧、林复德"二人。[6]龙门派诗第十一字以后是"一阳来复本"，因此邓本慧、林复德二人便应属于杜阳栋的再传弟子，是龙门派的第十四及十五代弟子，换句话说，他们亦是杜阳栋易改惠州元妙观为龙门派道观后的第三及第四代道士。比较而言，有关杜阳栋在冲虚观的再传弟

1 由于清室避康熙玄烨讳，把"玄"字改为"元"字，因此，康熙以后所有玄妙观都改称元妙观。据吴骞：《西湖纪胜》卷下，页 131 的另一解释，云："按旧名玄妙。道家重元始，一元即吾儒太极，众妙之门，实本于此，特改为元，非仅避。"

2 现存最早关于惠州玄妙观历史资料见于明朝正统七年（1442 年）周岐后所撰的《重修玄妙观记》，收入[清]吴骞：《西湖纪胜》卷下，页 159～160。碑云："惠州丰湖西北有观，曰玄纱。初建于唐天宝七年。"

3 [明]陈合琮：《修元妙观记》已佚，现存明清地方史志都不见收载此碑文，但是张友仁编著，麦涛点校，高国楠修订：《惠州西湖志》（1937 年），页 164～165 则收有此通碑文，但未说明原碑文的出处。

4 陈伯陶：《罗浮补志述略》，页 23。

5 张友仁编著，麦涛点校，高国楠修订：《惠州西湖志》，页 161。

6 [清]吴骞：《西湖纪胜》卷下，页 151。

子的数据是完全缺乏的，但是，杜阳栋在惠州元妙观开展全真教龙门派的弟子传承，这个贡献无可置疑。

除了惠州元妙观，陈伯陶《罗浮补志述略》记述杜阳栋在冲虚观以外的传播活动，还包括创建归善县南天观。乾隆时，归善县属惠州府十县之一，县地包括惠州府城。[1]南天观，现今已不可考。此外，《罗浮补志述略》更提及杜阳栋"修广州之三元宫。年七十六，于三元宫内坐化。"[2]此条数据对全真教龙门派在广州的起源历史，以及广州三元宫与全真教龙门派的历史关系等研究问题很有参考价值。历来学者都援引这条资料以为证据，然而，我们对此说持怀疑立场，尚须进一步考证，才可下判断。

六、清初罗浮山龙门派五观住持：曾一贯

若从后人评述清初广东全真教之开始以及其开创者而言，杜阳栋并未如曾一贯一样备受推崇。陈铭珪《长春道教源流》及《浮山志》二书完全没有提及杜阳栋，反之，对曾一贯则称："全真教之居罗浮，实自山山师始"，及云："自余寓居罗浮酥醪观，知观中为龙门派，出于曾山山。"[3]

现存最早关于曾一贯的资料，见于道光二十五年（1845 年）酥醪观道士赖洪禧所撰的《浮山小志》[4]，云：

> 云霄阁钟，阁在紫霞洞，内有巨钟，康熙四十四年（1705 年），曾山山炼师奉道所营造也。……五十五年（1716 年），当道延师祷雨，立应，因委管五观权，驻冲虚。及柯善智师，开复酥醪观，于是移置此钟于雷祖殿，殿左有紫霞阁，犹之紫霞洞之云霄阁……[5]

---

1 [清]章寿彰纂修、陆飞分纂：《〔乾隆〕归善县志》（乾隆四十八年〔1783 年〕刻本），卷 2，《中国方志丛书》，第 63 册（台北：成文出版社，1963 年），页 29。

2 陈伯陶：《罗浮补志述略》，页 23。

3 [清]陈铭珪著录注：《浮山志》，《藏外道书》，第 32 册，页 592；《长春道教源流》，卷 7，《藏外道书》，第 31 册，页 137。

4 [清]陈铭珪：《长春道教源流》，卷 7，《藏外道书》，第 31 册，页 138："赖师本华，号介生，原名洪禧，字畴叶，广州府东莞县人。初习举业，为诸生以诗名。后入罗浮酥醪观，礼童复魁为师。"

5 [清]赖洪禧：《浮山新志》，《藏外道书》，第 32 册，页 567。

赖洪禧《浮山小志》称，曾一贯在康熙四十四年于罗浮山紫霞洞先建云霄阁。陈铭珪《长春道教源流》指出，曾一贯所建的原是一所道场，名"紫霞洞道场"，[1]并引赖洪禧的说话，云："介生师云，曾山山师初营云霄阁于紫霞洞，即其旧基也。"[2]据知，康熙三十九年时，杜阳栋仍然住持冲虚观，因此，在康熙四十四年，曾山山（曾一贯）于罗浮山另筑道场之事亦合乎历史事实。十一年后，即康熙五十五年，据说曾山山因祷雨辄应，便被地方官吏委为罗浮山五观的总管住持，而曾氏自己则驻在冲虚观。赖洪禧《浮山小志》、陈铭珪《长春道教源流》和《浮山志》、以及陈伯陶《罗浮补志述略》都有相近似的记载，现抄录下来，以作比较分析：

1. 《长春道教源流》云："曾一贯号山山，不详何许人。其师李清秋，龙门派第十代孙，得至人传授真诀。一贯传其学，恬修道成，以符药救人。康熙间，入罗浮，筑道场于紫霞洞。五十五年（1716年），广州旱，当道邀请求雨，雨大注，因委管冲虚观。山中五观，余四曰酥醪、曰九天、曰黄龙、曰白鹤，俱延为住持。后迁紫霞洞道场于酥醪洞，令弟子柯阳桂主之。师自居冲虚。未几羽化，葬冲虚观前狮子山。师遗有佩剑，能辟邪，有病祟者，取剑悬卧内，即愈，今尚存。"[3]

2. 《浮山志》云："酥醪观以曾山山为第一代住持，介生师，称康熙四十五年（1706年），师于紫霞洞造云霄阁。五十五年（1716年），当道延师祷雨，立应，因委管五观权，驻冲虚。今墓在冲虚观前之狮子山，题龙门正宗十一代祖，总住持，讳一贯，号山山曾师，下云，五观同祀。全真教之居罗浮，实自山山师始。"[4]

3. 《罗浮补志述略》云："康熙末，道士曾一贯有道术，省中

1 [清]陈铭珪：《长春道教源流》，卷7，《藏外道书》，第31册，页137。
2 [清]陈铭珪著录注：《浮山志》，《藏外道书》，第32册，页586。
3 [清]陈铭珪：《长春道教源流》，卷7，《藏外道书》，第31册，页137～138。
4 [清]陈铭珪著录注：《浮山志》，《藏外道书》，第32册，页592。

大吏，延之求雨，辄验，乃命为五观住持。五观者，冲虚、黄龙、白鹤、九天、酥醪也。曾亦为龙门派邱长春十一代孙。今白鹤、九天、酥醪皆龙门派，盖其初，并杜、曾徒侣。惟黄龙为崂山派，出于孙玄清。孙亦长春四代孙也。罗浮旧为南宗诸仙祖所居，〔南宗七祖，石泰、陈楠、白玉蟾、彭耜四祖并往来罗浮〕，其变而为长春道派者，盖自兹始。〔详见先君子所著长春道教源流及浮山志〕。"[1]

4.《罗浮补志述略》云："曾一贯，字山山，山东人，得法于龙门派之李清秋，居冲虚观。以符药救人，后亦以祈雨，有验。命为五观住持。传其学者，柯阳桂也。所遗蓍草与剑，存酥醪。观中病祟者，以剑悬室中，即愈。"[2]

陈铭珪和陈伯陶父子的记载十分强调曾一贯出自正宗龙门派的第十一代传人，派名属"一"字辈，故称"一贯"，而其师据传为李清秋，派名属"清"字辈，是龙门派第十代传人。

《广州宗教志资料汇编》（1995 年）以为"杜阳栋为龙门派第十一代道士曾一贯之徒"，这是错误的。[3]龙门派派诗从第十一代开始，虽然为"一阳来复始"，但是我们不能便以此来直接推测杜阳栋乃是曾一贯的弟子。明末清初以来，以邱处机弟子之名而自称为龙门派的，在各地皆有不同的支派和各自的传播地域。曾一贯与杜阳栋本来自不同地方的龙门派传承系统，两人并无直接的师徒传承关系，否则我们便无从理解为何陈铭珪《长春道教源流》及《浮山志》完全没有提及杜阳栋。

《中国道教史》卷四称："据梁教无《玄门必读》载，广东罗浮山所传，实为龙门支派南宫派。该书称：'南宫祖李清秋，乃龙门派邱祖第十代徒孙……后秘授曾一贯祖师。法派曰南宫派。'"[4]本文以为《中国道教

1 陈伯陶：《罗浮补志述略》，页 8～9。

2 陈伯陶：《罗浮补志述略》，页 23。

3 广州市宗教志编纂委员会编：《广州宗教志资料汇编》第二册《道教》，页 10。另任继愈编：《中国道教史》下卷（增订本）（北京：中国社会科学出版社，2001 年），页 849 亦错误地称："惠州西湖元妙观，于康熙二十七年（1688 年）恭聘冲虚观曾一贯之徒杜阳栋为住持。"

4 卿希泰：《中国道教史》，卷 4，修订本，页 132。王志忠：《明清全真教论稿》（成都：巴蜀书社，2000 年），页 96 同样引录了这段错误的数据。

史》这条资料也有待斟酌和考证。

虽然《中国道教史》称其所援引的是梁教无《玄门必读》，但是根据光绪二十五年（1899 年）酥醪观道士唐永华补辑《玄门必读》时所撰的"跋"，及民国二十年（1931 年）酥醪观都管陈至亮的《重镌玄门必读序》，我们可知梁教无所考订付梓的是咸丰壬子年（1852 年）的《玄门清规》，而非《玄门必读》，至于《玄门清规》和《玄门必读》的关系，则是：光绪己亥唐永华补辑《玄门清规》后又成一书，名曰《玄门必读》。[1]《玄门清规》原是供龙门派十方常住道众遵守的日常生活规矩戒律，清规的本文不应附有李清秋、曾一贯或南宫派的资料。[2]然而，经过光绪二十五年唐永华补辑《玄门清规》及其"考据道书，旁参仙，以补原本之未备"之后付梓的《玄门必读》，就补上全真教北五祖法系、南五祖法系以及北七真法系，并又附上一条关于李清秋属南宫派的资料，云："南宫祖姓李，号清秋，乃龙门派邱祖第十代徒孙，得至人传授真道口诀，道成得证天仙。后秘授曾一贯祖师。法派曰南宫派。"[3]唐永华《玄门必读》虽补上这一条南宫派的资料，但不知他是依据什么历史证据而认定李清秋创南宫派，并说他是龙门派邱祖第十代徒孙、曾一贯之师。

究其实在，曾一贯师承李清秋南宫派之说与陈铭珪、陈伯陶一直坚持曾一贯属正宗龙门派之说有很大的差别。陈伯陶只称曾一贯"得法于龙门派之李清秋"，而且也没有引用唐永华补辑《玄门清规》所云"南宫祖李清秋"。[4]我们查阅 1934 年小柳司气太抄录自民国十五年（1926 年）存于北京白云观的《诸真宗派总簿》，亦未见全真教派诗中有南宫派的记录。[5]

---

1 陈至亮：《重镌玄门必读序》，收入《玄门必读》，汤一介主编：《道书集成》，第 24 册（北京：九州岛图书出版社，1999 年），页 41。

2 《玄门清规》与[清]闵一得编的《清规玄妙》同属龙门派道众必须遵守的日常生活和修持戒律的规矩文书。现存《藏外道书》第 10 册，页 597~615 收有一部《清规玄妙全真参访集》。在内容上，《清规玄妙》与《玄门清规》大致相同，只是《清规玄妙全真参访集》没有列出全真教祖的历史及派诗。又据 Vincent Goossaert, "The Quanzhen（全真）Clergy, 1700-1950," p. 727，德国学者 Heinrich Hackmann 在光绪年间游崂山时亦见过类似《清规玄妙》的内容但书名则称为《规矩须知》。李养正编著《新编北京白云观志》（北京：宗教文化出版社，2003），页 312~325 收录《规矩须知》，并称过去白云观内有手抄本和刊刻本各道众阅览，"文化大革命"后观内已无存。

3 《玄门必读》51a，《道书集成》，卷 24，页 67。另见何启忠（1916—？）：《宝松抱鹤记》（香港：云鹤山房，1962 年），页 51 亦抄录《玄门必读》称：李清秋是"南宫派祖师"。

4 陈伯陶：《罗浮补志述略》，页 23。

5 《玄门必读》51b，《道书集成》，卷 24，页 67 记南宫派诗为："子午卯酉用，辰戌丑未悬，无为常清静，龙虎服大丹。"

　　曾一贯比杜阳栋稍迟来到罗浮山。杜阳栋是于康熙二十九年来到罗浮山,而曾一贯则约于康熙四十四年或更稍前时间到达罗浮山。不过,有可能的是,杜、曾至少在康熙三十九年到四十四年的五年间同时在罗浮山道观出现和进行活动。但是,令人感意外的是,为什么在康熙五十五年以后便几乎失去了杜阳栋在罗浮山道观的事迹?为什么冲虚大师杜阳栋于康熙三十九年(或说康熙四十四年)于惠州祷雨有应被请为元妙观住持,但在康熙五十五年,传说则改由曾一贯求雨辄应而被委管冲虚观及山中其他四观?[1]康熙五十五年冲虚观易改住持之事是否出于曾一贯取代杜阳栋的缘故?虽然现存数据不能清楚解答上述诸问题,但可以确定的是,曾一贯是于康熙五十五年住持冲虚观,其后,他在罗浮山积极推动龙门派的传教活动。

　　根据现存资料,我们一方面未能证明,杜阳栋乃是直接出于清初王常月正宗龙门派的一支,或是受了后者的传戒活动影响而南下广东境内传播全真教。同样,另一方面,曾一贯是否与王常月一派有关系,这问题也是目前我们没法解答的。曾一贯之师李清秋及其全真教背景的资料已不存,虽然《玄门必读》称李清秋是龙门派邱祖第十代徒孙,但究其实,李清秋与王常月支派的传戒活动也应无任何关连。[2]陈铭珪指出过曾一贯兼行全真和灵宝两派科法[3],云:"山山师通五雷法"、"佩剑,能辟邪,有病祟者,取剑悬卧内,即愈。"[4]这观点是可接受的。事实,元明以来,江南全真教道士虽是"以全真为宗,习静是尚",但亦有多精正一、灵宝、神霄、清微等道派之道法。[5]例如明末著名的龙门派道士伍守阳(1574—1634)就是师从李泥丸而"得五雷法"。[6]因此之故,清初罗浮山道观虽经由曾一贯(及杜阳栋)开始易转为全真教,但这种改变不一

　　1 杜阳栋和曾一贯在广东境内传播全真教龙门派的活动事迹,都同样附加上在地方上求雨辄应的传说(包括惠州和广州),并且,二者传说的内容、模式和效应都是相同的。因此,这值得研究者注意二者传说的重叠性。

　　2 《玄门必读》51a,《道书集成》,卷24,页67记云:"李清秋……得至人传授真道口诀,道成得证天仙。"

　　3 [清]陈铭珪著录注:《浮山志》,《藏外道书》,第32册,页592:"今酥醪观正殿,祀雷祖,以山山师通五雷法,其左右祀纯阳、稚川,于全真、灵宝两家亦未偏废也。"

　　4 [清]陈铭珪:《长春道教源流》,卷7,《藏外道书》,第31册,页38。

　　5 陈兵:《明代全真道》,《世界宗教研究》(1992.1),页41~42云:"《道统源流》以龙门律宗第三代陈通微、第四代周玄朴至第五代沈静圆以下,名'龙门灵宝派',盖谓此系兼传灵宝法箓。陈通微本学正一法,可能兼传正一灵宝符箓道法。"

　　6 Monica Esposito, "The Longmen School and Its Controversial History during the Qing Dynasty," pp. 654-655. 另参见《金盖心灯》,卷2,《伍冲虚律师传》,《藏外道书》,第31册,页185~186。

定就可说成是直接源于清初北方王常月正宗龙门派的传戒运动。

对于曾一贯在罗浮山道观的活动时间和事迹，若根据赖洪禧《浮山小志》，至晚在康熙四十四年已见曾一贯于罗浮山紫霞洞营造道场。《浮山小志》云："[康熙]五十五年（1716 年），当道延师祷雨，立应，因委管五观权，驻冲虚。"[1]《长春道教源流》又云："师自居冲虚。未几羽化，葬冲虚观前狮子山。"[2]据上述两条资料，又知曾一贯在康熙五十五年，因旱灾而被官吏邀请求雨，并有应验，大雨如注，结果受委为罗浮山五观总住持，但"未几羽化"，葬于冲虚观前狮子山。[3]若此说属实，曾一贯担任罗浮山五观总住持并驻在冲虚观的时间应是相当短暂的，因此，我们也不能高估他对罗浮山全真教道观发展的贡献。

虽称曾一贯受委总管罗浮山五观，但这可能只是一种属荣誉性质的委任而已。事实上，除了冲虚观是于康熙二十七年经地方大吏重修后起了十分明显的改变之外，罗浮山其余四观（黄龙、白鹤、九天、酥醪）在明末到清初时期已废。明嘉靖七年（1528 年）《惠大记》、二十一年（1542年）《惠州府志》及三十五年（1556 年）《惠州府志》都同样记："当时寺观，今惟冲虚则存，余迹湮没，殆弗可求矣。"[4]万历二十三年（1595年）纂修的《惠州府志》称："〔观〕曰明福、曰酥醪、曰白鹤、曰孤青，以上俱废。"[5]清初，康熙二十七年（1688 年）《惠州府志》只记有冲虚观及长寿观，并云："后者于明嘉靖初徙并于冲虚，今存观场，习仪于此。"[6]总的来说，除了冲虚观，罗浮山其余道观仍然俱废。因此，当曾一贯于康熙五十五年被委为罗浮山五观总住持的时候，黄龙、白鹤、九天、酥

1 [清]赖洪禧：《浮山新志》，《藏外道书》，第 32 册，页 567。

2 [清]陈铭珪：《长春道教源流》，卷 7，《藏外道书》，第 31 册，页 38。

3 《玄门必读》51b，页 67 称曾一贯先罗浮山五观总住持，后受邀到广州求雨，云："曾一贯……后居罗浮山冲虚观五观总住持，有宝剑除妖，有药救济人民。适值广东省城大旱，两广制军闻曾道人有道，请赴省求雨，果然求得，甘霖大注，官民共乐。"

4 [明]郑维新纂修：《〔嘉靖〕惠大记》（嘉靖七年〔1528 年〕），卷 1，收入《天一阁藏明代方志选刊》，第 66 册，（上海：上海古籍书店影印，1982 年），页 575。[明]李□重修、刘梧纂集：《〔嘉靖〕惠州府志》（嘉靖二十一年〔1542 年〕），卷 4，页 52，北京图书馆藏。[明]杨载鸣编次、杨宗甫纂辑：《〔嘉靖〕惠州府志》（嘉靖三十五年〔1556 年〕），卷 5，页 20，收入《天一阁藏明代方志选刊》，第 62 册，（上海：上海古籍书店影印，1982 年）。

5 [明]林国相、程有守修、杨起元纂修、龙国禄补修：《〔万历〕惠州府志》（万历二十三年〔1595年〕），卷 20，北京图书馆藏（缺卷 7～13），页 5。

6 [清]吕应奎、俞九成修、黄挺华、卫金章纂修：《〔康熙〕惠州府志》（康熙二十七年〔1688 年〕），卷 7《寺观》，香港中文大学图书馆 mic/f137。

醮等四观其实仍然废圮，所谓五观总住持相信只是一个虚名而已。

例如康熙六十年（1721 年）十一月，王甫德游罗浮山后撰有一《游罗浮山记》，云：

> 二十日，延祥寺僧见华倍游白鹤观，道士觉先迎之，即问乌龙潭。时微雨，觉先留茶，罢，松行问酥醪观、万寿藤。觉先曰，酥醪观废且久，今甫修举，不足眺览。[1]

据王甫德《游罗浮山记》，在康熙六十年，白鹤观已经复修了，并记有一主持道士觉先，但据此道士之道名，又当不是出于龙门派的法名字辈，因此，白鹤观在康熙六十年，当还未转易为龙门派道观，这亦证明了曾一贯于白鹤观并没有留下什么影响。至于酥醪观，直至康熙六十年时，仍"废且久，今甫修举"。

虽然我们不可完全相信，曾一贯在其羽化前能为其余四观在修复建筑和制度建立上，作出十分具体的贡献，但曾一贯对酥醪观的开始复建是有贡献的。在王甫德《游罗浮山记》里提到"今甫修举"之酥醪观。以下补充曾一贯与在康熙末时复修为龙门派道观的酥醪观之历史关系。

陈铭珪《长春道教源流》云："〔曾一贯〕后迁紫霞洞道场于酥醪洞，令弟子柯阳桂主之，师自居冲虚。"[2]赖洪禧《浮山小志》亦云："[康熙]五十五年（1716 年），当道延师祷雨，立应，因委管五观权，驻冲虚。及柯善智师，开复酥醪观。"柯善智[3]（1692—1745）为曾一贯的高徒弟子，依龙门派诗，派名为"阳桂"，属第十二代传人。关于柯阳桂复修元明以来已久废的酥醪观之时间及过程，首先，《长春道教源流》已说出曾一贯于住持冲虚观后，就令柯阳桂迁紫霞洞道场于酥醪洞。然而，那时久废的酥醪观的旧址已不可考证了。例如明永乐八年（1410 年）陈琏撰

---

1 [清]王甫德：《游罗浮山记》（康熙六十年〔1721 年〕），收入[清]吴骞：《罗浮纪胜》卷上，《四库全书存目丛书·史部》，第 241 册，页 83。

2 [清]陈铭珪：《长春道教源流》，卷 7，《藏外道书》第 31 册，页 137。

3 [清]陈铭珪著录注：《浮山志》，《藏外道书》，第 32 册，页 593："〔柯善智〕后于乾隆十年（1745 年）六月二十日，无疾坐化，寿五十三岁。"

《罗浮志》云："酥醪观在冲虚观北，葛仙北山庵基"[1]，而康熙五十六年宋广业《罗浮山志会编》亦沿旧志笼统地称："冲虚观北有酥醪观，观前有酥醪村。旧志即葛仙北山庵基。"[2]上述两则例子对酥醪观旧址的描述都显得笼统和不清楚，这皆因在康熙五十六年前，此观已久废、不存在。

曾一贯对罗浮山全真教发展的最大贡献应当在复兴了酥醪观，并把它创建为一所龙门派的道观。不过，具体而言，曾一贯只是扮演开垦者的角色，而实际开展修复酥醪观的工作，则落在其弟子柯阳桂身上，并由他来完成。《长春道教源流》云："宋代旧有观遭乱久废。一贯与师〔柯阳桂〕择今地，重为兴筑。"[3]换言之，曾一贯和柯阳桂二人合力为已久废的酥醪观选择新的观址。在曾一贯还未羽化之前，酥醪观仍未重新复建起来，但是原先迁于酥醪洞并由柯阳桂住持的紫霞洞道场，很快便复名为"酥醪院"。前引王甫德《游罗浮山记》为证，从康熙六十年直至雍正五年（1727年）的六年间，只有酥醪院，仍未建观。又根据雍正初年杨应琚[4]屡游罗浮山并撰诗三十余首，其中《忘机石序》一诗仍沿用酥醪院的旧称，云："游罗山之二日，酥醪院道士善智谓余曰，去院八里许，有一境佳绝，盍往观焉。……同游者吴子建中，道士柯善智，慧轮、修缘二长老。"[5]陈伯陶《罗浮补志述略》称："康熙末，道士柯阳桂于洞〔酥醪洞〕中创建酥醪院。雍正初，改为观。"[6]陈铭珪《浮山志》亦称："今酥醪观创于柯善智师，在雍正初年。"[7]因此，后来从"院"改易而成"观"，这过程代表了酥醪观从罗浮洞中一所道场复修成为一所道观的规模了。

从上述对曾一贯与酥醪观关系的分析，可知曾一贯在羽化前曾为恢复元明以来已久圮废的酥醪院（观）而努力，并令其弟子柯阳桂迁紫霞洞道场于酥醪洞，后曾短暂称之为酥醪院。曾一贯未几羽化，而柯阳桂

1 [明]陈琏撰，陈伯陶补《增补罗浮志》，卷3，页2，香港中文大学图书馆藏。

2 [清]宋广业编：《罗浮山志会编》，卷3，《四库全书存目丛书·史部》，第240册，页447。

3 [清]陈铭珪：《长春道教源流》，卷7，《藏外道书》，第31册，页138。

4 陈伯陶：《罗浮补志述略》，页30："杨应琚，字佩之，奉天人，父琳，康熙乙未（五十四年〔1715年〕）官广东巡抚。雍正初迁总督，应琚随任，屡游罗浮，与酥醪观道士柯阳桂及僧慧轮修缘，善山中名胜吟咏。"

5 [清]宋广业编：《罗浮山志会编》，卷3，《四库全书存目丛书·史部》，第240册，页547。

6 陈伯陶：《罗浮补志述略》，页14。

7 [清]陈铭珪著录注：《浮山志》，《藏外道书》，第32册，页582。

则于雍正五年后正式完成复建酥醪观的工作，并从此开展在酥醪观内延续不断的全真教龙门派道脉传承，直到如今。

七、结论

广东道观历史传统根深蒂固。罗浮山自唐、宋以来，宫观坛宇兴盛，是国家投龙、醮祭的主要地之一，道教洞天福地体系的第七大洞天，盛行葛洪之祠，以及是南宋以后陈楠、白玉蟾等内丹派南宗的传播中心。从康熙二十七年至三十九年间，罗浮山道观开始易转变为全真教道观，此乃近代广东道观史上一次影响深远的转易。其间的转易经过亦引起了道士之间的争议。陈伯陶《罗浮补志述略》称："戊寅（康熙三十七年[1698年]），龙门派道士杜阳栋来为（冲虚观）住持"。[1]此说可视为罗浮山全真教龙门派道观之始。稍后，又有龙门派道士曾一贯来到罗浮山。据传杜阳栋是于康熙二十九年来到罗浮山，而曾一贯则约于康熙四十四年或稍前。曾一贯则于康熙四十四年在罗浮山建一紫霞道场，及后在康熙五十五年被地方大吏委为罗浮山五观（冲虚、黄龙、白鹤、九天、酥醪）总住持。[2]从康熙至乾隆初历六十多载，全真教龙门派在广东地区的开展很快已成为广东境内道观及道士之间新的发展主流。清中叶以后，而迄光绪末年（1875年至1908年），全真教龙门派在广东境内的发展情况却又如陈铭珪所称，其时"今粤东罗浮及会城诸道观询其派，又皆全真也"。[3]广东其他道观以罗浮山全真教龙门派为宗的情况，亦延续至民国时期以及现今。

---

1 陈伯陶：《罗浮补志述略》，页 8，25。
2 [清]陈铭珪：《长春道教源流》，卷 7，《藏外道书》，第 31 册，页 137～138 及陈铭珪著录注：《浮山志》，《藏外道书》，第 32 册，页 592。
3 [清]陈铭珪：《长春道教源流》，卷 7，《藏外道书》，第 31 册，页 137。

明代心学与禅学思想的发展

赵 伟

一

研究禅学思想史，不仅要注意佛学界的著述和资料，而且要注意到儒学方面的著述和资料。对于明代的禅学思想来说，则要注意到心学对禅学思想发展所做出的贡献。

对佛教和心学之间关系的研究探讨，成果众多，而且非常深入，这也是学术界研究的热点之一。不过，这些研究基本上是从佛教对心学的影响、心学中的禅学因素等方面来入手的，强调的是佛学对心学施加的影响力，而忽视心学、理学对佛教、禅学的影响力；同时，明代心学学者对佛学的认识和阐释，也是佛教思想的一种新发展、新成就。

其实，自从心学成熟之后，心学就一直对禅学有着巨大的影响。明代佛教凋敝，禅门僧徒的教育水平、佛学水平不仅普遍较唐宋为低，只知道沿袭唐宋公案故事，缺少对佛学深入的认识和体悟，"如今有等人，只弄虚头，向古人公案上穿凿，学颂，学拈，学答话；向人前，或喝，或棒，擎举，竖指。从东过西，从西过东，拂袖便行，推倒禅床，转身作女人拜，打个筋斗出门去。此等虽是古人已用三昧，今日种种相袭，便成恶套了"。[1]而且贪名逐利，"参学之士，以参禅为贵。参禅之功，必以识病为先。不识病则禅为伪禅，禅既伪则道为外道。所以争人竞我，

1《永觉元贤禅师广录》卷五，《续藏经》本。

贪名逐利，为今日之禅也"。[1]明末陈懿典亦说："圣朝尊尚佛法至矣，而禅学之弊，今且以合头棒喝为佛事，而视三藏大典为粗浅言句，以杜撰无理语录为向上真诠。而视天下古今为可欺诳，以私通贿赂为师资道合，而等授受于贩渔，以夤缘达官为门庭，而列宝座于权位。"[2]相比较而言，心学学者的佛学水平反而要更高一些，莲池大师曾推许王龙溪说："居士禹门早跃，破桃浪之千层，海藏今开，护竺坟之万轴，说法则口施甘雨，咀玄则颔孕灵珠，盖现头角于吾宗久矣。"[3]佛学的发展，往往要靠心学学者来加以推动，明末高僧憨山德清曾给焦竑写信说："念此末法寥寥，龙天推公，现宰官身，建大法幢，以作当代人天眼目，非小缘也。"[4]又说周汝登海门："岭南法道久湮，幸得大悲手眼，一发扬之，使阐提之辈，顿发无上善根，比虽入室者希，而知有者众。皈依者日益渐佳，如菩提树下，与曹溪诸僧，最难调伏，近来回心信向者，盖已十之二三矣。"[5]作为心学学者，竟然能调伏高僧都不能调伏的僧徒。又说杨起元复所对佛教的推动："读《曹溪通志序》，言言皆从大慈真心流出，比见闻者，莫不大生欢喜，况千载之下，不知唤醒多少梦中人。"[6]莲池大师评价管志道对佛教的功绩说："安得承宿愿，锐然起而维之，不负灵山之嘱，如居士者乎？"[7]

　　这些心学学者，唤醒的不仅是众多的梦中人，即使明代的一些高僧大德，亦从他们那里获益良多。在唐宋，我们看到的多是儒学之士和文人士大夫向佛教高僧问学，吸纳佛教中的积极内容；而在明代，看到的则更多地是佛僧从心学学者得到启悟的记载！明末禅师永觉元贤说："我在庐山时，先师绝口不提宗门事。一日因与兄弟论《金刚经》义甚快，先师笑曰，宗眼不明，非为究竟。我闻著茫然自失。乃请问如何是宗眼，先师拂衣而起。后因到郡城，访罗近溪先生于从姑山，始见《五

1《永觉元贤禅师广录》卷五。
2《会稽云门湛然圆澄禅师塔铭》，《湛然圆澄禅师语录》附录，《续藏经》本。
3《与绍兴王龙溪进士》，《云栖大师遗稿》卷二，福建莆田广化寺影印本。
4《与焦从吾太史》，《憨山老人梦游集》卷十六。
5《与周海门观察》，《憨山老人梦游集》卷十六。
6《与杨复所少宰》，《憨山老人梦游集》卷十六。
7《答管东溟金宪》，《云栖大师遗稿》卷二，福建莆田广化寺影印雍正刻本。

灯会元》。"[1]憨山自言曾借助焦竑之力："别时承教一语,感荷无涯,归来兀兀虚岩,心中独照,敢负知己。时复海湛空澄,法身顿现。"[2]以上这些只是众多此类言论中的"冰山一角",可以想见,心学学者对僧徒和高僧大德们宣讲的佛理,必定是被心学化了的佛理,甚至有可能就是宣讲心学而使佛众开悟。

王学学者有很多的佛学著作,如李贽有《华严经合论简要》、《般若心经提纲》、《净土诀》,焦竑有《楞严经精解评林》、《楞伽阿跋多罗宝法经精解评林》、《圆觉经精解评林》、《法华经精解评林》,杨起元有《维摩经评注》,袁宏道有《西方合论即净土十要》,瞿汝稷集有《指月录》,钟惺有《楞严经如说》,等等。除了这些专门的佛学著作之外,那些散见于各人文集中的单篇的作品,数不胜数。在这些佛学著作、作品中,心学家们在阐发佛学、禅学义理的时候,不可避免地会打上心学观念的烙印。

因此,在一定程度上说,心学的发展,也可以看成是佛教尤其是禅学思想的发展和延伸。

二

明代心学对于禅学思想的发展,大体可以有三个方面的内容。

首先,王学阳儒阴释,往往用佛禅来解释儒学,同时又"假儒书以弥缝佛学"。出入佛学二十余年、之后又反佛学的罗钦顺曾说："张子韶以佛语释儒书,改头换面,将以愚天下之耳目,其得罪于圣门亦甚矣。而近世之谈道者,或犹阴祖其故智,往往假儒书以弥缝佛学,律以《春秋》诛心之法,吾知其不能免夫!"[3]用儒学来诠释佛学,这可以看作是佛学思想的新发展。

王学中的许多学者,在阐述其学术主张时,采用以儒学诠释佛学的方式。王龙溪用孔子之说、良知来说明佛学的"空"："孔子曰:吾有知乎哉?无知也。无知也者,空空也,无圣无凡,孔子之空空,与鄙夫之

---

1 《永觉元贤禅师广录》卷五。
2 《与焦从吾太史》,《憨山老人梦游集》卷十六。
3 《困知记》卷上,第24页。

空空，一也。两端者，良知之是与非也，叩两端而竭，则是非忘矣。"[1]周汝登则说儒学和禅学不能分、又不能合："儒与禅合乎？曰不可合也。儒与禅分乎？曰不可分也。……如《维摩》《华严》之旨，悟之则无碍于儒，可以用世可以超世矣。孔子之旨，阐在濂洛以后诸儒；如来之旨，阐在曹溪以下诸师。嗟乎！人而有悟于此，则儒自儒，禅自禅，不见其分；儒即禅，禅即儒，不见其合。"[2]屠隆也用儒家之说来比拟佛学的"空"："仲尼无意必固我，空之谓也。……故儒释之不同者在世出世，而其大原同也。儒之用处，本实运而空存，释之精处本空，空极而实显。儒贵人伦亦去有所，去有所者空也；释去真空亦称妙有，妙有者实也。若缨绂烦躁而自同桎梏，何名为儒？玩空断见，而沦于死灰，何名为释？余见佛子之徒之谬悠訾荒者，往往以性空自诧，而菲薄儒者以为拘执。夫佛之宽衍何不容而菲薄儒者？彼其性空乎未邪而俗儒不达，又或矜诩名实而诋诃西方大觉以为偏枯与姤为斗，吾怪其波流也，自非精诣玄览之士乌能究其归乎？"[3]"向日儒服而强谈佛，今居佛国矣，又强谈儒"[4]的李贽，说明德就是佛学中的"大圆镜智"："夫大人之学，其道安在乎？盖人人各具有是，所谓我之明德是也。是明德也，上与天同，下与地同，中与千圣万贤同，彼无加而我无损者也。既无加损，则虽欲辞圣贤而不居，让大人之学而不学，不可不得矣。然苟不学，则无以知明德之在我，亦遂自甘于凡愚而不知耳。故曰：'在明明德。'夫欲明知明德，是我自家固有之物，此大学最初最切事也，是故特首言之。"[5]袁宗道则明确地说自己是借禅解儒："三教圣人，门庭各异，本领是同。所谓学禅而后知儒，非虚语也。先辈谓儒门澹泊，收拾不住，皆归释氏。故今之高明有志向者，腐朽吾鲁、邹之书，而以诸宗语录为珍奇，率终身濡首其中，而不知返。不知彼之所有，森然具吾胸中，特吾儒浑含不泄尽耳，真所谓淡而不厌者也。闲来与诸弟及数友讲论，稍稍借禅以诠儒，始欣然舍竺典，而寻求本业之妙义。予谓之曰：'此我所行同事摄也。'既知此理

1 《艮止精一之旨》，《王龙溪全集》卷八，第541页。
2 《佛法正论序》，《东越证学录》卷之七。
3 《重修首山乾明寺观音阁记》，《白榆集》卷之五，《四库全书总目丛书》本。
4 《答邓明府》，《焚书》卷一，第42页。
5 《与马历山》，《续焚书》卷一，第3页。

之同，则其毫发之异，久之自明矣。若夫拾其涕唾以入贴括，则甚不可，宜急戒之。勿以性命进取，混为一途可也。"[1]从禅的角度再来看儒学，就更能明了儒家之说的本旨与深意了。其弟弟袁中道则说学儒后则能真明白禅学："饶德操曰：'欲为仲尼真弟子，须参达磨的儿孙。'予则曰：'欲为达磨的儿孙，须参仲尼真弟子。'"[2]

王学的这种用儒学来诠释佛学的学术思想，明末的禅师也注意到了，如永觉元贤禅师说："今日一二士夫家，借儒解释，援释谈儒，非不自谓新奇度越，其于斯道，直是如醉如狂。"[3]用儒学解禅，则禅学必带有儒学的色彩，晦台元镜禅师说："龙溪、近溪二老，讲阳明之学，而多用禅语，非有得于禅，乃以儒解禅也，禅安得不儒哉？"李贽甚至主张，凡为僧者，案头都不宜少二溪之著作，而事实上，从永觉元贤禅师与罗汝芳（近溪）之间的交往来看，许多佛僧与二溪交谊深厚，而且确实是熟读二溪之著述。晦台元镜禅师接着谈到明代与前代的儒释关系的差异："昔人借禅语以益道学，今人反借儒语以当宗乘，大道不明，群盲相惑，吾不知冥冥之何时旦也。"[4]此处的"儒语"指的是心学，"借儒语以当宗乘"，是佛学受到心学影响的一种突出表现。

可以看到，儒学入于佛学，不仅仅是简单的比拟，而是一种深度的融合，这对于佛学来说，是在心学环境下的所出现的新因素、新发展。

三

其次，王学以心性统三教的学术指归。

王阳明用佛禅来解述儒学，阐述他的良知之说："'不思善不思恶，时认本来面目'，此佛氏为未识本来面目者设此方便。'本来面目'即吾圣门所谓'良知'。"[5]用佛禅的本来面目比附良知，使良知之说明白易懂。王阳明曾说过"禅之学与圣人之学，皆求尽其心也"、"有以心

---

1 《白苏斋类集》卷十七。
2 《悦习上人小序》，《珂雪斋集》卷之十，第 489 页。
3 《永觉元贤禅师广录》卷十一。
4 《晦台元镜禅师语录》卷二十九。
5 《传习录》中，《王阳明全集》卷二，第 67 页。

性之说而招之来归者，则顾骇以为禅"[1]、"圣人尽性至命，何物不具，何待兼取?"[2]表明他认为在心性方面，儒释道是相同的，不仅是佛和道所有，儒学本来也自有这些内容。

王龙溪亦有相同的看法与做法，嘉靖四十三年（1564 年），耿定向王龙溪询问佛老虚无之旨与儒学的同异，王龙溪答复说：

> 先师有言："老氏说到虚，圣人岂能于虚上加得一毫实?佛氏说到无，圣人岂能于无上加得一毫有?老氏从养生上来，佛氏从出离生死上来，却在本体上加了些子意思，便不是他虚无的本色。"吾人今日，未用屑屑在二氏身分上辨别同异，先须理会吾儒本宗明白二氏毫厘，始可得而辨耳。圣人微言，见于大易，学者多从阴阳造化上抹过，未之深究。夫乾，其静也专，其动也直，是以大生焉；夫坤，其静也翕，其动也辟，是以广生焉，便是吾儒说虚的精髓，无思也，无为也，寂然不动，感而遂通天下之故，便是吾儒说无的精髓。[3]

王龙溪反对将空无虚寂作为佛老专利而将其充分融摄到儒家思想内部，其方式是通过自己的诠释，在儒家思想的经典中和源头处寻找空无虚寂的思想要素。

王龙溪之说，明显带有两重性，一方面他继承了王阳明佛禅的心性是儒学中固有的精一之学，另一方面却又把心性单独提取出来，为后来的阳明学者超出三教，只求心求性、摆落三教之名拓开了路径。

王阳明、王龙溪等人三教是同一个心性的观点，被左派王学继续发挥，不仅语气更加激烈，而且更是提出了超越三教，以心性为最终指归的观点。

焦竑有鲜明的三教合一思想，视佛学为圣学，以圣学为佛学，而且认为不通佛学就不能通儒学。他在为瞿汝夔刻印的《华严经》写的序中说，能读懂《华严经》，才能知道《六经》、《论语》、《孟子》无非是禅，

1 《重修山阴县学记》，《王阳明全集》卷七，第 257 页。
2 《王阳明全集》卷三十五"年谱三"，第 1289 页。
3 王龙溪：《东游会语》，《王龙溪全集》卷四，第 292～293 页。

而儒家的圣人尧舜周孔即是佛，"余以谓能读此经，然后知《六经》、《语》、《孟》无非禅，尧舜周孔即为佛，可以破沉空之妄见，纠执相之谬心"。[1]袁宗道说："三教圣人，门庭各异，本领是同。所谓学禅而后知儒，非虚语也。"[2]李贽在《初潭集》卷十中则说："儒释道之学一也，以其初皆期于闻道也，必闻道然后可以死。"所谓的本领，所谓的最初的道，都是指人的心性。唐枢说："三教有不同，三家学一个心性。"[3]李贽还从超越名利来说明儒释道的"同"："名利无兼得之理，超然于名利之外，不与名利作对者，唯孔夫子，李老子，释迦佛三大圣人尔。"[4]

焦竑还把佛教的教律与儒家的礼仪相比较，认为二者是相同的："释之有律，犹儒之有礼也。佛以六度示人，禅那特其一耳。而不知者至欲以一而废五，则其所为一者可知已。何者?仁义以礼而力，无礼则仁义坏；定、慧以律而持，无律则定、慧丧。是故戒生定，定生慧，慧生八万四千法门，人之所知也，而慧复能生戒，生定，迭相为用，展转不穷，人所未知也。"[5]袁宗道说，儒者莫高于孔子和颜回，而孔颜之论"克己复礼"，则与佛法无异。与袁宏道交往密切的禅僧晦台元镜有与袁宗道相同的论调，说："牟尼莫逆于仲尼，共乳同胞斯可据。"[6]袁宏道则说："三圣人之大旨，如出一家。"[7]还说："一切人皆具三教。饥则餐，倦则眠，炎则风，寒则衣，此仙之摄生也。小民往复，亦有揖让，尊尊亲亲，截然不紊，此儒之礼教也。唤着即应，引着即行，此禅之无住也。触类而通，三教之学，尽在我矣。奚必远有所慕哉?"[8]袁中道说如果道不通于三教和学不通于三教，那么道不是道，学也不是学："道不通于三教，非道也。学不通于三世，非学也。积习之弊，必溯之于多生之前，而后其旨明。尽性之功，必极之于多生之后，而后其量满。"[9]袁中道在一首诗

1《刻大方广佛华严经序》，《澹园集》卷十六，第183页。
2《白苏斋类集》卷之十七。
3 唐枢：《木钟台集初集十种十卷再集十种十一卷杂集十种十卷》，《四库全书存目丛书》本。
4《复李士龙》，《续焚书》卷一，第13页。
5《赠愚庵上人说戒慈慧寺序》，《澹园集》卷十七，第196页。
6《晦台元镜禅师语录》，《续藏经》本。
7《募建青门庵疏》，《袁宏道集笺校》卷四十，第1201页。
8《德山尘谭》，《袁宏道集笺校》卷四十四，第1290页。
9《示学人》，《珂雪斋集》卷之二十四，第1057页。

里描写晚明人读儒释道之书，说："右手持净名，左手持庄周。"[1]在另一首诗里对三教融合使用了"乳和"一词："乳和三教义，弢解一朝诗。"[2]袁中道意在说明三教不是简单地杂糅在一起，而是有机地结合并相互渗透。

而之所以有儒佛之辨，是不善学造成的，李贽说：

> 自是后人不智，何干三圣人事，曷不于三圣人之所以同者而日事探讨乎？能探讨而得其所以同，则不但三教圣人不得而自异，虽天地亦不得而自异也。非但天地不能自异于圣人，虽愚夫愚妇亦不敢自谓我实不同于天地也。夫妇也，天地也，既已同其元矣，而谓三教圣人各别可乎？则谓三教圣人不同者，真妄也。"豁地一声"，道家教人参学之话头也。"未生以前"，释家教人参学之话头也，"未发之中"，吾儒家教人参学之话头也。同乎，不同乎？唯真实为己性命者默默自知之，此三教圣人所以同为性命之所宗也。[3]

在他们看来，反佛教的人不仅没有好好地读懂佛书，甚至都没有读懂儒家的书。宋儒是反佛教比较激烈的，他们对于儒佛的界限，就如严防夷夏之辨一样。焦竑对于宋儒的儒佛之辨，认为都是宋儒不能通佛经之义，也不能真正通孔孟之本义的缘故。他说："伯淳，宋儒之巨擘也，然其学去孔孟则远矣。孔孟之学，尽性至命之学也。独其言约旨微，未尽阐晰，世之学者又束缚于注疏，玩狎于口耳，不能骤通其意。释氏诸经所发明，皆其理也。苟能发明此理，为吾性命之指南，则释氏诸经，即孔孟之义疏也，而又何病焉！"[4]释氏诸经所明之理，与孔孟所明之理是相同的，都是我们性命的指南。因此焦竑强调，不必口争儒佛之辨，不论是佛是道，只要能发明吾人尽性至命之学，就是真正的道，就是孔孟的道。

在这个基础上，焦竑主张应该放弃对儒、佛异同的喋喋不休的辩论，

1《感怀诗》其十，《珂雪斋集》卷之五，第192页。

2《乙巳元日试笔呈中郎》，《珂雪斋集》卷之四，第146页。

3《答马历山》，《续焚书》卷一，第1～2页。

4《澹园集》卷十二，第82页。

最重要的是反诸个人的心性："学者诚有志于道，窃以为儒、释之短长，可置勿论，而第反诸我之心性。苟得其性，谓之梵学可学，谓之孔孟之学可也，即谓非梵学，而自为一家之学，亦可也。"[1]其实自王阳明开始，王学就不主张徒逞口舌之辨，一切以良知为出发点，作为衡量其他的标准。王龙溪说："先师良知之学，乃三教之灵枢，于此悟入，不以一毫知识参乎其间，彼将帖然归化。所谓经正而邪匿自无，非可以口舌争也。"[2]焦竑是对王阳明与王龙溪之说的进一步升华。比焦竑稍晚的黄辉和他有大体相同的主张，认为不必要讲什么儒佛之辨，重要的是见性，而性即道，儒佛不过是名称之异，不过是后人对其的称呼而已，只要能明性明道，就可以不管是名儒名佛，说："道家言尽祖老子，老子之书亟称于水，与仲尼正同，如来亦指恒河水，以喻见性。"[3]

焦竑认为孔孟之本旨，亦是以见性为宗，不过此旨到宋儒而晦，他批评程朱说："伊川、晦庵之学，不从性宗悟入，而以依仿形似为工，则未得孔孟之依归故耳。"[4]焦竑对程朱都这样批评，更何况一意以程朱为准绳为范围为牢笼而拘束后儒之学了。因此焦竑认为只要从性宗悟入了，此道可谓之佛学、儒学，也可谓之非佛非儒之学，而自为一家之学了。他批评程颐斥佛，其言虽多，焦点只在出离生死上，而没有注意到心性儒佛是相通的，"不捐事以为空，事即空，不灭情以求性，情即性。此梵学之妙，孔学之妙也。总之，非梵学之妙、孔学之妙，而吾心性之妙也"。焦竑进一步说，性为本体，若知得性，则人伦日用不能致力而自当，不用随事体察事事克谨。若性之本体不立，那么在日用人伦中只能随事检点，自以为妥当，实际上是陷于以前的旧套中而不自知，"只落世儒义，袭窠臼，而于道逾远"。[5]

王学左派这种心学以心性统三教的观点，不仅体现了儒学思想的新发展，从一定意义上来说，也体现了禅学思想的新发展。

1《澹园集》卷十二，第82～83页。
2《三山丽泽录》，《王龙溪全集》卷一，第126页。
3《正思庵记》，《黄太史怡春堂逸稿》卷二，第231页。
4《澹园集》卷十二，第84页。
5《澹园集》卷十二，第82页。

四

再次，明代禅僧大谈心学。

正如上文所说的那样，明代中后期佛僧"借儒语以当宗乘"的做法，从佛教界本身也可以看出佛教思想的这种新变化。

明代中后期佛僧，虽然也有像莲池大师那样反对儒释同性论，反对儒即佛与佛即儒之说，认为儒释设化各有所主。对于王阳明的良知之说，认为是王阳明学力深造所到，并非"佛学说之真知"。[1]不过可以看出，莲池对王阳明的良知之说非常了解，可能是很认真地阅读了王阳明的著作。不管是赞同心学还是反对心学，明代中后期的许多高僧对心学颇为了解，陈绍说永觉元贤禅师"早专鲁诰，善朱程之学，壮岁弃去，遂入寿昌法社"。[2]在进入佛门之前，曾系统学习过程朱理学。不过根据元贤禅师自己的著作来看，其更善心学，曾评论文人黄季弢说："温陵一郡，贤豪最多，科甲最多，独于理学一门，大为欠事。前辈虽有虚斋、紫峰诸老，用心最苦，然皆缚于训诂义学，其根本之地，实自茫然矣。今老居士，独能主张理学，肩道南一脉，诚可空谷足音也。但更须知有离文字知解一著子，不然，虽日讲良知，明至善，亦何似异于训诂之学哉！"[3]这里的"理学"，似乎指的是心学，不是程朱理学。讲良知要离文字而心悟，避免陷于训诂之学的弊病。对心学体会之深，并非只是一般的泛泛了解。

高僧们对明后期心学界的情况非常了解，晦台元镜禅师在《晤曾心药太史于沈园》诗中评论明末儒学界的情况说："道学头巾笑卓吾，才高气侠谩相摹。大虫两个今相咬，捉败还他老赤髭。"把儒学纷争的情况说得一目了然。元贤禅师评论李贽与耿天台之争说："卓吾与天台，初为莫逆交，因论学不合，遂至成隙。后二家之徒，亦互相诋訾。至卓吾不得其终，皆论学为之媒也。此其病在以情学道。以情学道故无不溺于情。

1《竹窗随笔》一，福建莆田广化寺影印雍正刻本。
2《禅余外集序》，《永觉元贤禅师广录》卷首。
3《与黄季弢先生》，《永觉元贤禅师广录》卷十二。

虽学问益博知解益广，而我执之情益盛，由是坚愈甲胄，利愈戈矛，其势不至于相残不止也。其所持论，天台以人伦为至，主物以喜怒哀乐未发为至。余向居楚时，所接缁白，率皆左袒卓吾。余谓天台无论矣，即卓吾亦未能无过也。譬之手焉，舒则为掌，卷则为拳，拳掌虽殊，手体不变，何容取舍哉！今所谓人伦之至者，拳之舒为掌也，所谓未发之中者，掌之卷为拳也。一则执掌为至，一则执拳为至，其相去能几何哉！使其知手之体，则所执拳掌，特龟之毛兔之角耳。盖闻，道不涉动静，而当为动静之体；道不落有无，而常为有无之君。今之学道者，必欲舍动而取静，舍有而取无，是岂中庸之意哉！昔韩人伯点雪窦偈曰：一兔横身当古路，苍鹰才见便生擒，后来猎犬无灵性，空向枯桩旧处寻。卓吾执未发之中，正所谓枯桩旧处寻也。岂知喜怒哀乐之际，而未发之中，已如赤日悬空，无可逃避哉！其所见若此，所以不能转喜怒哀乐，而为喜怒哀乐所转。当逆浪颠风之会，生死危疑之间，毫无主宰，遂至自刎。哀哉！"[1]这段评论不仅将李贽与耿天台二人之争说得清楚明白、客观公正，而且对于心学的理解、把握非常到位，显示了元贤禅师深厚的心学修养。

明末高僧们儒释的现状非常清楚，元镜禅师说："老汉生来性太偏，不肯随流入世俗。顽性至今犹未化，刚将傲骨求儒禅。儒重功名真已失，禅宗机辩行难全。"[2]明末重功名的主要说的是程朱理学，禅宗亦弊端百出，保持活力的就只有心学了，其《明儒》八首，不仅辨认程朱理学与阳明心学的差异，更概括出心学的精华：

> 中庸道在愚夫妇，鱼跃鸢飞更灼然。怪底考亭多错认，却将邪习自成缠。
>
> 通天通地亦通人，脚跟底事转难明。一念才生全体昧，六经考遍只诠名。
>
> 孔门的旨在诚明，慎独教渠扼要津。若识念从何处起，诚明两字亦非真。

1《题卓吾焚书后》，《永觉元贤禅师广录》卷十五。
2《病中示众》，《晦台元镜禅师语录》卷二十四。

孟氏支离称集义，颜生四勿亦非仁。一己病根能照破，廓然宇宙是全身。

仲尼一日欲无言，分明指出孟津源。颜氏如愚方契旨，云散秋空月满轩。

儒门尽道能经世，经世先须世相空。一点未消成祸种，多少西行却转东。

灵光一点本周圆，只因物蔽便难全。所以曾生种格物，穷到源头便豁然。

妙体空空出见思，细观四绝岂存知。拟欲多知希圣学，分明辜负一双眉。[1]

这八首诗中，心学与佛教的观念有机地融合在一起，而元镜禅师对王阳明的良知说是持否定态度的，曾论阳明心学说："佛氏论性，多以知觉言之，然所谓知觉者，乃灵光独露，迥脱根尘，无待而知觉也。阳明倡良知之说，则知待境起境灭，知亡也，岂实性之光乎！程朱论性直以理言之，谓知觉乃心，心中所具之理为性，发之于四端为情，阳明之良知，正情也。即欲深观之，则此情将动未动之间，有灵灵不昧，非善非恶者，正心也，岂实性之理乎！大都阳明之学，主之以儒而益之以禅，故觉其精深敏妙，惊骇世俗，而不知止，坐此昭昭灵灵之中。此昭昭灵灵者，乃晦庵已拣之砂，而释氏深呵为生死本者也，乃以之睥睨今古，夸为独得，不亦谬乎？"[2]因此，很难想象上面《明儒》诗八首是出自元镜之手。而实际上，尽管元镜否定阳明心学，但其思想却体现出心学的色彩："尧舜称之曰中，《大学》称之曰明，《中庸》称之曰诚，乃至诸佛称之曰真如，曰圆觉，讵可以言性哉！至于方便开示，则亦不废言诠，因其不偏谓之中，因其不昏谓之明，因其不妄谓之诚，因其不妄不变谓之真如，因其流众德烁群昏，谓圆觉，则因其本然无恶，谓之善。"[3]这些说法和心学学者的认识有什么不同呢！亦何尝不能认为是心学的表达呢。

1《晦台元镜禅师语录》卷二十三。
2《晦台元镜禅师语录》卷二十九。
3《晦台元镜禅师语录》卷二十九。

明中后期佛僧谈论心学、谈论良知是一种普遍的现象，明末高僧蕅益大师就熟读王阳明的良知之说，其阅读《王阳明全集》后书二则，阐发良知之说，其一曰："君子小人，良知之体，未始不同也。一蔽于私而不能致，遂嫉功妒能，诬忠陷良无所不至。吁，可哀矣！惟君子昭旷如太虚空，绝不与较是非，辩得失，故小人卒无所骋其毒。而陷溺未深者，犹可化为君子；一与之抗，则其去小人不能以寸。而玉石角，玉必先敝矣。通此佛氏二无我观，妙旨泠然。孰谓'世间大儒，非出世白茅'哉！或病阳明有时辟佛，疑其未忘门庭，盖未论其世，未设身处地耳。呜呼！继阳明起诸大儒，无不醉心佛乘，夫非炼酥为酒之功也哉！"其二曰："学无论儒释，其贵真贱伪一心。学果真，虽一时受馋被抑，精光终不可掩；学苟伪，虽一时欺世盗名，丑态终亦必露。故曰：'斯民也，三代所以直道而行。'夫'直道'即良知本体而已。致此本体，可建天地，质鬼神，俟百世，况斯世之民哉！故斯世之民信之，而权奸俗儒独无良知邪？特有以蔽之弗能致之耳。呜呼！均此本体，但弗致则与瑾、彬同恶，能致知则与阳明同善，读圣贤书者，宜何如慎其独也。今世佛门，陷足于伪者亦多矣。吾为此惧，欲闲之而未能。阅此书，不觉感愤流泪云。"[1]蕅益对于良知的阐说，完全符合王阳明的原意。君子小人，良知之体均同，只是在迷与悟而已，能悟则与王阳明同善，弗悟则与刘瑾、江彬同恶。王阳明虽然避讳佛学，而其后学诸儒却醉心佛乘，这对于佛教来说都是有益无害的。蕅益最后指出当下佛门多伪，阅《王阳明全集》而感愤流泪，颇有以良知之学来指导佛学之意。

若说"直道"为良知本体，那么元贤禅师所说"识得自己真心"之"真心"也可以看作是良知本体："学无多术，只要识得自己真心而已。今观此身之内，四大假合，日趋于尽。所谓真心者何？在意念纷起，生灭不常，非真心也；或善或恶，迁变无定，非真心也；又全因外物，而现外物，若无此心，安在非真心也。况此心于一膜之内，不能自见，是暗于内，非真心也。一膜之外，痛疾全不相干，是隔于外，非真心也。若曰回光内照，觉有幽闲静一者，将以为真心乎？殊不知，此幽闲静一，

1《阅〈阳明全集〉毕偶书二则》，《灵峰宗论》卷四，福建莆田广化寺影印《蕅益大师全集》本。

乃由妄心所照，有能照之心，有所照之境，则此幽闲静一，总属内境，即《楞严》所谓内守幽闲，犹为法尘分别影事，岂真心哉？既此等俱非真心，将以何者为真心乎？居士，试于二六时中，看如何是自己真心，不用生卜度，不用下注解，不用求人说破，不用别求方便，不用计年月久近，不用计己力强弱。但如是默默自追自究，毕竟如何是我自己真心。有朝忽然撞破，方知三教九流，决无二致；万圣千贤，决无异辙。为儒为释，经世出世，无一毫头许可为间隔也。"[1]虽然元贤对"真心"的说明全用佛教术语，但仍然强烈地显现出心学气息。最后所说"三教九流，决无二致；万圣千贤，决无异辙"，则同于心学学者儒释是名歧实同、以心性统三教之说了。

薀益大师有许多论儒学的文字，如《致知格物解》等短篇文，亦有如《四书薀益解》这样的长篇著述，写作此类文字的出发点就是借儒学之说来显发佛教的义理，其《四书薀益解》自序说："爰至诚请命于佛，卜以数阄，须藉《四书》助显第一义谛，遂力疾为拈大旨……"从这些文字来看，薀益大师是用心学的观念来阐说佛教理想，而不是用原始儒学和程朱理学。薀益大师曾为明人王学古作座右铭，铭云："浩然之气，人皆性具。何以养之？集义是务。义非可袭，爰称正路。坦坦周行，不忧不惧。立命知天，非域气数。闭门造车，出门合度。道之所存，非毁何顾。道之不录，荣名何慕。熟寐终夕，弹指便寤。南溟北溟，任尔游寓。嗤彼昏盲，蝇趋虮附。夏则喜风，冬乃贪燠。悟性成修，力用斯裕。摩尼在幢，众宝普澍。此外寻玄，五十百步。"[2]铭中所说的"集义"，则是指孟子所说的"由仁义行"，而"义非可袭"即非"义袭"，"义袭"则是孟子所说的"行仁义"。"由仁义行"与"行仁义"，或"集义"与"义袭"，是程朱理学与阳明心学辩论很多的一个问题，由仁义行是指有一个仁义的心体，则所行所为无不是仁义的；行仁义则是设置一个仁义的标准，让人按照这个标准来所作所为。程朱理学认为应该走行仁义的道路，而阳明心学则坚持要走由仁义行的道路。薀益大师作的这个座右铭，强调集义才是正路，并且结合佛教人人自有摩尼珠之说，悟性成修。显然

1《永觉元贤禅师广录》卷十。
2《王学古座右铭》，《灵峰宗论》卷九。

这是心学之说。

蕅益大师又说："四凶居尧舜之世，而不能自安其生；孔孟丁春秋战国之乱，而不足以改其乐。故知得失全由自心，外境何与焉？今人不治心而问境，无乃惑乎？"[1]虽然佛教也是讲心，但此处更多的王学的心外无理、心外无境之说。

明末对心学的认识，湛然圆澄禅师的《良知歌》堪称为代表："良知非是有知知，良知亦非无知知。知得有无知斯在，直向有无中荐取。若谓有知见不圆，执著无知有一偏。有无叠成六十二，欲了除是悟言前。悟言前，透心法，日用了了惺惺著。待客迎宾出现成，何须百计求方略。入斯门，得自在，神通应现周沙界。纵横妙用总无方，答话不须拣内外。饥便餐，睡便卧，行住坐卧只这个。柳绿花红三月天，世界拈来如许大。有等道人彊作主，只管人前弄死语。颠拈倒用总不知，徒把良知作规矩。有等道人恣彊辩，何曾梦见娘生面。出语茫然混正邪，徒事规模执方便。不知性，迷自心，无始劫来认识神。若教火内翻身后，未审那个是天真。解天真，识通便，入门便讨公文验。虚悬宝鉴定龙蛇，慧剑高提光焰焰。不用思，不用算，鸢飞鱼跃道一贯。良知良知若个知，知得良知金不换。"[2]

若把明代中后期高僧们这些论心学文字，以及熏陶心学之说而体现出心学色彩的观念，看作是佛学思想的一种新发展，并不过分，这是明代佛教思想与此前不同之处。

一直以来，研究者都有一种共同的看法，即明代是佛教衰落的时期，除了晚明四大高僧出来振兴佛教值得一提之外，似乎无可书写之内容。其实，这种看法值得认真研究，这个时期佛教因为和心学相结合而出现的新因素、新观念，也是佛教思想的一种新的发展。其实，王治心在20世纪30年代初出版的《中国宗教思想史大纲》曾经提到，理学（包括程朱理学和陆王心学）出发于宗教思想，是一种宗教思想的表现。因此，要进一步研究明代佛教思想史，便要关注心学。

---

1 《偶书二则》其二，《灵峰宗论》卷四。
2 《湛然圆澄禅师语录》卷八。

陀思妥耶夫斯基宗教思想概说

王志耕

自"罗斯受洗"以来，俄罗斯文化中的基督教因素越来越浓厚，但特殊的动荡历史致使俄罗斯的宗教思想并未得以发展成熟。尽管在历史上也出现过像费奥方、斯科沃罗达这样有较为系统论述的神学思想家，但远不足以形成东正教神学思想体系，甚至在他们的著述中还渗透着新教及新柏拉图主义的东西。只是到了 19 世纪，随着俄国知识界对德国哲学从简单接受到消化处理的过渡，建立俄罗斯自己的正教神学的欲望越发强烈，随即出现了一系列重要的宗教思想家，如费奥多罗夫、霍米亚科夫、基列耶夫斯基、索罗维约夫等，而作为小说家的陀思妥耶夫斯基虽然并不属于理论家之列，但在其所有论著中蕴含的丰富的宗教思想，却足以使其成为不输于任何一个理论家的重要思想家，如弗洛罗夫斯基所说，他极其鲜明地展示了人的全部生命中最深刻的宗教问题。[1]正因为如此，他对 19 世纪末 20 世纪初的宗教复兴运动产生了极为重要的影响。可以说，没有陀思妥耶夫斯基，就没有俄罗斯的"新精神文化运动"。本文拟从基督、人与自由等问题入手，为陀思妥耶夫斯基的宗教思想作一个大致的梳理。

一　基督

陀思妥耶夫斯基曾自称是那一时代怀疑论和无神论的产儿，表明他

1　弗洛罗夫斯基：《俄罗斯神学之路》，参见《路标》网络书库。

曾受到多种思想的复杂影响，但在其思想的成熟阶段，东正教的基本精神是其宗教思想的主干，这一点毋庸置疑。在正教教义中，"道成肉身"的准则被给予充分的强调，意在主张基督神性的普遍意义。而陀思妥耶夫斯基在这一点上，将有关基督的学说进行了多方面的充实。

首先，人对基督的信仰应当是超验的和先验的。陀思妥耶夫斯基在1854 年 2 月下旬致冯维辛娜的信中说："如果有谁向我证明，基督脱离了真理，并且**的确**是真理也脱离了基督，那我宁愿与基督而不是与真理在一起。"[1]而这一点，如他自己所说的，乃是"源自人民的内在的基督教精神"[2]，因为在他看来，全体俄罗斯人民对基督的爱就是一种无意识的东西。他在《作家日记》中写道："有人说，俄罗斯人不大懂福音书，也不懂基本的信条。这并不奇怪，但他们懂得基督，并且自古以来就把他藏在心中。……或许俄罗斯人惟一的爱就是基督，他们以自己的方式，也即痛苦地爱着他的形象。他们最感自豪的是正教，也即最为信奉基督的正教之名。我再说一遍，无意识之中可以懂得很多东西。"[3]陀思妥耶夫斯基认为，俄罗斯人所自称的农民，也就是基督徒，他说："在正教中不是包含着他们所寻求的一切吗？不是只有在正教中才保留着纯洁的基督的神圣形象吗？或许，俄罗斯人民在人类命运中最主要的天赋使命，就是在自身将基督的这一神圣形象保持得纯洁无瑕，并且当那一刻到来之时，将这形象显示给迷途的世界。"陀思妥耶夫斯基所说的"那一刻"就是指基督降临、第二亚当重建、整个世界都在基督的光照之下走向澄明的时候。然而在充斥着罪孽的现世上，基督如何在人民心中显现呢？陀思妥耶夫斯基对此深信不疑，因为深重的苦难会在"罚"的过程中使人民觉醒，从而为基督的降临创造条件。基督是在人民巨大而无尽的历史痛苦之中，在他们历史的各各他受难之中，在他们背负十字架的道路上向他们显示的，他们的悲剧命运正是为他们的最高选择和特殊使命所

---

1 陀思妥耶夫斯基：《1854 年 1 月末至 2 月 20 日致冯维辛娜的信》，见《陀思妥耶夫斯基全集》第 28 卷第 1 册，列宁格勒，1985 年，第 176 页。

2 陀思妥耶夫斯基：《1880～1881 年文学批评与政论类笔记》，见《陀思妥耶夫斯基全集》第 27 卷，科学出版社，1984 年，第 27、64 页。

3 陀思妥耶夫斯基：《1873 年作家日记》，见《陀思妥耶夫斯基全集》第 21 卷，列宁格勒，1980 年，第 38 页。

付出的代价。他说，我们的人民"自古以来就始终洋溢着对永恒而无情的痛苦的渴望。苦难之流滚过他们的整个历史，它不仅是源于外部的不幸与贫困，而是由人民的内心喷薄而出"。[1] "我们伟大的人民就像野兽一样成长，有史以来的千年期间一直经受着巨大的痛苦，世界上其他任何一个民族都未必能够忍受这些痛苦，甚至会解体，会消亡，但我们的人民在这些痛苦中却只会更加坚强，更加紧密团结。……人民懂得自己的上帝基督，因为他们在许多世纪里经历了许多痛苦，有史以来直到今天，在这种痛苦里他们从自己的圣徒们那里始终能够听到自己的上帝基督。"[2]

显然，对基督的先验设定同样是基于正教人类学的拯救观念，因为基督就是"救主"，他是人类在苦难之中的希望，是人类在痛苦徘徊时对彼岸世界的向往。就算是在理智试图要否定基督的时候，基督仍然是俄罗斯人民，是陀思妥耶夫斯基的惟一信仰。因为，在陀思妥耶夫斯基心中，作为超越的最高理想，"没有什么会比基督更美好、更深厚、更可爱、更智慧、更坚毅和更完美，不仅是没有，而且我以绝对真诚之心对自己说，那根本就不可能有"。[3]而如野兽一般生活着的人民，"在基督教中他们所得到的主要阅历，就是他们在其全部历史中所经受的、饱含着无尽痛苦的若干世纪，当他们失去一切、创造着一切和为着一切而劳作的时候，与他们同在的只有安慰者基督，那时他们把基督永远地留在了自己的灵魂之中，而基督也将他们的灵魂从绝望中拯救出来！"[4]

基督的拯救并非通过神迹来实现，新约所描述的情形也只是耶稣以神迹布道，而非拯救。拯救是终极性的，是世界的重建，是复活。那么，如何理解基督的拯救呢？在这一问题上历来存在着不同的理解，但正教神学一般认为，基督是通过"虚己"的过程唤醒罪孽中的人内心深处的神性种子。所谓"虚己"，是指上帝通过道成肉身，虚其神性，并以受难

1 陀思妥耶夫斯基：《1873年作家日记》，见《陀思妥耶夫斯基全集》第21卷，列宁格勒，1980年，第36页。

2 陀思妥耶夫斯基：《1876~1877年笔记本》，见《陀思妥耶夫斯基全集》第24卷，列宁格勒，1981年，第192页。

3 陀思妥耶夫斯基：《1854年1月末至2月20日致冯维辛娜的信》，见《陀思妥耶夫斯基全集》第28卷第1册，列宁格勒，1985，第176页年。

4 陀思妥耶夫斯基：《1880年作家日记》，见《陀思妥耶夫斯基全集》第26卷，列宁格勒，1984年，第151页。

的方式警醒和拯救世人。[1]正教神学家谢·布尔加科夫在谈到这一概念时说："世界的创造根本说来是上帝之爱的自我牺牲行为，是上帝有意的自我损耗或者自我降低，是他的'虚己'，这种行为只能在他自身、在做出牺牲的爱的欣悦中找到证明。但这种创世中始终存在的上帝普遍'虚己'永远包括一种具体的虚己——神子的肉身化与各各他的受难。"[2]虚己就是拯救。因此，"基督—救赎"的主题在俄罗斯文学中是通过展示虚己的过程来实现的，在陀思妥耶夫斯基的创作中正是如此。批评家科捷尔尼科夫甚至认为，陀思妥耶夫斯基的所有作品都是围绕"虚己"这一主题展开的，他说："虚己的主题在陀思妥耶夫斯基的创作中起着格外重要的作用。这一主题在宗教与伦理方面可以强烈地体会和领悟到，它贯穿着作家的整个创作世界，并赋予这个世界完全以基督为中心的特性，因为这个世界中的每一个情节，每一个动作，都指向基督，指向上帝在人子中自我牺牲的事件，指向他的宽容，指向为了拯救人和弘扬爱而对屈辱、痛苦及十字架殉难的承受。"[3]

陀思妥耶夫斯基对基督神圣品性的阐释是通过虚己的种种形态——穷困、苦难、忍耐、自我贬抑、痴愚等——体现出来。虚己的形态附丽于人物的身上，从而展示救赎的历程，揭示救赎的真谛。

忍耐、谦恭及自我贬抑——作为基督虚己的特性，是陀思妥耶夫斯基自创作之初便建立的人物塑造的基本命题，谦逊是拯救的第一步，也是最重要的一步。陀思妥耶夫斯基在为创作《白痴》所准备的材料中曾写道："谦逊——是世上可能有的最可怕的力量！"[4]因为谦逊指向正教人类学的终极道德规范——爱，而通过爱，人类将得到救赎。近年来以研究宗教与文学关系著称的评论家科捷尔尼科夫在谈到这一问题时说："陀

---

1 一般认为对"虚己"这一概念最早的神学解释者是亚历山大的克莱门特。据《正教神学百科大辞典》（圣彼得堡，1992年）"虚己"条：希腊语词。意为上帝俯就于人。虚己说是对上帝的实际二性的研究；据此，作为上帝的基督承受苦难和死亡以示对人类之爱。在这一行为中道出了神子自我贬抑的思想。道成肉身的完成意在表明，人作为守信者将经过地上的痛苦而在上帝的彼岸世界获得永恒的荣耀。

2 谢·布尔加科夫：《亘古不灭之光——观察与思考》，莫斯科，1994年，第289页。

3 科捷尔尼科夫：《作为陀思妥耶夫斯基创作母题的虚己》，见《陀思妥耶夫斯基。资料与研究》第13辑，圣彼得堡，1996年，第194页。

4 陀思妥耶夫斯基：《白痴。准备材料》，见《陀思妥耶夫斯基全集》第9卷，列宁格勒，1974年，第241页。

思妥耶夫斯基知道，在顺从的意志中，在对所有‘我’的奢求的弃绝中，在深深的自谦中，隐藏着影响个性及其环境的巨大的改造力量。在写作《白痴》时他精确地概括道‘公爵—基督’轻易地享有了这种力量；他在虚己之路上比别人走得更远——他走得如此之远，以至 P. 瓜尔迪尼甚至把梅什金的存在视为‘上帝可见的存在’；他认为，梅什金的形象‘与其说是与上帝对立，不如说他产生于上帝，与其说他在谈论上帝，不如说他在研究上帝’（《人与信仰》，布鲁塞尔，1994 年，第 302 页）。"[1]也就是说，梅什金形象的正面性首先就是由谦逊的力量所造成的。而谦逊和自我贬抑最典型的代表人物是《穷人》中的马卡尔·杰武什金。杰武什金是一个上了年纪，贫穷，丑陋的小公务员，他终日"像耗子般"抄抄写写，他的寒酸备受同事们的奚落，但他从来没有丧失过自我，具有强烈的自我意识，而这也正是其谦逊与自我贬抑的前提条件。自我意识并不意味着人格之路上的"人神化"选择，恰恰相反，只有具有自我意识的人才可能做到自我贬抑，这也正是基督式自弃的意义。我们发现，在小说中，杰武什金很少向上帝祈祷，这似乎与一个谦恭者的个性不相符，其实这正是一个谦恭者自我贬抑的特征。只有一次，当他与瓦尔瓦拉都一文不名，陷于生死关头不得不去借贷的时候，他深恐借不到钱，于是向上帝求告："上帝啊！饶恕我的罪过，让我的愿望实现吧！"但是紧接着，他又感到懊悔，因为"我不配跟上帝提要求"。[2]正因为他心中时时想着上帝，因而不必时时去呼唤上帝，而那些言必称上帝的人却未必在内心深处感念上帝。环境恶劣并未导致他对上帝的怀疑，对世界的憎恶，相反，他表现为加倍地恭顺。这里隐藏着一种基于神正论的拯救逻辑。即，上帝创造世界是一种辩证行为，苦难是创世一揽子计划的必要部分，对苦难表示愤怒并不能解除苦难，相反有可能增加罪孽，因此，悲悯与谦恭就成为人对上帝信仰的表征，同时也就成为获得拯救的前提。这一切都是在福音书中所预定的，耶稣告诫他的门徒说："凡自高的，必降为卑；自卑的，必升为高。""你们里头为大的，倒要像年幼的；为首

1 科捷尔尼科夫：《作为陀思妥耶夫斯基创作母题的虚己》，见《陀思妥耶夫斯基。资料与研究》第 13 辑，圣彼得堡，1996 年，第 197～198 页。

2 陀思妥耶夫斯基：《穷人》，见《陀思妥耶夫斯基选集·中短篇小说选》，人民文学出版社，1997 年，第 97 页。

领的，倒要像服侍人的。是谁为大？是坐席的呢？是服侍人的呢？不是坐席的大吗？然而，我在你们中间如同服侍人的。我在磨炼之中，常和我同在的就是你们。"[1]这里所说的"升降"具有象征的意义，也即象征着升入天堂与堕入地狱。耶稣与大家共同经受磨难，自我贬抑，服侍众人，隐含着未来的救赎。

痴愚，是"基督—拯救"原型的另一境界，也是陀思妥耶夫斯基创作中所刻意追求的生存状态。痴愚是对肉体生命与世俗伦理的背弃，是肉体的漂泊和精神的自由状态，它的最终目标指向救赎，以超越现实伦理的行为为开拓精神升华之路。与此同时，陀思妥耶夫斯基对痴愚的理解，还包括着对西方理性主义和"知识"的否弃。

对痴愚的理解，陀思妥耶夫斯基主要是通过《白痴》中的梅什金公爵这一形象进行阐释的。梅什金以其独特的病态形象超越肉体地生活着，在他的身上无所谓善，也无所谓恶，无所谓生，也无所谓死。他首次出现在叶潘钦将军家所讲述的一系列故事是深有意味的。他一连讲了两个有关死刑和一个关于孩子之爱的故事，这不是作者偶然安排的，这个情节表明着，梅什金的出现是超越生死而复归婴儿的。即，他是一个进入到"绝对美好"境界的人物，这也是陀思妥耶夫斯基的创作初衷。他曾说："长篇小说的构想是我钟爱已久的，但其难度之大，使我迟迟不敢着手去写……小说主要的思想是描绘一个绝对美好的人物。……世上只有一个绝对美好的人物——基督，因此这位无可比拟、无限美好的人物的出现便是一个永恒的奇迹。"[2]由此可见，作家正是要借梅什金来揭示耶稣基督的"人"格意义。梅什金是超越肉体的生命，小说尽管集中描写了他与两个女人的情感事件，但它并不是一个爱情故事。梅什金的爱不是世俗的爱欲，而是精神的爱，是救赎型的，它具有象征性，或者说就是基督对堕落然而神性未泯者的爱。这种爱没有肉体的成分，没有任何罪孽的意味，这种爱中蕴含着对人的完美性的尊崇，以及对这种完美性遭到毁灭时的悲悯。请听他第一次看到纳斯塔西娅照片时所说的话："一

1 《圣经》和合本，《路加福音》第14章第11节、第22章第26至28节。
2 陀思妥耶夫斯基：《1868年1月1日（公历13日）致索·伊万诺娃的信》，见《陀思妥耶夫斯基全集》第28卷第2册，列宁格勒，1985年，第251页。

张令人惊奇的脸！我相信，她的命运一定很不一般。脸是快乐的，但是她一定受过很大的痛苦，对不对？这双眼睛，这副颧骨，以及脸颊上端，眼睛下面的这两个点，都说明了这一点。这是一副高傲的脸，非常高傲，就是不知道，她是否善良？唉，如果善良就好啦！一切就有救啦！"[1]因此，梅什金惊叹纳斯塔西娅的美或在这种美面前显得手足无措，并非受制于情欲力量的支配，而是在美面前的一种虚己行为，同时蕴含着拯救的意味。梅什金对阿格拉娅的感情，仍然不是肉欲的，同样含有拯救的意味。因为在梅什金看来，阿格拉娅美丽、真诚、高傲、善良，正是属于可以最先得到救赎的人。当他看着阿格拉娅时，"他的目光十分古怪：他看她的那副神态，就像看一件离他两俄里远的东西似，或者像看她的肖像画，而不是看她本人"。[2]在梅什金心目中，阿格拉娅是纯真的，如他自己所说，"我全心全意地爱她！要知道，她……是个孩子；她现在是个孩子，完全是个孩子！"可见，在他的内心深处所怀抱的正是人类拯救的使命，他的所谓"不解风情"的痴愚状态，乃是对整个人类的忧患。

对痴愚阐释的另一种重要意义是对启示的尊崇和对知识的放弃。在理性主义支配之下对知识的追求助长了人类远离神圣的意念，在陀思妥耶夫斯基看来，欧洲的许多恶行都是在理性主义的幌子下进行的，人拥有了知识，便放弃了对神与自然的敬畏之心，而盲目地认为凭借着知识便可以为所欲为，从而走上"人神化"道路，导致罪孽丛生。而放弃对知识的追求，在信仰的引导下与众生同获拯救，是耶稣基督的基本生存原则。不追求知识并不等于没有知识，恰恰相反，对知识的放弃是对真正的智慧的追求，这种放弃实际上是一种选择，是在自由之路上对拯救的选择。在欧洲大陆理性之风盛行的时候，陀思妥耶夫斯基对所谓"知识"、"学问"、"理性"所带来的对人类本性的戕害深表忧虑，因此，他把致力于破解世界奥秘的理性至上主义视为影响人类获得拯救的最大障碍。他所肯定的人物从不以学识相标榜，而以保持原始的质朴、博爱精神为主要特征，而他所否定的"人神化"人物，则是因为过于推崇理性、标榜学识而导致人与人之间神性纽带的断裂，使世界陷于争斗、罪孽的

---

1 陀思妥耶夫斯基：《白痴》，臧仲伦译，译林出版社，1996年，第41页。
2 陀思妥耶夫斯基：《白痴》，臧仲伦译，译林出版社，1996年，第409～412页。

泥淖。梅什金是个"白痴"，但这并不妨碍他获得人们的敬佩；杰武什金是没有学问的，但这并没有妨碍他成为一个高尚而纯洁的人。或许应该这样表述：正因为他们是没有学问的，是痴愚的，才保持了对上帝非理性逻辑的信仰，因而才能真正地走入上帝的启示。

虚己性的完美体现实际上是婴儿状态，因为婴儿状态是不曾遭受世俗污染的纯真状态，它既是原始的，同时因为人类的堕落它又是理想的，人如果能够到达这一境界就会获得真正的自由。陀思妥耶夫斯基借助《罪与罚》中拉斯科尔尼科夫之口说："孩子就是基督的形象。"[1]法国思想家本雅明在谈到陀思妥耶夫斯基的《白痴》时特别强调了儿童形象的特殊蕴含，他说："正如陀思妥耶夫斯基在政治上一再将纯粹民族性的复苏称作最后的希望，在这部作品中，他将儿童视为治疗青年人及其国度的惟一的良方妙药。不必提起陀思妥耶夫斯基在《卡拉马佐夫兄弟》里赋予儿童生命以无限的疗救力量，单从这部小说中，科利亚和梅什金公爵的具有最纯净的孩童气质的形象，就可以看出这一点。……读陀思妥耶夫斯基的作品，总能清楚地看出，只有处于儿童的精神状态，人的生命才能从民族的生命中纯粹而充分地发展起来。"[2]梅什金的天真、质朴、纯洁，使他始终像一个未成熟的孩子，实际上陀思妥耶夫斯基是站在他者的立场上来塑造这一形象的。成年人的躯壳，儿童的心地与品质——在一般人看来，这就是"白痴"。而在陀思妥耶夫斯基的心目中，这正是人类获救的形态。梅什金始终保持着孩子的天性，这意味着他在抽象的意义上展现着人类由上帝所赋予的原初神性。他总是避免与罪孽缠身的成年人打交道，以免遮蔽自身的神性而失落了拯救的使命。他在瑞士治病时，只跟孩子们在一起，以致他的监护人也坚信他"完完全全是个孩子"，"也就是说，孩子气十足，我只是身材和脸长得像大人罢了，可是在智力发展程度、心灵和性格上，也许甚至在智商上，我都不是个成年人，哪怕活到六十岁，也依然故我"。他自己承认："我的确不喜欢和成年人，和大人在一起，——这点我早看出来了。我所以不喜欢，因为我跟他们

---

1 陀思妥耶夫斯基：《罪与罚》，张铁夫译，海南国际新闻出版中心，1997年，第348页。
2 本雅明：《评陀思妥耶夫斯基的〈白痴〉》，见《经验与贫乏》，王炳钧、杨劲译，百花文艺出版社，1999年，第142页。

合不来。不管他们对我说什么，也不管他们对我多好，跟他们在一起，不知道为什么，我总觉得别扭，如果我能够赶快离开他们，去找自己的同伴，我就非常高兴，而我的同伴从来都是孩子，这不是因为我自己是孩子，而是因为孩子们对我有一种说不出的吸引力。"[1]孩子不仅是纯真的，同时也是智慧的，或者说只有纯真才可以达到智慧。因为智慧是上帝的属性，智慧充塞在宇宙之中，将上帝与人联系在一起，而只有那涤除了罪孽的人才可与智慧同在，踏上去往天国的路。而孩子则是自然地与智慧相伴，从而形成拯救的象征。梅什金说："什么也无须对孩子们隐瞒，千万不要以他们还小，知道这些还早做借口。多么糟糕和多么不幸的想法啊！孩子们自己也十分清楚地看到，做父亲的认为他们太小，什么也不懂的时候，其实他们全懂。大人们不知道，甚至遇到十分棘手的事情，孩子也能出一些非常好的主意。"甚至"一个人的心可以通过孩子得到治疗"。[2]正如使徒问耶稣"天国里谁是最大的"所得到的回答："我实在告诉你们，你们若不回转，变成小孩子的样式，断不得进天国。所以凡自己谦卑像这小孩子的，他在天国里就是最大的。凡为我的名接待一个像这小孩子的，就是接待我。"[3]作为艺术形象，婴儿形态的人物往往缺少性格的发展和变化，而这正是陀思妥耶夫斯基的用意所在，因为这就是典型的基督规范，它在陀思妥耶夫斯基艺术的宗教修辞中是最高的修辞格，它超越一切，昭示着永恒之善的归宿，标志着人类的彻底救赎。

二 人

其实，从上面的论述我们可以看出，陀思妥耶夫斯基的基督思想是围绕建立一种典范人格的终极意愿而展开的。从这个意义上说，他的宗教观更多的是针对人的，这也是所有宗教的指归所在。别尔加耶夫对此有过非常恰当的理解："陀思妥耶夫斯基有着他所独具而前所未有的对

---

1 陀思妥耶夫斯基：《白痴》，臧仲伦译，译林出版社，1996年，第85页。
2 陀思妥耶夫斯基：《白痴》，臧仲伦译，译林出版社，1996年，第85页。
3 《圣经》和合本，《马太福音》第18章第1～5节。

人及其命运的态度——这就是应当寻找其激情之所在，这就是与其创作类型独特性紧密相关的因素之所在。在陀思妥耶夫斯基那里，除了人以外别无所有，一切都在人身上揭示出来，一切都只服从于人。……如此异乎寻常的对人这一命题的迷恋在任何人哪里也不曾有过。并且任何人在揭示人性奥秘方面也不曾拥有这样的天才。陀思妥耶夫斯基首先是一个伟大的**人类学家**，一个研究人性及其隐秘的专家。他的全部创作都是人类学的尝试和体验。陀思妥耶夫斯基不是一个现实主义艺术家，而是一个实验者和人性的经验形而上学的创造者。陀思妥耶夫斯基的全部艺术都在于人类学探索与发现的方法。"[1]陀思妥耶夫斯基 18 岁的时候就曾宣称："人是一个秘密。应当猜透它，即使你穷毕生之力去猜解它，也不要说虚度了光阴；我正在研究这个秘密，因为我想做一个人。"[2]他是这样说的，也是这样做的。他终其一生都在思考人，尤其是在他的思考成熟期，更是集中在基督教的框架中来揭示这一问题。当他晚年的时候，对那些从心理学角度来理解他的人则表示了不满："人们称我为心理学家，不对，我只是最高意义上的现实主义者，即，我描绘的是人灵魂深处的一切"，是"在充分的现实主义条件下发现人身上的人"。[3]在他看来，批评家们没有领悟到他的苦衷，因为与其说他是在写小说，不如说他是在人与上帝的关系之中探求人灵魂所能达到的深度。他所说的"人身上的人"，这第二个"人"须从其宗教人类学观念中去加以解析，它就是具有内在神性的人，也即非现实的、非仅社会的人，而是属上帝的人。在陀思妥耶夫斯基的观念中，人具有"属上帝"的本质，肩负着终极创造的使命；但他同时有着神赋的"自由"，自由便意味着选择，而人的选择往往转向背离神圣使命的"自由意志"。这种背离往往有两种结果：一种是在肉体的有限时间中丧失复归神性的能力，因而也无法在自身实现"上帝类似"，他们将永远留在了第一自由的空间之中，成为人的反面类似物；

---

1 [俄]别尔加耶夫：《陀思妥耶夫斯基创作中关于人的启示》，见《创作、文化与艺术的哲学》，莫斯科，1994 年，第 152 页。

2 陀思妥耶夫斯基：《1839 年 8 月 16 日致米·米·陀思妥耶夫斯基的信》，见《陀思妥耶夫斯基全集》第 28 卷第 1 册，列宁格勒，1985 年，第 63 页。

3 陀思妥耶夫斯基：《文学批评与政论性笔记。1880～1881 年笔记本》，见《陀思妥耶夫斯基全集》第 27 卷，列宁格勒，1984 年，第 64～65 页。

另一种结果是"罚",来自人内心的灵魂之罚,能够感受到"罚"的力量,也正是人的本质属性——神性的体现。

西方学者对陀思妥耶夫斯基的人学思想做过多方面的阐释,但他们在缺失了宗教文化语境的情形下无法看到其对人的"神性"叙事的真谛。如德国人赖因哈德·劳特从精神分析学的角度出发,采用了科学分析的方法,认为陀思妥耶夫斯基所谓"人身上的人"便是潜意识层面的人,陀思妥耶夫斯基所要发现的就是人的"纯心灵状态",他所研究的就是在潜意识起支配作用的状态下人是如何行动的。[1]西方的学者们大多都是把陀思妥耶夫斯基作为一个现代主义者来看的,劳特同样如此。他所关注的是潜意识、尤其是本能性的(梦的动因)对人的行为的影响,并以意识与潜意识的对立来说明人物的艺术体现,由此而看到的多是人物的堕落倾向、衰败背景、梦的象征等存在主义意象。因此,在这种方法的视野之中,人便成为了受本能欲望驱动的,甚至为无意向恶的倾向而庆幸的动物,尽管劳特也承认陀思妥耶夫斯基认为人的心灵有升华的能力,但他却无法发现这一能力在陀思妥耶夫斯基的作品中是如何体现的。前苏联时期的评论者大多出于赋予陀思妥耶夫斯基以当代意义的目的,而认为他的"发现人身上的人"就是要发掘人内在的善,就是为受到社会不公正压制的人回归到爱的世界。他们大多站在社会批评的角度来理解,放弃对作家所说"寂灭"与"新生"的内在意义的推究,而径直将其引向由俄罗斯村社制度所培育起来的集体主义,因而淡化了"人身上的人"的复杂含义。

巴赫金从文化诗学和形式分析的角度对陀思妥耶夫斯基的"思想的人"进行了剖析,他说:"陀思妥耶夫斯基的主人公,着意之处不仅在叙说自身和自己身边的环境,还在于评说世界。因为他不只是能意识到而已,他还是个思想者。……主人公叙说自身同他用思想观念来评说世界,这两者的融合直接地、极大地提高了自我论说的重要价值,使得主人公对任何外在的完成性增强了内在的抗衡力。思想帮助自我意识确立了在陀思妥耶夫斯基艺术世界中的主权地位,使自我意识比任何稳固定型的

---

1 可参见[德]赖因哈德·劳特:《系统阐述中的陀思妥耶夫斯基哲学》,俄译者 И. С. 安德烈耶娃,莫斯科,1996年,第26~27页。

中立状态形象都更胜一筹。"[1]巴赫金的论述本身是精辟的，但是，对思想的揭示是否就解释了陀思妥耶夫斯基所要发现的"人身上的人"呢？在这一问题上，给我们的感觉是，巴赫金并没有把问题推进到底，因为他同时也指出："他的主人公是人，他描绘的归根结底不是人身上的思想，而是如他亲自说的'人身上的人'。思想对他来说，要么是考验'人身上的人'的试金石，要么是他表现自己的形式，最后（也是最主要的）也许是一种媒介，一种环境，借此揭示人的意识的深刻本质。"[2]那么，这个需要用思想的试金石来考验的"人身上的人"到底是什么？什么又是"人的意识的深刻本质"呢？巴赫金始终没有做出进一步的论述，而是迅速转入了形式的分析。然而巴赫金对此并非未做思考，只是特定的政治语境使他无法继续将这一思考推进下去而已。比如他说过这样的话："陀思妥耶夫斯基的艺术思想告诉我们，个性的真谛，似乎出现在人与其自身这种不相重合的地方，出现在他作为物质存在之外的地方。而作为物质存在的人，是可以不受其意志的制约而'缺席'地窥见他、说明他、预言他的。要理解个性的真谛，只有以**对话**渗入个性内部，个性本身也会自由地揭示自己作为回报。他人口中论人的灼见，却不按对话原则诉诸于那个本人，也就是背靠背说出的真情，如果涉及此人的'神圣的东西'，亦即'人身上的人'，那这真情就会变成侮辱他和窒息他的谬见。"[3]在这段话里应当注意两个地方：一，个性的真谛在于与其自身不相重合的地方，或其作为物质存在之外的地方；二，"神圣的东西"即"人身上的人"。在我看来，巴赫金已经触及了问题的实质，不过他没有深入展开论述，或在复调的形式论框架中无法展开论述。

其实在我看来，要理解陀思妥耶夫斯基并不需要绕许多圈子，我们只要回到作家谈这个问题的具体行文，把这句话的由来补齐就可以了。而恰恰是这么简单的问题，在不同国家出于批评者的叙事背景差异而始终被忽略。作家的这句话出现在1880～1881年的笔记本中。这个笔记本主要是为撰写《作家日记》准备的材料，这段话就包括在标注为《提要》

---

1 巴赫金：《陀思妥耶夫斯基诗学问题》，白春仁、顾亚铃译，三联书店，1988年，第120～121页。

2 巴赫金：《陀思妥耶夫斯基诗学问题》，白春仁、顾亚铃译，三联书店，1988年，第64页。

3 巴赫金：《陀思妥耶夫斯基诗学问题》，白春仁、顾亚铃译，三联书店，1988年，第98页。

的一组短论中，而这一组短论有一个中心议题，便是如何理解正教与人民：

> 俄罗斯人民全部处于正教和正教的思想之中。此外在他们的内心和手中别无所有——当然也不需要别的，因为正教就是一切。……谁不懂得正教，谁就无论何时、无论如何也无法懂得人民。不仅如此，他也不可能爱俄罗斯人民，而只会去爱他所希望看到的那种样子的人民。反过来说，人民也不把这种人视为自己人：如果你不爱那我所爱的，就不要信奉我所信奉的，你不敬重我的神圣之物，则我也不会把你当作自己人敬重。宽厚、坚韧、在信仰上宽容。哦，他不会欺侮他，不会吃了他，不会打他，不会劫掠他，甚至不会对他说一句话。……我们的知识分子还不能与人民走到一起，并且远远不能理解人民。……他们不懂得正教，——不应对他们生气，因为他们不能从实质上去理解诚实的人民，即使他们破口大骂，也可以原谅他们，除了几个骗子和应随时记住的几个边远地区来的人——他们会守住他们手中所有宝贵的东西的。
>
> 在充分的现实主义条件下在人身上发现人。这主要是俄国的特点，在这个意义上，我当然是人民性的（因为我的倾向源自人民的内在的基督教精神），——尽管现在的俄罗斯人民对我不了解，但将来会了解的。
>
> 人们称我为心理学家：不对，我只是最高意义上的现实主义者，即，我描绘的是人灵魂深处的一切。[1]

这一组短论实际上就包括这两个段落，而这两个段落显然具有某种内在一致性。前一段落谈的是知识分子对人民的正教精神的不理解，后一段落则谈的是作家自己对人的理解。这里，陀思妥耶夫斯基把对人的理解与对人民的内在基督教精神的理解放在了同一个语境之中，从而为我们提供了破解其"人身上的人"概念的钥匙。如果简略地将这两段话

---

1 陀思妥耶夫斯基：《文学批评与政治性笔记。1880～1881 年笔记本》，见《陀思妥耶夫斯基全集》第 27 卷，列宁格勒，1984 年，第 64～65 页。

加以归纳的话，就可以看出这样的逻辑关系：不懂正教，就不会懂得并爱人民；而因为"我的倾向源自人民的内在的基督教精神"，我与正教精神是相通的，我才可能完全站在现实主义的立场上去发现"人灵魂深处的一切"。因此，这个"人身上的人"就是真正的基督教、也即正教人类学视域中的具有"神性"的人。这就是陀思妥耶夫斯基的立场。在他的观念中，存在着一种逻辑转换，即俄罗斯人民等同于正教，而俄罗斯人民等同于人民，人民等同于正教，人民等同于人，则人等同于正教。陀思妥耶夫斯基就是依照这种逻辑，基于正教思想去发现"人身上的人"的。

这样一来，巴赫金语焉不详的某些措辞便不难理解了。所谓个性的真谛在于与其自身不相重合的地方，或其作为物质存在之外的地方，就是指人的非物质性（肉体）的存在、隐没于自身（肉体）之内的精神性存在。在陀思妥耶夫斯基看来，这种精神性，或曰神性，才是人的本质所在，才能标示出人的与他者对话的主体身份。这就是为什么巴赫金如此看重人在背后受到诋毁的"神圣的东西"，并强调指出这就是"人身上的人"的原因。

对于基督教人类学，人们有一种习惯的错误理解，尤其是当我们在谈论文艺复兴与人文主义时，更是以为基督教把人视为上帝的奴仆，人在上帝面前是绝对服从的，人没有自己的意志，基督教伦理学以放弃自我的需求为至善，等等。这其实并不是基督教的基本教义，而是历史教会的误导。因为教会在历史的形成过程中逐渐成为了一种权力机构，而为了维持这一权力机构的运作，它必然也会像世俗政权一样，要创造一种有利于统治的学说。并且较之世俗政权而言，教会建立这样一种学说有着天然的优越条件，他们可以借助上帝的名义将他们的思想塞进神圣教义之中。而"人"也就是在这样的背景下被贬抑的。别尔加耶夫指出："历史上基督教的人类学在讲到人时几乎无一例外地将其说成有罪者，需要教他们学会如何救赎。只有在尼斯的格列高利那里能够找到较为高深的关于人的学说，但在他那里，人的创造尝试仍旧没有得到领悟。"而真正的基督教"宣传的是人的上帝形象和上帝类似，以及上帝的人化。关于人、关于人在宇宙中核心作用的真理即使在基督教之外被揭示出来时,它仍然有着基督教的根源,离开了基督教,这一真理便无法领悟。……把基督教与人道主义对立起来是错误的。人道主义起源于基督教"。[1]别尔加耶夫的话显然是过于绝对的,但在欧洲的文化体系中,不从基督教讲起,或许有关人的问题是无法说清的。

在以正统自居的东正教神学中,对人的理解仍是以《圣经》为根据的。即,人虽然是受造的,却是照着神的形象而造,而且是由上帝亲自吹入了生命的气息。上帝从自身导出神性,从而如同分享一样给了人以实质。人由此而成为带有神性的生命。在人所具有的上帝形象和神性这一问题上,俄国新派神学家谢·布尔加科夫做过系统的论述,他说:"对人的**上帝形象**应当现实地去理解,就像某种**重复**,它无论在任何情况下也不是对原型的同一化,相反,它不可避免地将有别于原型,但与此同时,它在本质上与之相联系。这种形象与原型之间的关系的现实性由圣经叙述中的特点可以见出,上帝向人体**吹入**气息,于是这时便发生了某种神性的导出,产生了创造性辐射的种类。因此,人类可径直称为**神的种类**。"[2]基于这一理解,作为受造物的人便具有了某种绝对的意义。或者说,他既是绝对中的相对,同时也是相对中的绝对;他既是受造物,也是非受造物。由于人具有了神的形象与气息,他便成为潜在的神。从"道成肉身"的学说来看,基督降临使神性的完满归于了人的身体,而同时,基督具有了充足的人性(基督一性论在正教看来是异端邪说),由此而言,他既是天上的主,也是地上的主,因此,人具有完满的神的形象,而由神性所揭示的一切在某种意义上也是人性的。人除了拥有上帝的形象之外,还具有"上帝类似"的品质,就是说人具有延续上帝创造的使命与能力,他会继续自身与世界的创造性活动。因为人的神性是潜在的,是一种必然性与指定性,而不是现实性的,所以他尚有着继续完善与创造的空间,人因此而成为悖谬性的一种存在。总之,"人是按照上帝的形象和类似创造出来的。人被赋予了上帝的形象,这一形象放置于人,就成为人存在的不可消除的基础,所谓类似是指那些在这个形象基

---

1 别尔加耶夫:《俄罗斯思想》,见《论俄罗斯与俄罗斯文化》,莫斯科,1990年,第127~128页。

2 谢·布尔加科夫:《亘古不灭之光——省察与思辩》,莫斯科,1994年,第242页。

础上实现为人的、作为人的生命**任务**的东西。人在创造时不可能一下子就成为完善的生命体，在这个生命体中，形象与类似，理想与现实，都应是彼此相适应的，这样的话，他就可能在本质上、而不是在天赐和相似上成为上帝。但这样一来，人类生命无论什么样的自我存在都无从谈起。人的形象与类似的不符，更确切点说，他的潜在性和现实性、此在性和指定性的不符，正是这些构成了人的独特性，他以自己位格的自由而形成陷于某种不确定性的理想形象。不仅人的肉体承受着地上尘土的重量，而且人的灵魂也仿佛被淤泥所累"。[1]

陀思妥耶夫斯基对人的理解所承继的便是这种正教传统。在他看来，不懂得正教就不懂得人民，也就无法弄懂人的奥秘。他认为，基督教的主要思想之一就是"承认人的个性及其个性自由"[2]，而人所秉有的这种个性便是由神性派生出的种种美好品性。陀思妥耶夫斯基在《作家日记》中曾讲述过他参加一次生日舞会的情景，他面对着舞厅中旋转的人群，突然由内心生出感叹："如果所有这些可爱而可敬的客人哪怕只有一瞬间想到要成为一个真诚而质朴的人，——那么这个令人憋闷的大厅将会一下子变成什么样啊？如果他们每个人突然间洞悉了这一秘密，那将会怎样？如果他们每个人突然间懂得，在他们身上蕴含着多少真情、尊严、最为真诚而发自内心的快乐、纯洁、高贵的情感、善良的愿望、智慧、（何等的智慧啊！）最为巧妙而最富感染力的机敏，这些就存在于他们每个人身上，毫无疑问，是在每个人身上！"陀思妥耶夫斯基这里所揭示的其实就是那个隐藏在"人身上的人"可能显现的现实品质。但这个"人"是潜在的，是不断实现着的"人"，它不是当下显现与完成的，因为它的"上帝类似"决定着它仍是肩负"任务"的，是处在走向完善阶段的。这一过程需要人的自省与努力，而这正是陀思妥耶夫斯基所忧虑的，因为人在历史尘灰的遮蔽下很难意识到这一点。所以他同时说："可敬的人们，在你们每个人身上，这些都存在和蕴含着，而你们不管哪个人，不管哪个人，都对此毫无觉察！……但不幸的是，你们对你们

---

1 谢·布尔加科夫：《亘古不灭之光——省察与思辩》，莫斯科，1994年，第268页。
2 陀思妥耶夫斯基：《1876年6月作家日记》，见《陀思妥耶夫斯基全集》第23卷，列宁格勒，1981年，第37页。

自己是何等之美却一无所知！知道吗，甚至你们其中的每个人，只要他愿意，他立刻就会给这个大厅里所有的人带来幸福，使所有的人都自我陶醉。你们每个人都具有这样强大的力量，但它隐藏得是如此之深，以至它早已变得令人难以置信。"[1]小说《群魔》中基里洛夫有一句后来成为陀思妥耶夫斯基名言的话："人之所以不幸，是因为他不知道他是幸福的；仅仅是这个原因。这就是一切，一切！谁要是明白了这一点，他此时此刻马上就会变得幸福起来。"[2]联系上述《作家日记》中的感慨，就知道基里洛夫的话恰恰是陀思妥耶夫斯基心声的吐露。

　　人是具有无限可能性的，然而人的"属上帝"特性决定着人对上帝的负责，即如前所述，人同时受制于"任务"的规定性。因此，陀思妥耶夫斯基对基里洛夫以及拉斯科尔尼科夫、伊万·卡拉马佐夫的"人神"观是持否定态度的。作为基督的"神人"体现了上帝对人的拯救与激励，他以其肉身化形式预示了人的得救，昭示给人应在基督的受难中体味到自身的堕落，基督的复活则象征着人在灵魂被遮暗状态下的新生。陀思妥耶夫斯基在为《群魔》所准备的材料中借助沙托夫之口说："基督的降临是为了让人类懂得知识，懂得人的灵魂的本性可以在那种天国的光芒中显现，实际上就是在肉体中，而不是仅仅在幻想和理想中，这是自然而然的，也是可能的。大地因此而得以获证。基督的追随者们崇拜着这闪耀灵光的肉体，在最为残酷的痛苦中证明着，在自身的这个肉体中负载着何等的幸福，仿效着这一形象的完善并信奉着肉身的他。"[3]然而基里洛夫并不相信这一点，他在与斯塔夫罗金对话时说："谁若是教导人们说人人都好，他就会消灭这个世界。""教导过人们的那个人被钉在十字架上了。""他会来的，他的名字将是人神。""是神人吧？""是人神，区别就在这儿。"[4]基里洛夫所不明白的是，人的救赎只有复归神性，而不是滥用神性赋予人的自由。基里洛夫坚守的是一条世俗真理之路，在他

　　1 陀思妥耶夫斯基：《1876 年 1 月作家日记》，见《陀思妥耶夫斯基全集》第 22 卷，列宁格勒，1981 年，第 12～13 页。
　　2 陀思妥耶夫斯基：《群魔》，南江译，人民文学出版社，1983 年，315～316 页。
　　3 陀思妥耶夫斯基：《〈群魔〉的准备材料》，见《陀思妥耶夫斯基全集》第 11 卷，列宁格勒，1976 年，第 112～113 页。
　　4 陀思妥耶夫斯基：《群魔》，南江译，人民文学出版社，1983 年，第 316 页。

看来，人只要战胜痛苦与恐惧，他自身就会成为上帝。在这里，他放弃
了对痛苦的体味与对恐惧根源的探求，而绕开对自身罪孽的追问径直奔
向"真理"。而陀思妥耶夫斯基本人的深刻之处在于，如果要他在真理与
基督之间选择，他宁可放弃真理而站在基督一边。如他自己所说的："如
果有谁向我证明，基督存在于真理之外，而且确实真理与基督毫不相干，
那我宁愿与基督而不是与真理在一起。"[1]陀思妥耶夫斯基在这里表达的
理念是，他宁可坚持对神圣必然性的信仰，即相信人的神圣使命，而不
愿忽略这一使命而去依赖个人意志。基里洛夫的"人神"哲学便是在无
视自身堕落的前提下试图对神圣必然性的逃逸。这与真正的基督教人类
学是相背离的。

三　自由

俄罗斯 19 世纪关于人的本体论观点在很大程度上受到谢林哲学的
影响，即认为人自身存在着恶的本性。谢林在人的问题上不是一个二元
论者，他并不认为善与恶的始基分属于上帝与撒旦，他对善与恶的理解
其实是辩证的。在他看来，恶甚至也不具有单独的始基，恶在某种意义
上是善的扭曲与变异，因此，既然善是上帝本身所固有的，则恶同样如
此；而人作为上帝的造物也先天地秉有了恶的本性。这种恶的本性体现
为人不仅是整体和类属意志的载体，同时也是部分与个体意志的载体，
而后者则构成了恶的倾向。[2]谢林借助意志的概念将人的问题引向对自由
的辨析，而陀思妥耶夫斯基也就是在自由这一问题上为自己的宗教人类
学做了重要的补充。而别尔加耶夫则认为："对陀思妥耶夫斯基来说，关
于人及其命运的论题首先是关于自由的论题。……自由在陀思妥耶夫斯
基的世界观中居于最核心的位置。他最隐秘的情致便是自由的情致。令

---

1 1854 年 2 月下旬致娜·德·冯维辛娜的信，《陀思妥耶夫斯基选集——书信选》，冯增义、徐
振亚译，人民文学出版社，1993 年，第 64 页。
2 参见别洛波尔斯基：《陀思妥耶夫斯基与谢林》，见《陀思妥耶夫斯基。资料与研究》第 8 辑，
第 39～41 页；以及别洛波尔斯基：《陀思妥耶夫斯基及同时代的哲学思想》，罗斯托夫，1987 年，
第 19 页。

人吃惊的是，对陀思妥耶夫斯基的研究尚未充分意识到这一点。"[1]实际上，关于自由的论题是正教人类学的核心论题之一。自由这一概念本身乃是相对的，因为纯粹的自由，或者人们想象中的个人的自由意志是不存在的，自由只有在"戒律"中才能体现。或者可以说，假如上帝不为人类始祖制定戒律的话，人是无法意识到自身具有什么样的自由的。如布尔加科夫所说的："上帝给人制定了**律法**或**戒条**，以唤醒人对其受造物的自由的意识：'主上帝吩咐他说：园中各样树上的果子，你可以随意吃，只是分别善恶树上的果子，你不可吃，因为你吃的日子必定死。'（《创世记》第二章16～17）如果说在制定戒条的时候已看到了人的任性妄为，这是不可能的；相反，戒条强调指出了人作为受造物的与其必然性相关的自由，也正因为有了戒条这个'绝对命令'的存在，人才能够得以表现自己。戒条的内容是由人对世界的关系导出的。"[2]然而人的不幸就源于他对自由的错误理解，他在世界的种种诱惑面前歪曲并滥用了自身所携带的神性，从而导致了恶的产生。人也由此而成为形式上的"双重人格"。

陀思妥耶夫斯基在他的整个生命历程之中一直在思索人的两重性问题，他青年时代的第二篇小说便是《两重人格》，可见那时他已对这一问题有了深入的思考，并急欲通过艺术形象将其表现出来。而到他晚年的时候这一问题仍在困扰着他。一方面，他认为两重性是人的普遍特点，而人能够意识到自身的两重性则是一种道德的必要，其实也就是最终使自身获得救赎、归于神圣统一的必要。1880年一位年轻女画家写信给陀思妥耶夫斯基，请教在她自身感受到的两重性问题，他在回信中说："您身上的这种**分裂**与在我身上发生的、并且在我一生中都能感受到的情形恰恰相同。这是很大的痛苦，同时也是很大的享受。这是一种强大的意识，是一种对自省的需求，表明在您的天性中存在着对自我与人类恪尽道德义务的需求。这就是这种两重性的含义。假使您的智性不是如此发达，假使您的目光平庸一些，那便会少些良知的谴责，也便不会有这种两重性了。相反，就会滋生大而又大的自负感。但无论如何这种两重性

1 别尔加耶夫：《陀思妥耶夫斯基的世界观》，布拉格，1923年，第64页。
2 布尔加科夫：《亘古不灭之光——省察与思辨》，莫斯科，1994年，第269页。

是很大的痛苦。"[1]就陀思妥耶夫斯基的理想而言，他希望人们能够选择对自身悖谬性的自觉意识，能够在罪孽的泥淖中承担起实现自身的神性，从而在痛苦中获得真正的复活。然而这仅是其思考的一个方面。另一方面，他由自身以及现实之中充分感受到放纵个人意志的诱惑，以及人对痛苦的拒绝。因此，他在堪称其创作巅峰的宗教大法官的传奇故事中集中展示了他对自由问题的思考，他借宗教大法官之口对人所获得的自由权利提出了质询。宗教大法官对耶稣说："你不去提供使人类良心一劳永逸地得到安慰的坚实基础，却宁取种种不寻常的，不确定的，含糊可疑的东西，人们力所不及的东西，因此你这样做，就好像你根本不爱他们似的，——而这是谁呢？这竟是特地前来为他们献出自己的生命的人！你不接过人们的自由，却反而给他们增加些自由，使人们的精神世界永远承受着自由的折磨。你希望人们能自由地爱，使他们受你的诱惑和俘虏而自由地追随着你。取代严峻的古代法律，改为从此由人根据自由的意志来自行决定什么是善，什么是恶，只用你的形象作为自己的指导，——但是难道你没有想到，一旦对于像自由选择那样可怕的负担感到苦恼时，他最终也会抛弃你的形象和你的真理，甚至会提出反驳么？他们最后将会嚷起来，说真理并不在你这里，因为简直不可能再比像你这样做，更给他们留下许多烦恼事和无法解决的难题，使他们纷乱和痛苦的了。因此你自己就为摧毁你自己的天国打下了基础，不必再去为此责备任何人。"[2]尽管这些话并不代表陀思妥耶夫斯基本人的声音，但从宗教大法官无可辩驳的论证中，我们无疑可以体会到作者在人与自由问题上的忧虑。人拥有了自由，便拥有了选择的可能性，于是形成了人性的张力，这也就是人的两重性的根本起因。人可以选择善，同样也可以选择恶，陀思妥耶夫斯基所忧虑的正是后者。拥有神性的人却未必能够善待自由的权利，这种权利对于他们来说便是那"不确定"而"力所不及"的东西。人可能会自恃神性而忘掉其崇高使命。然而，这并不是说人自身存在着恶的始基，这只能说人在自身神性的基础上存在着多种可能性。

---

1 陀思妥耶夫斯基：《1880 年 4 月 11 日致容格的信》，见《陀思妥耶夫斯基全集》第 30 卷，列宁格勒，1988 年，第 149 页。
2 陀思妥耶夫斯基：《卡拉马佐夫兄弟》，耿济之译，人民文学出版社，1999 年，第 381 页。

别尔加耶夫的看法是公允的:"陀思妥耶夫斯基有着关于人的崇高思想,他为人、为人的个性辩护,在上帝面前他要保护人。他的人类学是基督教中崭新的语汇。他是人类思想史上仅见的对人的自由最热情而极端的捍卫者。但是,他也揭示人类自我肯定、不信上帝和空洞自由的致命后果。在陀思妥耶夫斯基笔下,当人走向人神、走向自我成圣时,怜悯与人性就转化为非人性与残忍。"[1]

陀思妥耶夫斯基的宗教人类学思想使人的形象在艺术作品中发生了根本性的变化,即人物成了具有充分自主意识的"思想的人",而且这种思想是独立于作者之外的。巴赫金在《关于陀思妥耶夫斯基一书的修订》中说:"作者像普罗米修斯一样,创造着(确切说是'再造')独立于自身之外的有生命的东西,他与这些再造的东西处于平等的地位。作者无力完成它们,因为他揭示了是什么使个人区别于一切非个人的东西。对于这一个人,存在是无能为力的。……思想成为艺术描绘的**对象**,思想不是从体系方面(哲学体系、科学体系),而是从人间**事件**方面揭示出来。"[2]巴赫金的确是具有真知灼见的思想家,但这一"修订"并没有付诸系统展现。在我看来,其根本的原因是陀思妥耶夫斯基以其人类学原则描写了处在对自由的选择之中的人物,而选择则是超事件化的。

在陀思妥耶夫斯基的作品中,人物最基本的选择是"神人",还是"人神",即,是坚守对基督的信仰,通过去蔽的过程而复归神性,还是拒绝信仰性内省,无限扩张自我而成为君临万物的"人神"。就宗教理性而言,陀思妥耶夫斯基显然是肯定"神人"而否定"人神"的,但是从感性的角度而言,他无疑已深切感受到人间的痛苦过于沉重。因此,不仅作者本人,而且在接受者的阅读期待之中,个性原则(个人意志)便成为我们的肯定性选择。也就是说,我们对持有向"恶"选择的人物的态度,不仅仅是如巴赫金所说的"再造"一个独立的生命并与之处于平等地位,而是我们在潜意识中与之认同。请看伊万所讲述的宗教大法官对耶稣的

1 别尔加耶夫:《俄罗斯思想》,见《论俄罗斯与俄罗斯文化》,莫斯科,1990 年,第 120-121 页。

2《巴赫金全集》第五卷,晓河译,河北教育出版社,1998 年第 374 页。

反诘是何等有力："再过许多世纪，人类将用智慧和科学的嘴宣告，根本没有什么犯罪，因此也无所谓罪孽，而只有饥饿的人群。在旗帜上将写着：'先给食物，再问他们道德！'人们将举起这旗帜来反对你，摧毁你的圣殿。"遮蔽了神性的人就是这样，为了逃避痛苦，为了世俗利益便会放弃一切信仰！这也就是我们人人都能设身处地感受到的现实的人。而基里洛夫是这样说的："如今人们是为了痛苦和恐惧而活着，这完全是个骗局。现在的人还不是他将来那个样子。将会出现一种新人，幸福而自豪的新人。谁能把生死置之度外，他就会成为新人。谁能战胜痛苦和恐惧，他自己就能成为上帝。因为真正的上帝也做不到这一点。"[1]拉斯科尔尼科夫的"犯罪有理说"也是如此。这其实都是人类为了获得世俗幸福而设想的捷径，与其说他是要战胜痛苦，不如说他是要逃避痛苦。而我们每个人都本能地站在了这一立场之上。但是，另一方面，类属的和整体的原则在超自我的层面上永远是我们的道德选择。因此，在这一立场上，我们又与之形成对话。就此而言，各种人物的独立性，乃是阅读者自身同样处于自由选择态下的观照结果。

在这样的语境之中，人物实际上超越了具体的情景而进入到抽象的层面。如苏联学者辛尼科夫所说："陀思妥耶夫斯基常常说'一般的人'，但既然他不相信人可以认识，既然人对他永远是个谜，所以作家致力于要做的就不是描写，而是体验人的本性，确定这本性的今日显现和未显示然而体现着人的本质的需求之间的契合。"[2]这也就是说，陀思妥耶夫斯基所要描写根本上不是事件，而是人，并且不是现实的、表象的人，而是处于内在状态的、体现着"本质需求"的人。或者说，他要描写的是人的内在世界。而内在世界通过外在行为体现出来，于是，事件或者故事成为了外壳，思想的交锋成为作品的主体。

正是在这一意义上，陀思妥耶夫斯基多次强调他的现实主义不是普通意义上的现实主义，而是"最高"的现实主义。因为他所展示的不是此在的现实，而是自人类有史以来就存在着但始终未被认清的灵魂现实。

---

1 陀思妥耶夫斯基：《群魔》，南江译，人民文学出版社，1983年，第151页。
2 辛尼科夫：《陀思妥耶夫斯基对人的思考与性格结构》，见《陀思妥耶夫斯基。资料与研究》第2辑，列宁格勒，1976年，第4页。

他在给与其关系亲近的斯特拉霍夫的信中曾说："我对现实（艺术中的）有着自己独特的观点，大多数人称之为迹近荒诞与特殊的东西，对我来说有时就是现实的本质。寻常的现象以及对其公式化的目光，在我看来还不是现实主义，甚至正好相反。"[1] 而斯特拉霍夫想必对陀思妥耶夫斯基的话及其观点深有感触，他认为："尽管'陀思妥耶夫斯基是浪漫主义者中主观性最强的一个'，但这并不妨碍他成为一个'完全的现实主义者'，人心灵中那些不为人知的秘密都向他敞露开来。"[2] 陀思妥耶夫斯基在斯特拉霍夫的心目中成了一个超级浪漫主义者。别尔加耶夫也不认为他是传统意义上的现实主义，但认为他是通过"象征"表现更为深刻的实在性："陀思妥耶夫斯基自己有时喜欢自称为现实主义者，并认为自己的现实主义是实际生活的现实主义。当然，从我们传统批评对果戈理现实主义流派所确认的意义上说，他从不是一个现实主义者。……任何一种真正的艺术都是象征的，——它是连接两个世界的桥梁，它标志出更为深刻的实在性，这种实在性便是真正的现实性。这种现实的实在性或许只能在象征物中进行艺术地表现，它不可能直接地以现实方式出现在艺术中。"[3] 在我看来，下何种定义并不重要，甚至也没有必要去对各种"主义"进行论争。重要的是，陀思妥耶夫斯基去除了"公式化的目光"，超越了"寻常的现象"，而直接将目光透入到人的心灵本体，于是在传统小说中占据首要地位的事实失去了引导作用，而成为心灵化人格的显现因素。

事件成为外壳，并不意味着事件成为无意义的东西，相反，它具有为展示人的自由选择提供充分空间的重要意义。因此，为了达到这一目的，陀思妥耶夫斯基总是将人物置于某些特殊的事件之中，如犯罪、诉讼、阴谋、纠纷，等等。然而，我们仍须强调，这些事件毕竟是作为一种背景而存在的，因此，它们都被作者的描述所淡化了。这一点随着作者思考的深入而越发明显。在陀思妥耶夫斯基的早期作品中，比如《舅舅的梦》，在某种程度上说，情节具有更为重要的意义，而对人的善恶选

---

1 陀思妥耶夫斯基：《1869 年 3 月 10 日致斯特拉霍夫的信》，见《陀思妥耶夫斯基全集》第 29 卷第 1 册，列宁格勒，1986 年，第 19 页。

2 参见布尔索夫：《陀思妥耶夫斯基的个性》，列宁格勒，1974 年，第 31 页。

3 别尔加耶夫：《陀思妥耶夫斯基的世界观》，布拉格，1923 年，第 21 页。

择的描写则并不清晰，看上去对人的内心世界的描写更多地是为情节进展服务，并且这一事件尽管属于某种阴谋类型，但还不足以展示人在自由之路上的悖谬性行为。然而在其最重要的作品，如《罪与罚》、《群魔》、《卡拉马佐夫兄弟》等，所描写的都是情节曲折而极端化的事件，但叙述节奏却十分缓慢，把悬念淹没在人物的对话、思想的交锋之中。然而，正是因为有了这些事件，人物的思想才具有了某种实体性，才显得更加充分而富有穿透力。倘若拉斯科尔尼科夫不是在他的杀人实验中展示他的"犯罪有理"论，读者就无法感受其在自由意志的唆使下对灵魂背叛的力度，而基里洛夫如果不是置身于"革命"事件的旋涡之中，我们也就无从发现其"人神"论中深刻的内在悖谬。弗里德连杰尔说："陀思妥耶夫斯基把充满哲理见解的对话广泛纳入每一部小说的艺术结构，这种做法使他有可能把对人物性格和事件的生动具体的现实主义描绘与深入、公开地讨论当时社会所关注的最重要的课题结合起来。"[1]其实陀思妥耶夫斯基所关心的远不只是某种社会课题，而是人的灵魂的根本课题。这一关系也许应该这样来看，即，有了作为"自由之路"的事件，哲理对话才由抽象思辨深入到对人的两重性存在的实体性揭示。别尔加耶夫说过这样的话："陀思妥耶夫斯基——首先是在他的艺术创作中，在他的小说中是一个伟大的、最伟大的思想家。在他的政论文章中，其思想的力量和尖锐性却削弱和钝化了。……甚至他关于普希金那广受赞誉的谈话也是过于夸大的。这个谈话的思想和《作家日记》中的思想较之伊万·卡拉马佐夫、维尔西洛夫和基里洛夫的思想，较之《宗教大法官传奇》或者《地下室手记》中的思想，则是薄弱而苍白的。"[2]这种对陀思妥耶夫斯基思想的理解正可以用于对上述论点的说明，即，艺术的事件使得思想有了实在的质地，也才使思想的深度具有了伸展的空间。而陀思妥耶夫斯基的艺术力量根本就在于这种深度。

这种深度的体现就是：拥有神性的人仅意识到无限自由的诱惑，而感受不到自身携带的神圣使命，而一旦进入诱惑的罪孽之中，潜在的神

---

1 弗里德连杰尔：《陀思妥耶夫斯基的现实主义》，陆人豪译，安徽文艺出版社，1994年，第353页。

2 别尔加耶夫：《陀思妥耶夫斯基创作中关于人的启示》，见《创作、文化与艺术的哲学》，莫斯科，1994年，第161页。

性则提醒人对自身进行惩罚。这种由逃避痛苦而最终走向痛苦的过程就成为了人的形而上存在方式。

前面谈到，人意识到了自身的自由意志，于是这种意志往往转化为恣意妄为，而恣意妄为则最终转化为恶与罪孽。可见人类的自由之路带有何等浓重的悲剧色彩。宗教大法官为了解除人的这种悲剧命运，设计了一种剥夺其自由而令其享有幸福的途径，但代价是放弃信仰与对不朽的渴望。可以相见，宗教大法官代表了陀思妥耶夫斯基的一种思考。但作家并没有将这种途径加以艺术表现，如果是那样的话，则我们今天读到的很可能就真的是一种形象化的教义了。陀思妥耶夫斯基所表现的却恰恰是宗教大法官所忧虑的后果，展现的恰恰是人的悲剧之旅。别尔加耶夫由奥古斯丁的学说引出两种自由的观点。他认为，人所面对的，一种是低级的、原始的自由，一种是高级的、终结的自由。前者是人获得神性的初始状态，是人中的自由，是第一亚当的自由：在这种自由之中，人处于选择的、具有丰富可能性的状态。后者是人的必然性状态，是基督中的自由，也即是人在获得拯救后的第二亚当的自由，如福音书中所说："你们要知道真理，真理给你们自由。"[1]在这种自由中，人将获得最终救赎，他的奥秘也将获得最终的启示而不复存在。显然这种自由在陀思妥耶夫斯基的观念中只是人类的理想归宿，他热烈地信仰着它，但却并没有像果戈理那样去试图在艺术创作中将其加以实现。陀思妥耶夫斯基所做的，是描写人由第一自由向第二自由的途中的行为。他将人始终置于"门槛"之上，揭示出人的极性能力，从人的极性运动中考察其可能性。在这一过程中所看到的已不仅是善与恶的斗争问题，而是人存在的本真状态究竟如何。

陀思妥耶夫斯基的实验证明，人在自由之路上的偏离行为可能导致两种结果：一种是在肉体的有限时间中丧失复归神性的能力，因而也无法在自身实现"上帝类似"，他们将永远留在了第一自由的空间之中，成为人的反面类似物，或许只有肉体的消亡能够成为他们唯一的出路。比如，斯维德里加伊洛夫、彼得·维尔霍文斯基、"永久的丈夫"、基里洛

---

1 别尔加耶夫：《陀思妥耶夫斯基的世界观》，布拉格，1923 年，第 65～66 页。

夫、斯麦尔佳科夫等就是如此。另一种结果是"罚"。如前所述，罚不是来自国家的法律，而是来自人的内心。能够感受到"罚"的力量，在陀思妥耶夫斯基看来，是人的神性的体现。因此，他始终认为人的本性不仅追求幸福，而且追求痛苦，因为只能在痛苦中人才可能复归神性。在《地下室手记》中他借地下室人之口说："也可能人所爱的不只是一种幸福？也可能他同等程度地爱那苦难？苦难对于他，也许就像幸福那样，程度相等地同样有利？而人有时强烈地爱上苦难，爱到了吓人的程度，这一样也是事实。……我深信人不会拒绝真正的苦难，也就是说永远不会拒绝破坏和混乱。苦难——须知那就是感觉的唯一原因呀。"[1]显然，在对背弃神性与"罚"的描绘中，陀思妥耶夫斯基更为看重罚。因为罚的存在，说明着他对人的根本认识，即神性的张力永存；罚的存在，说明着道成肉身的意义，说明着人对苦难的感受与对获救的希望，如辛尼科夫所说："人的悖谬是悲剧性的，同时也是拯救性的，因为它是人的道德复活的条件。"[2]而别尔加耶夫的公式则更为简捷明了："痛苦抵偿了恶。"[3]

无论丧失神性还是感受惩罚，都是以一种界限为度，即人。陀思妥耶夫斯基在事件的外壳之中所着力描写的显然不是"思想"，而是人与人之间的关系。在这一关系中，任何一种组合都应是同一神性不同个体的对应，这一关系的原则既是各自保留独立的声音，又是彼此在灵魂中产生"聚合性"认同。因此，这一原则就成为人在自由之路上选择的界限。斯麦尔佳科夫的丧失神性是从杀人开始，拉斯科尔尼科夫的受罚也是从杀人开始。而基里洛夫的"人神"之路也是从杀人开始，不过他所杀的是自己，并且他认为这较之杀他人是自由意志的最高体现。他说："三年来我都在寻找我的神性的本质属性，并且已经找到了：我的神性的本质属性就是自由意志！这就是我在主要问题上赖以表明我的倔强不屈和可怕的新型自由的一切。因为这自由是很可怕的。我将以自杀表明我的倔

1 陀思妥耶夫斯基：《地下室手记》，伊信译，《世界文学》1982 年第 4 期，第 147 页。
2 辛尼科夫：《陀思妥耶夫斯基对人的思考与性格结构》，见《陀思妥耶夫斯基。资料与研究》第 2 辑，列宁格勒，1976 年，第 6 页。
3 别尔加耶夫：《俄罗斯思想》，见《论俄罗斯与俄罗斯文化》，莫斯科，1990 年，第 201 页。

强不屈和可怕的新型自由。"[1]人与人、人的灵魂与肉体的对应关系本是一种神性的和谐,一旦这种和谐遭到破坏,恶便产生。正如别尔加耶夫所说的:"破坏永生的个性存在便是恶。确认永生的个性存在即为善。……陀思妥耶夫斯基道德世界观的核心是,承认任何一个人的生命的绝对意义。最为卑下者的生命与命运面对永恒也具有绝对意义。……最堕落的人类生命也保留着上帝形象和上帝类似。陀思妥耶夫斯基的道德情致就在于此。不仅'大人物'——有着高尚'思想'的,不仅'卓尔不群'之人,如拉斯科尔尼科夫、斯塔夫罗金、伊万·卡拉马佐夫,具有绝对的意义,就是'小人物'比如马尔梅拉多夫、列比亚特金、斯尼吉廖夫,或者可憎的放高利贷的老太婆,也都具有绝对的意义。"[2]这种绝对意义于是体现在,人对人而言成为最后的试金石。

陀思妥耶夫斯基的底层生活使他有可能较普希金和果戈理塑造出更多的"穷人"的形象,并且如弗里德连杰尔所说的,这已"不是内心简单而肤浅的'穷人',而是复杂并且有独立思维的'穷人'"。[3]而就在这独立性之中,作家要在这些小人物身上发掘出大人物的潜质,发掘出在世俗秩序中处于底层的人内心世界的神性同构。此外,前面谈到,陀思妥耶夫斯基在人的自由之路上还塑造了某种反面类似物,他们属于已丧失复归神性能力的一类。但陀思妥耶夫斯基同样也不忘在他们身上极力地寻找神性火花的闪现,以说明人的性质属性。他始终牢记着,尽管人彻底丧失了实现上帝类似的能力,但是,上帝植入其内心的神圣的种子是永存的,上帝在人之初对他所讲的话语同样将在他的记忆中永存,这一记忆必将伴随他走到个体时间的尽头。斯麦尔佳科夫从杀人走向自杀便是一个完整的阐释。斯特拉霍夫回忆道,陀思妥耶夫斯基较之所有人都更为大胆地去描绘生活的阴暗画面、去刻画人类灵魂的种种堕落,然而他并没有成为一个邪恶的宣扬者,这根本就在于"他坚定地相信自己,相信人"。"陀思妥耶夫斯基之所以如此大胆地将低贱的和可怕的人物,

---

1 陀思妥耶夫斯基:《群魔》,见《陀思妥耶夫斯基全集》第10卷,列宁格勒,1976年,第472页。

2 别尔加耶夫:《陀思妥耶夫斯基的世界观》,布拉格,1923年,第106~107页。

3 弗里德连杰尔:《陀思妥耶夫斯基与果戈理》,见《陀思妥耶夫斯基。资料与研究》第7辑,列宁格勒,1987年,第9页。

将种种灵魂的痈疽搬上舞台，原因是他善于或者自认为善于对他们做出最高的审判。他在最为堕落与扭曲的人身上发现了神性的火花；他捕捉着这种火花最微小的闪烁，并从我们惯于蔑视、嘲笑和厌弃的现象中洞悉灵魂之美的特征……这种柔情的高度人道精神堪称为他的缪斯，正是这缪斯给了他衡量善恶的标尺，他就带着这把尺子深入到一处处极为可怕的灵魂的深渊……"[1]

当然，我们应当看到，陀思妥耶夫斯基是在一种特殊的语境中去探寻人的奥秘的，或者说，基于他本人的基督教人类学观念，他在其创作中也在刻意营造一种宗教化的语境，并主要从这一角度去观察和塑造人。然而，人作为一个宇宙之谜是无法从一种局限性立场来彻底加以阐明，尽管它为我们提供了破解谜底的一种有效手段。陀思妥耶夫斯基本人也意识到了这一点，像德米特里·卡拉马佐夫一样，他始终认为："人是宽广莫测的，甚至太宽广了，我宁愿它狭窄一些。鬼知道，究竟是怎么回事，真是的！"[2]这位在年轻时代即声称要以毕生之力来猜解人之谜，并且孜孜不倦去实践诺言的思想家，到了生命的晚年，却只能感叹："人类心灵的规律还不为人所知，还是科学的盲区，它是如此的无法确定，如此的隐秘，所以还没有、也不可能有什么大夫，甚至也没有**终结性**审判者，有的只是那说'伸冤在我，我必报应'的。只有他才知道现世的**全部**奥秘和人的最终命运。"[3]他像所有的宗教家一样，面对生命的悖谬，最终仍旧只有以其全部生命所体验的上帝作为自己的归宿。

---

1 转引自布尔索夫：《陀思妥耶夫斯基的个性》，列宁格勒，1974 年，第 31 页。

2 陀思妥耶夫斯基：《卡拉马佐夫兄弟》，耿济之译，人民文学出版社，1999 年，第 154 页。

3 陀思妥耶夫斯基：《1877 年 7～8 月作家日记》，见《陀思妥耶夫斯基全集》第 25 卷，列宁格勒，1983 年，第 201 页。

中国宗教研究前沿报告

黄夏年

进入 21 世纪以来，我国学术界研究宗教所发表的成果是，书籍约三千本，发表文章约二万篇，这些数量庞大的成果，可以反映出近年来我国在宗教学研究方面的繁荣情况，同时也表明宗教学研究已经成为我国社会科学或人文科学方面的一个重要的组成部分，占有一定的地位。但是在众多的学术成果面前，我们要更加冷静地看到当前宗教研究所缺少的变化与存在的问题。有鉴于此，笔者撰成此文，意欲为当前的专家学者提供研究的参考。

一、关于宗教应用与对策性研究

宗教学研究是我国宗教工作和学术研究的基础理论，具有指导性的意义，非常重要。究其实质，主要可以分为两部分内容，其中的一个就是应用性和对策性的研究，即主要针对当前的宗教工作在理论上作一些探讨，进而指导当前的宗教管理工作，乃至对各个宗教的现状和发展提出一些理论的模式与解决问题的方法等具体的问题。这部分研究的成果，主要是围绕党和政府提出的一些宗教政策而进行的。

由于宗教在当前世界格局的大形势下，对我国的政治经济社会的影响已经变得越来越重要，所以对中国宗教的定位与引导已经引起了党和政府、宗教界与学术界的关心。在这一形势下，我国的宗教理论探讨也变得分外重要起来。宗教学的研究要为现实服务。解决重大的理论问题成为我国学术界与有关方面的一个重要的议论话题。特别是宗教与社会主义相适应的问题，尤其显得特别重要，成为几年来宗教理论中的一个热点。相适应的理论旨在解决当前中国宗教界应该怎样去为社会服务，未来如何走向的重大问题。由于"宗教的背后是群众问题"，所以宗教工作不仅仅是信仰和信徒的简单问题，其背后深层次的原因乃在于我国有一亿多的信教群众，以及十多亿不信教的群众，所以只有将相适应的问题彻底解决了，中国宗教的管理工作与宗教的发展才能进入良性循环，未来的中国宗教才能走上健康的道路。党中央一直对这一理论课题非常重视，已作出重要的指示，强调如何解决宗教与社会主义社会的关系问题，既是一个重大的理论问题，又是重要的社会现实问题，并把处理宗教的关系列为当前我国政府工作的五大关系之一；强调要从理论上和政策上解决宗教与社会主义社会的关系问题，对新形势下全面贯彻党的宗教信仰自由政策、依法对宗教事务进行管理，坚持独立自主、自办教会的原则，提供了理论依据，如此才能将对宗教在社会主义条件下存在并与所处的时代和社会相适应方面产生积极影响。相适应的理论研究的主体是宗教界，但不是要求宗教界人士和信教群众放弃宗教信仰，而是要求宗教界人士和信教群众热爱祖国，拥护社会主义制度，拥护共产党的领导，遵守国家的法律、法规和方针政策；要求他们从事的宗教活动要服从和服务于国家的最高利益和民族的整体利益；支持他们努力对宗教教义作出符合社会进步要求的阐释；支持他们与各族人民一起反对一切利用宗教进行危害社会主义祖国和人民利益的非法活动，为民族团结、社会发展和祖国统一做出贡献。未来的相适应理论的研究，应该主要围绕党中央提出的宗教是五大关系之一的论述作深入的研究，将宗教与社会主义社会的关系加以厘清并作出合乎情理的判断。这一课题围绕着宗教界而开展进行，是一项长期而艰苦，又细致的工作。

宗教与法治的研究，是当前我国宗教理论研究中一个重要的课题。由于这一课题关系到现实的宗教与未来宗教的发展，具有重要的现实意义，需要政府管理部门、学术界与宗教界三方的合力才能完成。我国是一个法治国家，政府和公民的活动都需要在法律允许的范围内进行。如何在法理上对宗教工作与宗教活动提供法律的依据，以及对当前处理宗教与社会的关系、宗教活动性质的判定、宗教财产的归属、宗教法人的继承权与合法性等问题，都是必须正视与研究的主要内容之一。从世界各国的法律制度来看，在宗教与法的问题上都存在着不同的处理情况。一些国家没有宗教法，处理宗教与法的问题，只是按照有关法律条文来参照执行；有宗教法的国家，其宗教法并不是非常完善，仍然有各种反对的意见。我国是社会主义国家，在宗教与法的问题方面应有中国的特色。外国的法律可以参考，但是不完全适合我国的国情。近年来我国政府和地方政府颁布了有关宗教管理条例，对规范我国的宗教起到了重要的作用，但是条例并不等于法律，如何在条例的基础上，制定出更好的宗教法律条文，是政府管理部门、宗教界和学术界共同努力的方向。当前，宗教与法的问题已经引起宗教界、法学界和宗教学界的重视，曾经为此召开过多次会议，一些专门研究宗教与法的文章也有人撰出，但是由于这类研究需要比较专业的知识，同时又要求研究者懂得宗教，所以难度较大，至今还没有出现有影响的成果，成为当前宗教学研究的一个弱项，因此有必要进一步加强与重视。宗教与法的研究，除了加强法理的研究之外，更重要的是要在专业人才培养方面下大力气，真正培养出一批既懂宗教又懂法律的专家型人才出来，使我国的宗教与法的研究有一个实质性的突破。

宗教管理一直是我国政府宗教部门的一个重要职能。从古代起宗教就被纳入了政府的管理范围，政府专门建立了管理宗教的部门，委任僧官对宗教进行有效的管理，最终形成了比较成熟的宗教管理方法与制度。我国进入社会主义社会以后，对宗教的管理仍然是政府有关部门最重要的任务之一，并且，随着我国改革开放和民主社会的发展，今后对宗教的管理的任务将会越来越重。所以，如何管理好当前的宗教，特别是引导宗教界与政府的工作目标相配合，这不仅是一个实践问题，更是一个理论研究问题。要加强这方面的研究，最重要的一点就是要充分吸取中国古代与近代在宗教管理的方面的得与失、成就与教训，再结合当前我国宗教的实际情况，用与时俱进的观点，提出新的一套管理思想与管理模式，真正使政府对宗教的管理进入有序的良性循环，确保宗教沿着健康的轨道运转。过去我国学术界曾经对历史上的宗教管理作出卓有成效的研究，这些研究虽然具有重要的启迪作用，但是缺少可操作的方法。未来的研究除了进一步加强对历史上曾经有过的宗教管理制度与实践进行深入的研究之外，更重要的是要提出可操作的方法，为政府有关部门提供解决问题的路径。

最近党中央提出了构建和谐社会与和谐世界的主张，这是党和政府结合世界形势与我国的国情而作出的正确判断。要构建和谐社会与和谐世界，需要世界各国人士与全国人民的共同努力；建设和谐文化，同样离不开传统文化的作用。从宗教的历史与教义来看，"中国的宗教，特别是传统宗教中，蕴含着大量的和平、非暴力、自然、和谐、慈悲、中道、平等、均衡发展等观念，这些观念在提倡环保、推进和平等方面是有益的"。我国有悠久的历史文明，宗教文明同样也是传统文化的一个重要的内容。所以只要引导得当，作为社会力量之一的宗教力量，就能够对营造社会和谐做出自己应有的贡献。概言之，宗教对社会的促进作用始终是存在的，而且只要是正统的传统宗教，都会自觉地调整自己与社会的关系；特别是中国的传统宗教，历来就有爱国爱教的传统，每个传统宗教都要强调走与社会相协调的道路，努力接受政府的领导，并带领教徒走爱国爱教的道路。"要建设和谐文化，巩固社会和谐的思想道德基础，建设社会主义核心价值体系，树立社会主义荣辱观，培育文明道德风尚，营造积极健康的思想舆论氛围，广泛开展和谐创建活动。"这就为宗教界参与建设和谐社会指明了努力的方向，也为宗教界人士提供了大有作为的天地。特别是，作为社会道德组成部分之一的宗教道德一直是历史上宗教界对社会安定做出的最有价值的成绩之一。在今天，宗教界将会对开展和谐创建活动将再次发挥应有的、独特的积极作用。像在宗教道德里面的催人向善，热爱和平，反对暴力等积极内容，都是整个社会不可缺少的基本价值观，它不仅在过去发挥了作用，而且在现在仍然有其存在的必要，就是在未来也是所必需的。所以，研究怎样去构建和谐社会与和谐世界，给宗教学术研究提供了新的指南，学者们将会拥有一个全新的广阔天地。

二、关于宗教学基础理论性研究

宗教学基础理论性的研究工作，即从学理性对宗教的本质和一些相关的理论问题进行深入的探讨，从而最终建立中国特色的宗教学理论体系或模式，在未来的世界宗教学研究中独树一帜。这部分研究的范围很广，内容繁杂，涉及了多个学科，参与者众多。

　　学术研究最重要、最基础的是方法论问题，用什么样的方法来研究宗教，让宗教研究取得最有效的成果，是当前宗教学界要面对的一个首要的任务。我国的近代学术研究是在受到西方学术研究的影响之后建立起来的，其方法论的建立与使用，一直没有脱离西方的语境与影响，换言之，我们的研究成果仍然是在西方学术界的方法论的影响下而得出的。中国是一个历史悠久的国家，宗教在我国一直存在，并且呈现了多种形态。我国是一个多民族的国家，存在多种宗教信仰。因此研究宗教的方法，只能根据中国的国情和中国宗教的实际情况而进行专门的有针对性的研究，否则还是跟在别人的后面学舌，永远不能走在世界的前列。

　　就目前我国宗教学研究的方法论来看，主要表现在两个方面，一种是按照西方的方法论来进行宗教思想理论等的解构，如将宗教的思想理论教义分解为多个科目，分别按照每个固定的科目来进行阐述与研究，如在宗教哲学方面，将宗教的理论分为解脱论、道德论、修行论、目的论等范畴，这些方法有助于深入剖析，给予定性，同时也有利于与国际宗教学界接轨，有利于对外交流。另一种是按照中国传统的治学方法进行研究，沿用历史上的"我注六经"或"六经注我"的办法，对传统的宗教思想理论教义作更多的注疏性的讨论，这些方法有助于梳理历史的发展轨迹，给予新解，但是不便进行国际交流，往往在国际交流活动中形成各说各话的现象。上述两种方法各有新意，也都有缺陷。西方的解构方法是注重单体的研究，在整体中分理出个体再进行研究，虽然研究非常具体，但是缺少整体的把握。中国传统的注疏方法是注重历史的原义，在整体把握上提出自己的新意，但是缺少细致的论证，也不系统。

　　改革开放以来，我国的宗教学研究突飞猛进，取得了实质性的进展。随着研究的不断深入，在方法论上有所创新已是未来宗教学研究发展的必然趋势，学者的任务也从简单照搬西方或沿用传统中国的治学方法，转移到建立具有中国特色的方法论方面。未来的研究，需要我们在综合了中西研究的方法论之后，建立一个真正具有中国特色的方法论。这个方法论既包含了西方的解构式的思维方式，同时又应有中国式的天人合一的整体思维方式，最终实现从点到面，面中有点，点点相连，面面俱到的中国特色的宗教研究方法。中国宗教学界只有建立了创新的方法论，才能在未来的世界宗教研究中占据自己的地位，以中国学派的风貌屹立在世界学术之林。

我国是社会主义国家，马克思主义是我们建设社会主义国家的指导思想。用马克思主义观点建立马克思主义的宗教观，是中国宗教学界多年来一直努力的方向。现在经过几代人的努力，已经基本形成了中国学术界自己创建的中国式的马克思主义宗教观体系。改革开放以后，我国的学术界解放思想，努力创新，对马克思主义宗教观已经做了更加深入的研究与阐述，其主要观点和理论体系也在不断完善，对繁荣马克思主义宗教观的研究作出了卓越的贡献。但是我们也应该看到，马克思主义的精髓是与时俱进的，是活着的、有生命力的学说，马克思主义的宗教理论研究的建立与完善并不等于已经终结，面对各种不断出现的新问题与新情况，马克思主义宗教观也要处在一个不断总结并予以提高的过程，马克思主义宗教观的内涵仍然要不断地进一步丰富与完善。概言之，马克思主义宗教观的创新内容及意义是始终存在的，特别是除了使用唯物史观的观点从社会与经济和阶级斗争的角度来探讨宗教形成与发展的成因之外，对人文的因素，从人的本身的特点，以及心理的因素，从信仰的需求等角度来研究宗教，也是马克思主义宗教观的一个重要内容，而且加强这方面的研究仍然是当代学者最主要的任务之一。

改革开放以后，除了用马克思主义观点看待宗教之外，学术界还提出了宗教具有文化现象，具有文化性的观点，并且做出了较为详细的论证。现在这个观点已经成为整个社会的共识，并且深刻地影响了当前的宗教工作与学术研究，有力地推动了宗教在当前的复兴与发展的进程。以佛教为例，有学者专门提出发展文化佛教的观点，认为未来的佛教应该走文化佛教的道路，以提升自己的文化为主要任务之一。随着宗教文化性的影响增大，近年来也有人认为，提出宗教的文化性是降低了宗教的神圣性。仍以佛教为例，有人就认为："由于大多数人并不了解这些（引者案，指佛教文化）思想或提法产生的时代因缘和其深刻的内涵，往往是按照个人的认识水平望文生义地加以解读，这就很容易导致许多人有意无意地产生误解，甚至出现相当程度的曲解和滥用，从而大大消解了佛教神圣性资源，严重影响了佛教的信仰建设和道风建设，使佛教变得世俗化甚至庸俗化。一些教界人士对这种现象十分不满，甚至对这些思想或提法的真实性与合理性产生了怀疑。"[1]这就给我们提出了一个既有理论意义又有现实意义的问题：如何进一步阐述宗教的文化性质、宗教文化的内涵与外延，宗教文化性的推广是否会使宗教变得更加世俗化，以及宗教世俗性与宗教神圣性的关系，等等。这个问题由于牵涉到对宗教的定义，非常有必要加以深入的探讨。研究宗教的文化性，并不是仅仅要说明宗教的文化现象，而是旨在讨论宗教文化的性质能否使宗教的神圣性降低，宗教文化的推广是不是一定会把宗教"变得世俗化甚至庸俗化"，以及未来的宗教要不要走文化宗教的道路等重要问题。正是由于这些现实意义，学术界应该将这个问题作为亟待研究的紧迫问题而加以专门的探讨。

　　自从 18 世纪英国学者麦克思·缪勒建立比较语言宗教学以后，现在世界宗教的研究已经呈现异彩纷呈的繁荣景象，宗教研究已经从语言研究发展到哲学、历史、艺术、心理、社会、考古、现象学等各个研究领域，并且取得了不少的成果。我国在这 20 余年来，经过学术界的努力，不仅引进译介了不少世界宗教学名著，也引进了西方学者的治学方法，建立了自己的分支学科，特别是在宗教哲学与宗教史学的研究方面，由于这些学科本来就有基础，拥有众多的学者，所以在这方面取得了不少成果。但是对其他的艺术、心理、社会、考古、现象学等学科而言，我国学者虽然引进与介绍了这方面的成果，但是由于缺少消化，尚没有建立属于自己的学科，而这些学科都与宗教有着密切的关系，像宗教艺术学研究，应是人类最早的艺术创造活动之一，非常值得进行重点研究。又如宗教心理学研究，它事关人们的心灵关怀，对当前抒解人们的紧张心情来说有非常重要的现实意义，然而我们在这方面的研究还没有充分展开，甚至连上世纪像英国心理学家詹姆斯、美国的心理学家留巴等人

---

1 陈星桥：《关于当前佛教界几个思想理论问题的反思》（一），《法音》2005 年第 12 期。

所创造的心理实验报告也难得一见，这不能不说是一个遗憾。再如，宗教社会学的研究这几年经过引进国外学术界成果，以及通过培养人才，已经开始有了一定的影响，并且出版了具有中国特色的宗教社会学著作。例如李向平的《信仰·革命·权利·秩序——中国宗教社会学研究》，旨在在传统文化的基础上建立中国宗教社会学的研究模式。作者强调，研究中国宗教社会学，在某种程度上与政治学有重要的关系。"所以，中国人的宗教表达的群体形式，不是他们的宗教组织，而是世俗化的制度结构。"[1]该书对如何进一步了解我国的宗教特点，特别是中国宗教社会学理论研究的模式，有其独到的见的。但是由于过度地强调了中国皇权对宗教的影响，反而对宗教的本质——解脱论就有忽视的倾向了。从未来的宗教社会学研究的形势发展来看，采用社会学方法的宗教学田野调查将会在学术界运用得更多，随之也将会出现一些有分量的调查报告，宗教社会学的升温是党和政府提出的学术研究要为现实服务的必然之路，也是宗教学研究要与社会相结合的必然反映。最后，关于宗教与生命科学的研究也是当前国际学术界与科学界非常关心的一个课题。宗教的根本目的就是予人解脱，怎样看待与处理生死的问题是宗教最核心的问题之一。特别是面对死亡的临终关怀问题，各宗教都有自己的一套完整的解释理论，这对行将濒亡的人与家属来说，有重要的安抚与慰藉作用。现在世界上从美国、澳大利亚、荷兰、冰岛、以色列，到新加坡、韩国、印度，甚至南非等遍及五大洲的数十个国家都相继展开了临终关怀的实践和研究工作，登载有关临终关怀和死亡问题的研究报告、学术论文、文献等的期刊杂志就有 300 余种。我国学术界也应该亦步亦趋，充分利用中国传统宗教文化中的临终关怀思想，建立起我们自己的一套临终关怀理论与实践模式，充分体现人性化和与人为本的思想。

三、宗教与当代世界思潮的研究

20 世纪是一个世界风云际会，变化多端的时代。国际社会也经历了

---

1 李向平：《信仰·革命·权利·秩序——中国宗教社会学研究》，上海：上海人民出版社，2006 年 9 月初版，第 19 页。

各种思潮不断的兴起，各种运动不断产生，科学技术快速发展，物质文明高度发达的时期，世界各宗教也在这一动荡时期经受了各种考验。为了能够跟上时代的步伐，各宗教都在不断地进行自我调整与自我更新，从20世纪上半叶的社会主义思潮到下半叶的全球化运动浪潮，以及环保绿色思潮等，其中都有各宗教的回应与呼应。佛教社会主义思想、基督教神学思想的改革，伊斯兰原教旨主义的回归等，都不得不是这些时代思潮的反映，复古与创新成为这一时期世界各宗教发生的最显著现象。

20世纪末全球性的宗教复兴运动，引发了我国社会学界及宗教学界的广泛兴趣。尽管对全球化的解读林林总总，然而全球化或全球主义无非就是要实现全世界及其人民组织的统一，整个世界越来越小，大家都生活在一个地球村上，相互之间的联系更加紧密，更加依赖。造成全球化的因素虽然主要来自经济贸易的要求，但是无疑也是多种因素的综合，其中既含有经济活动、信息交通、思想交流，也包括了各宗教之间的联系。全球化反映在宗教方面的联系，主要是在宗教思想文化领域里面，具体地说就是文化多元化与一元化，民族文化与外来文化之间的关系问题。由于全球化出现的最终结果是经济一体化的趋势，于是宗教或文化的多元化或一元化也成为一个非常值得讨论的问题。由此看来，随着世界经济进程的发展，全球经济活动的频繁，宗教与文化的变化也必然伴随着这个进程而出现各种不同的变化。

近年来，世界各国的宗教界与学术界都热衷于讨论全球化与宗教的关系，并提出了各种不同的想法与与建议，例如美国学者亨廷顿就提出"文明冲突论"，认为在全球化的背景下，未来的冲突就是各种文明之间的冲突。我国学者也积极参加这方面的讨论，在批评"文明冲突论"同时，发表了自己的看法，一致认为："全球化进程中的世界宗教已形成极为复杂的局面。在科技发展、信息革命推动下，人类社会全方位进入全球化的氛围中，宗教并没有消沉、退隐，而是更加活跃、突出。各宗教之间及其内部正呈现出保守与革新共在、衰落与复兴相继、冲突与和解并存、竞争与合作同行的多元景观。此外，各种新兴宗教以及被称为'伪宗教'、'准宗教'或'邪教'的膜拜团体也已悄然而至，且来势迅猛，与传统主流宗教的现代发展形成鲜明对照。在'全球化'社会发展中，我国宗教融入当代社会的步伐将会加快。各大宗教会明显淡化其'出世'的传统特征，而更多地选择'面世'、'入世'，进入当代社会，参与现实生活。"[1]全球化现象对宗教及其文化的冲击是显而易见的，特别是在打开国门实行了改革开放国策以后，因全球化而带来的世界性宗教与文化的冲突势必会影响到我国的宗教工作与宗教界，同时也给我国的宗教宣传与对外增进与世界各宗教的友谊带来了契机。总之，全球化是一把双刃剑，关键是我们怎样去认识与引导。这是一场没有硝烟的战争，也是一次无形的较量，所以面对未来世界的发展潮流，我国学术界与宗教界只能以积极的态度主动参与，力争取得发言权，在世界潮流的发展中把握主流，因势利导，为我所用，发挥大国影响，为构建世界和平作出应有的贡献。

与全球化伴生而来的问题还有当前流行的后现代思潮与原教旨思潮，这些思潮对我国的影响也是始终存在的。全球化所反映的宗教与文化的问题，会以现代性与反现代性而表现出来，具体到宗教，则是以世俗与神圣的关系的一对矛盾斗争。特别是在东方第三世界国家，因全球化带来的问题，引发了传统与现代的思考，一些经济不发达的国家，主要是一些以某一宗教为国教的国家，因受到外来经济活动的影响，传统文明的影响开始减弱，引起一些人的担心，他们要求回归传统，使原教旨的思想在社会上占有一定的影响力，恐怖主义的活动也会时有发生。"当前世界宗教日益重视社会参与和政治参与，日益发挥其文化的社会功能，宗教国家化的趋势发展以及宗教与社会冲突及民族冲突的关系日趋紧密。这一切与宗教的蜕变有密切的关系而又有所不同。由于它的蜕变，使宗教极端主义成为当代宗教的一个新的动向，造成这种变化的原因在于宗教政治化。宗教问题是思想问题、信仰问题、意识形态问题，以及与之相应的宗教行为问题，宗教极端主义者在布道宣教的名义的掩盖、庇护下，利用宗教从事暴力恐怖、分裂国家等极端主义活动，就不是什么宗教问题而是政治问题了。"[2]因此对这些关乎国家安全与社会稳定，以及人命关天大事，同样也应该引起宗教界与学术界的重视，

---

1 卓新平：《全球化与当代宗教》，《世界宗教研究》2002 年第三期。
2 金宜久：《宗教在当代社会的蜕变》，《世界宗教研究》2002 年第二期。

及早地进行学理的研究，找出对策，把各种关系处理在一个合适的"度"上，特别是要研究运用中国传统文化与宗教中的圆融与和谐的思想来化解各种可能会出现的对立与过度问题，把世俗与神圣的关系放在适度的位置，让两者更好地统一起来。

宗教与民族的关系也是当前世界学者最重视并加以研究的思潮之一。近几十年来，世界上许多国家和地区民族矛盾加剧，局部地区的紧张与战争不止，恐怖事件不断，这些事件的发生，大都与民族或与宗教信仰有很重要的关系，所以民族与宗教的关系的研究已经成为国际学术热点的讨论问题之一。我国是一个多民族的国家，宗教对少数民族的精神生活与习俗影响至深，有的民族甚至就是全民信教。因此，研究世界流行民族与宗教的思潮，实际上也是在提高我国研究民族与宗教水平的一项重要的举措，同时也有助于加强民族团结，更是促进国家稳定和社会安定的不可缺少的思想理论基础，所以这方面的研究只能加强不能削弱！

1893 年世界宗教大会在美国芝加哥召开，从此世界一些宗教之间开展了宗教交流对话。经过一百年以后，世界宗教对话已经成为一种潮流，对话的主题也成为当今世界宗教界里时髦的词汇。随着宗教对话在世界的开展，我国学术界也译介与引进了这方面的著作，宗教对话同时被宗教界接受，正在我国发生一定的影响。宗教对话是一件有益于各宗教之间的交流与增进相互了解的好事，我国学术界能够紧随世界潮流，将这种有益的尝试介绍到国内，说明学术界是有眼光的。近几十年来的世界宗教对话，主要是围绕各宗教共有的话题与共同点而展开的，这就是所谓的"全球伦理"，其中包含了"一个基本要求"和"四项不可取消的规则"两大块结构。具体地说就是"己所不欲，勿施于人"之"金规则"。换言之，"金规则"乃是全球伦理的道德核心，"这就把我们带向了通向未来的观点"。[1]但是从现有的对话成效来看，并不理想，对话一但进入了技术层面就会发生偏差，最终变成了各说各话的情形。宗教对话不成功的事例，说明要想进一步推动对话，还有很多的工作要做，由是也给

1 孔汉思和库舍尔著，何光沪译：《全球伦理：世界宗教议会宣言》，第 76 页，成都：四川人民出版社，1997 年 6 月初版。

我国宗教界与学术界提供了机会。探索如何进行有效的宗教对话，真正做到宗教交流与相互增进了解，已经提到了宗教界与学术界的日程表上了。

四、结　语

以上我们对进入 21 世纪以来世界宗教学的研究与中国宗教学的研究现状做了简单的回顾，同时也指出了我国宗教学的研究在未来宗教研究中值得关注的重点，力图为学术界指出一个研究的方向，为未来的学者提供更多的思路。

总的来说，我国宗教学界的在宗教学理论方面的研究，取得了很大的进步，特别在马克思主义宗教观的认识上有了重要的突破，人们已经能够比较平和地对待宗教，不再将宗教简单地视为"鸦片"。以往的宗教学研究主要表现在三个方面：一是围绕党中央和政府对有关宗教的未来而提出的理论，作一些深入的研究和探讨，其中以"宗教与社会主义相适应"的讨论最为明显，这反映了学术界积极参与国家大事，起到智囊的作用。宗教与法，宗教管理都是我国政府部门、宗教界与学术界共同关心的话题，将这几项工作做好，有利于实现社会和谐。二是有关宗教学的基础理论与体系的建立，如何建立中国宗教学研究的方法论，是摆在学者面前的一个重要任务，中国学术界要在世界学术之林取得发言权，在很大程度上就是要在方法论方面有自己的创新与突破。宗教与文化的关系，也是自改革开放以来一直被讨论的问题之一，但是由于这个问题过去更多地只是在概念上做阐释，鲜于做理论上的深入探讨，如今还有进一步提炼与深入研究的必要。中国学者对中国宗教整个理论体系的建立至今仍然还没有一个完全成熟的看法，一些著作与文章仍然停留在概论性的介绍与梳理方面。一些比较专业化的领域，如宗教社会学、宗教心理学等，虽然已经有人写出这方面的研究著作，较以往取得了更大的进步，但在宗教哲学、宗教伦理学、宗教经济学、宗教与科学、宗教与艺术，及至包括宗教与文学等各个领域，还有更多的工作等待学者们去做。所以现今我们仍然需要加强这些方面的基础研究，特别是，这些研究对当代中国宗教理论体系建立有着重要的联系，不可等闲而视之。

最后是宗教与当代国际思潮的研究。受国际形势的影响，特别是国际思潮的流行，我国宗教学者正在与世界学术界展开对话与讨论。像有关全球化与宗教关系的讨论、后现代与宗教的思想、宗教与民族的关系、宗教对话等，都是当前国际思想界与宗教界或学术界探讨的热点问题。中国学者积极参与，争取取得话语权，这些气象已经说明我国的学术界正在走向成熟，也为未来的学术研究打下了一个良好的基础。我们有理由相信，中国的宗教学研究将会有一个春天的到来。愿中国宗教学研究取得更大更多更好的成果！

作者名录（按姓氏拼音排序）

陈　洪：南开大学文学院教授

何孝荣：南开大学历史学院副教授

黄夏年：中国社会科学院世界宗教研究所研究员

黎志添：（中国香港）中文大学文化与宗教研究系教授

廖明活：（中国香港）香港大学中文系教授

刘雪梅：澳洲国立大学亚洲研究系研究员

濮文起：天津社会科学院哲学研究所研究员

普　慧：西北大学文学院教授

孙昌武：南开大学文学院教授

陶玉璞：（中国台湾）暨南大学中文系教授

王晋光：（中国香港）中文大学中文系副教授

王志耕：南开大学文学院教授

吴　真：南开大学中文系副教授

萧丽华：（中国台湾）台湾大学中文系教授

学　愚：（中国香港）中文大学文化与宗教研究系教授

张培锋：南开大学文学院副教授

赵　伟：青岛大学中文系副教授